Conhecendo a Alma

Eliot Jay Rosen

Conhecendo a Alma

TRADUÇÃO:
Vera Maria Marques Martins

2002
EDITORA BEST SELLER

Título original: *Experiencing the Soul*

Coordenação editorial
Janice Maria Flórido

Editoras de Arte
Ana Suely S. Dobón
Mônica Maldonado

Arte de capa
Renata Pacces

Edição
Walter Sagardoy

Revisão
Eliel Silveira Cunha

Editoração eletrônica
Dany Editora Ltda.

EDITORA NOVA CULTURAL LTDA.
Direitos exclusivos da edição em língua portuguesa no Brasil
adquiridos por Editora Nova Cultural Ltda.,
que se reserva a propriedade desta tradução.

EDITORA BEST SELLER
uma divisão da Editora Nova Cultural Ltda.
Rua Paes Leme, 524 - 10º andar - CEP 05424-010
Caixa Postal 9442 - São Paulo, SP

2002

Impressão e acabamento:
DONNELLEY COCHRANE GRÁFICA E EDITORA BRASIL LTDA.
DIVISÃO CÍRCULO - Fone (55 11) 4191-4633

PRÓLOGO

Por Ellen Burstyn, atriz premiada pela Academia

Meu interesse pela dimensão imaterial da realidade começou quando eu ainda era menina, por ocasião da morte de meu avô. Minha mãe e eu tínhamos saído para fazer compras e, quando voltamos, fomos ao quarto de meu irmão para ver se ele estava em casa. Na época ele ocupava o quarto onde meu avô vivera por vários meses, depois que minha avó morrera. Quando entramos, fiquei admirada com o forte perfume de flores que senti. Virei-me para minha mãe e perguntei-lhe se também estava sentindo, e ela disse sim, e que era perfume floral. Lembrando-me do funeral de minha avó, alguns anos antes, eu disse que era um cheiro de velório. Naquele instante, o telefone tocou, e minha mãe foi atender, andando de maneira estranha, com passos hesitantes, e ergueu o aparelho lentamente, como em uma cena filmada em câmara lenta. Observei o rosto dela crispar-se, à medida que ela ouvia. Recebera a notícia de que seu pai morrera subitamente.

Não entendi aquela experiência, mas esperava entender, um dia. Levei a lembrança comigo, como quem leva um doce raro no bolso, esperando o momento certo para saborear sua estranha doçura. Ninguém conseguiu me explicar o fato, e no decorrer dos anos fui juntando mais doces no bolso, mais acontecimentos misteriosos que me intrigavam mas não me davam respostas. Na verdade, minhas indagações tornavam-se cada vez mais profundas. Com o passar do tempo, percebi que no âmago de nossa realidade existe algo que Buckminster Fuller chamou de "um mistério *a priori*". Esse mistério tem me perseguido e fascinado durante toda minha vida. E tem definido meus interesses, influenciado meus estudos, incentivado minhas pesquisas, estimulado minha curiosidade e orientado meu dia-a-dia.

Em 1978, enquanto desenvolvia a história que mais tarde Lewis Carlino usaria para escrever o roteiro cinematográfico de *Ressurreição*, eu estava lendo a obra de Elisabeth Kübler-Ross *On Death and Dying* (Sobre a Morte e o Momento da Morte) e também a de Raymond Moody, *Vida Após a Vida*. Baseados nos relatos de experiências de quase-morte oferecidos por Raymond Moody, criamos a cena de minha personagem, Edna, que se viu atravessando um túnel luminoso que não era físico, após um traumático acidente de trânsito. Edna, então, volta à vida com uma compreensão mais profunda das dimensões e possibilidades da vida e também com o poder de curar os enfermos.

A imagem do túnel repete-se posteriormente, no filme, quando ela quase morre, depois de assimilar os sintomas de um paciente. Edna vê o pai no túnel e desperta, sabendo que ele está morrendo. A cena seguinte, em que Edna encontra-se ao lado do leito de morte do pai, foi inspirada pelo trabalho de Kübler-Ross com os moribundos, e novamente no livro de Moody, quando o pai, um instante antes de fazer a transição para o reino imaterial, diz: "A luz, Edna, a luz". Achei que as idéias contidas nas obras desses dois pioneiros eram tão importantes que fiquei feliz por poder semeá-las na consciência das pessoas através desse meio popular que é um filme.

Agora, vinte anos depois de *Ressurreição*, aparece esta maravilhosa antologia com artigos de quase todos os líderes no campo da tanatologia e outros relacionados. Nela encontrei até uma descrição, no capítulo de Bill Guggenheim sobre "As Variações nas Comunicações Depois da Morte", na qual ele fala do perfume de flores que sentiu imediatamente após a morte de um ente querido, a mesma experiência que tive quando meu avô morreu. Esta coleção de artigos mostra as maneiras pelas quais pesquisadores, cientistas, psicólogos, videntes e líderes espirituais têm observado a manifestação da alma através do universo.

Faço uma prece para que este livro toque seu coração e sua mente, inspirando sua alma na jornada espiritual.

PREFÁCIO

Este livro, assim como a série de fitas de vídeo que leva o mesmo nome, é o resultado direto de uma meditação de cinco horas que experimentei em julho de 1994 e que mudou minha vida. Na época, eu estava trabalhando como assistente social num hospital para doentes terminais, em Honolulu. Numa silenciosa manhã de sábado, saí de meu corpo durante a meditação e entrei num reino de luz. Um "Ser de Luz" começou uma comunicação telepática com meu espírito-alma com estas exatas palavras: "*A sociedade agora está pronta para aceitar que a consciência continua após a morte do corpo físico*". Recebi a informação de que um despertar espiritual estava para acontecer no mundo todo, e que a humanidade em breve aceitaria a realidade de que a morte é apenas a passagem para uma outra dimensão, não o fim da vida. Num futuro próximo, mais e mais pessoas, ainda durante a vida terrena, tomarão consciência de que são almas, sem precisar deixar o corpo físico para perceberem isso. O Ser de Luz continuou me orientando, dando-me instruções detalhadas sobre como criar um livro e uma série de fitas de vídeo que nos preparariam para o alvorecer dessa nova percepção.

Como eu não tinha nenhuma experiência no campo de filmes, meu espírito-alma expressou suas dúvidas telepaticamente, sem pronunciar uma palavra, dizendo que eu talvez não conseguisse cumprir a tarefa. Uma parte de mim achava que algum administrador celeste enganara-se, puxara a "ficha errada" e retirara do corpo o "Rosen errado". O Ser de Luz respondeu a minhas indagações mudas bondosamente: "Não se preocupe, que nós o ajudaremos". E senti que isso queria dizer: "Tudo dará certo".

Para que você tenha uma idéia de tudo o que aconteceu naquelas extraordinárias cinco horas, em determinado momento perguntei ao Ser de Luz: "E o dinheiro? Quem vai pagar por tudo isso?". Ele, então, informou: "Dentro de exatamente duas semanas uma pessoa vai lhe oferecer cinco mil dólares para dar início ao projeto".

Quando retornei ao meu estado normal de consciência, escrevi tudo o que pude me lembrar das orientações recebidas. E comecei a entrar em contato com indivíduos e organizações que, eu esperava, não apenas acreditariam em meu relato como me ajudariam financeiramente a dar andamento ao projeto.

Depois de duas semanas de busca, seguindo sugestões e referências, contei a um amigo que tivera uma profunda experiência espiritual, fazendo um resumo muito breve do que acontecera. Quando acabei de contar minha história, meu amigo mal podia conter o entusiasmo e disse que eu *tinha* de conversar com uma amiga dele, Carol Lassen.

Ela dirigia a Fundação Lassen, uma instituição de caridade fundada pelo mundialmente famoso pintor ambientalista Chris Lassen. Quando, por fim, consegui falar com Carol por telefone e contei-lhe minha experiência, pude perceber que, sem sombra de dúvida, ela e eu víamos o fato da mesma maneira. Ela me contou que entendia perfeitamente o que acontecera comigo "na luz", porque ela própria tivera uma experiência de quase-morte alguns anos antes, algo que transformara sua vida.

Quando terminou seu relato, fez uma pausa, e uma presença palpável começou a preencher o silêncio entre nós. Eu sabia que ela estava sintonizando-se com um recanto profundo em seu íntimo. Então, ouvi-a dizer pausadamente: "Sinto-me orientada a lhe doar cinco mil dólares, em nome de nossa fundação, para que você inicie o projeto".

Vi a pele de meus braços arrepiar-se. Lágrimas subiram-me aos olhos. E foi só naquele momento que me lembrei de que o Ser de Luz predissera que, *dentro de duas semanas, alguém me ofereceria cinco mil dólares para iniciar meu projeto.*

Olhei para o calendário em cima de minha escrivaninha. Havia passado exatamente duas semanas. Profundamente emocionado, com voz trêmula, mal pude balbuciar "muito obrigado". Desde então, outras previsões espantosas do Ser de Luz também concretizaram-se.

Uma visão geral deste livro, através dos "olhos da alma"

Nos últimos três anos e meio tenho viajado pelos Estados Unidos filmando e entrevistando pessoas que tiveram profundas experiências espirituais, inclusive um grande número de especialistas em vários campos científicos e espiritualistas. Apenas trinta e duas dessas experiências foram selecionadas para constar deste livro, mas muitas mais são mostradas nas fitas de vídeo.

Para criar um senso de intimidade maior, decidi dispensar o modelo tradicional de entrevistas, pelo qual o entrevistador pergunta e o entrevistado responde, e usar os manuscritos ou relatos gravados das pessoas, de modo que elas falassem diretamente com o leitor.

Como você logo descobrirá, essas pessoas têm concepções tão diferentes da alma, e às vezes pode parecer que os relatos entram em conflito uns com os outros. Acredito, porém, que são descrições de *aspectos* e *etapas* diferentes da jornada da alma, o que resulta em algo não muito diferente daquela história dos cegos que apalpam diferentes partes do corpo de um elefante e depois discutem entre si a respeito da forma geral do animal. De acordo com essa história, um cego segura a cauda e afirma que o elefante é igual a uma cobra, outro apalpa a perna e diz que o animal é como um tronco de árvore, e assim por diante. Dessa forma, há uma verdade básica em *todos* os relatos reunidos nesta antologia, da mesma maneira que todos os cegos estavam "certos", nos limites de sua experiência.

Conhecer as pessoas que contribuíram com suas histórias foi algo extraordinariamente valioso. Sem exceção, todas elas possuíam grande acuidade intelectual, percepção espiritual e profunda compaixão. E, a despeito da diferença de pontos de vista, todas mostravam claramente a mesma "presença", no que diz respeito à alma, claramente percebida e que era mais evidente do que qualquer diferença externa na maneira de ver as coisas.

O livro é dividido em oito partes.

Primeira Parte: Vivendo com alma — Demonstra como pessoas "extraordinárias e comuns" cresceram espiritualmente quando foram transformadas, passando de céticas a conhecedoras, de conformistas a individualistas convictas, através de vários desafios de "vida ou morte".

Segunda Parte: A alma antes do nascimento — Explora experiências pré-natais, nas quais as almas de crianças ainda por nascer, habitando o Outro Lado, entraram em contato com pessoas em sonhos, visões, materializações e de várias outras formas.

Terceira Parte: A alma depois da morte — Introduz o campo emergente das comunicações de pós-morte. Nessa parte, as pessoas relatam seus encontros com as almas de entes queridos falecidos. Você vai ler descrições espantosas, algumas das quais demonstram não apenas que a alma continua a existir depois da morte como também que nosso senso de humor pode nos acompanhar quando deixamos esta vida.

Quarta parte: A alma em uma experiência de quase-morte — Conta as duas histórias de quase-morte mais conhecidas em todo o mundo, a de Betty J. Eadie e a de Dannion Brinkley. Essa parte também inclui uma entrevista com o dr. Raymond Moody, o pesquisador pioneiro, que criou o termo "experiência de quase-morte".

Quinta parte: Conhecendo a alma — Contém os sábios ensinamentos de três dos mais reverenciados personagens espirituais do mundo atual: Sua Santidade, o Dalai Lama do Tibete; Sri Daya Mata, o mais notável discípulo vivo de Paramahansa Yogananda, e Sant Rajinder Singh, mestre de meditação na altamente conceituada tradição espiritual de Sant Mat.

Sexta parte: Preparando a alma para uma passagem tranqüila — Mostra-nos como viver no mundo de uma maneira que nos ajude primeiramente a aceitar a morte, então a nos preparar para ela. E, ao mesmo tempo, a viver mais completamente cada momento.

Sétima parte: A alma no momento da morte — Amplia nossa compreensão do que acontece no momento da morte e nos dá uma visão geral das técnicas e tradições dos sábios que ajudam as pessoas a preparar-se fisicamente, emocionalmente, cognitivamente e espiritualmente para a transição que chamamos de morte.

Oitava parte: Ciência e alma — As evidências — Apresenta pesquisas científicas sobre experiências paranormais e de consciência, além de várias estruturas teóricas, extraídas dos campos da física quântica, da psicologia transpessoal, da filosofia da ciência e outros.

Você pode ler este livro na ordem em que desejar, com duas exceções. Se tiver uma mente científica e, como São Tomé, precisa "ver para crer", talvez deva começar pela Oitava Parte, "Ciência e Alma — As Evidências", mas, se estiver sofrendo pela perda de uma pessoa querida, sugiro que comece do início.

Para concluir, devo dizer que, desde o momento da concepção deste livro, quando minha alma foi fecundada pela Luz, até este preciso instante, em que escrevo estas palavras, tenho sentido uma presença poderosa e benevolente, dentro e em volta de mim, que me mostra que, na verdade, *não fazemos nada sozinhos*. Minha oração, *por mim mesmo*, é que eu nunca me esqueça disso, porque esse conhecimento me manterá humilde e receptivo ao Divino. Minha oração sincera, *por você*, caro leitor, é que este livro inspire-o a aprofundar seu conhecimento da alma, e que o mesmo Poder que me permite escrever estas palavras conceda-lhe coragem para dar o próximo passo, seja lá o que isso possa significar para você.

Em amor e serviço,
Eliot Jay Rosen, LISW, ACSW

AGRADECIMENTOS

Todos os lucros gerados pela venda deste livro estão sendo doados a duas instituições beneficentes, sem fins lucrativos: For a World We Choose Foundation e a Hay Foundation, criada por Louise L. Hay. Obrigado, Louise, por escolher este livro como o "Livro Beneficente do Ano de 1998" da Hay House, assim como todas as pessoas dessa editora, por seus altos padrões de excelência e carinhosa atenção.

Desejo agradecer também a todos os que colaboraram na criação desta antologia com seus escritos, doando seu tempo e conhecimento; às pessoas em fase terminal de sua vida física, que, como última dádiva a nós, dividiram conosco suas mensagens de inspiração e esperança; ao Institute of Noetic Sciences, em memória do dr. Willis Harman, por seu generoso apoio; a Elda Hartley, da Hartley Film Foundation; à Lassen Foundation, à Swedenborg Foundation, à Science of Spirituality, à Self-Realization Fellowship, Transformational Research, assim como à diretoria da For A World We Choose Foundation (em memória de Shelby Parker, a "avó informal do movimento do potencial humano) e à livraria Bodhi Tree, em Los Angeles.

Desejo também agradecer a toda minha família, especialmente minha mãe, Roselle Rosen, a Catherine e Michael Rakoff, Andrew Vidich, Laurie K. Schwartz, dr. Jack Trop, Glenda Lockard, dr. Mark e Orincy Perrault, Margaret e Brian Lambert, Alan Myers, à memória de Sant Darshan Singh, de quem recebi instruções para meditação e orientação espiritual de valor incalculável, e a Sant Rajinder Singh, que continua a compartilhar seu conhecimento da alma com todos os que procuram a verdade.

INTRODUÇÃO GERAL

A natureza da alma – da crença ao conhecimento

A natureza da alma

Em uma tradução para o inglês de um livro publicado na Índia em 1894, escrito pelo renomado santo místico Soami Shiv Dayal Singh, que passou dezessete anos inteiros em reclusão, meditando quase continuamente, encontramos uma explicação da "Região Original", da qual a alma surge, um lugar sem forma, sem nome, infinito, incompreensível, sem começo, sem espaço definido, sem consistência, enfim, indescritível. O santo também observa: "Não existe nada neste mundo que possa dar uma idéia de como é esse lugar".

Da mesma forma que não se pode descrever a Região Original, o Lar da Alma, mas apenas conhecê-la, também é impossível descrever a própria alma. O mais que podemos fazer é ter uma idéia dos *atributos* da alma, através de inferências, conceitos e metáforas, embora pareça que nós, humanos, tenhamos uma necessidade invencível de descrever para os outros nossas experiências no campo da alma. Este livro, repleto de tais testemunhos, apenas começa a ilustrar as diversas maneiras pelas quais as pessoas compreendem sua alma antes do nascimento, durante a vida e depois da morte.

Mas é possível definir a alma? Em sua maioria, as pessoas que acreditam na existência da alma concordam em que ela não é "uma coisa" física. A alma geralmente é descrita como uma essência imaterial, espiritual, que misteriosamente e paradoxalmente existe na criação física, embora esteja *além* de seus limites de tempo e espaço. A visão da natureza da alma pode ser reduzida a três principais escolas de pensamento.

Uma dessas escolas vê a alma como uma essência informe — a própria consciência — muito semelhante à essência de Deus. Usando uma analogia, a alma é como uma gota de água no mar que um dia voltará a mergulhar em sua fonte: Deus, o oceano que é todo consciência.

A visão da segunda escola é a de que a alma tem uma forma permanente e indestrutível, que, embora "criada à imagem de Deus", não é, em sua essência, igual a Deus. De acordo com isso, a alma, quando retorna para Deus, tem com Ele um relacionamento distante, como o de um servo com seu senhor. Voltando para casa, a alma tem permissão para estar na presença de Deus por toda a Eternidade.

A visão da terceira escola é uma combinação das duas anteriores: embora a alma, em sua natureza pura e essencial não tenha forma, em seu *progresso* na jornada espiritual, de volta ao Criador, cobre-se com várias camadas de forma física, astral e causal, até a fusão final com o Sem Forma. A volta da alma para Casa consiste na perda progressiva das camadas de forma material que envolveu sua essência informe.

Recorrendo novamente a uma analogia, seria como se alma usasse várias camadas protetoras de roupas, que identifica como sendo ela mesma, não apenas uma proteção. Com o passar do tempo, porém, à medida que o clima torna-se mais quente, a alma começa a livrar-se de uma camada após a outra.

No inverno, o início da evolução da alma, ela usa um sobretudo pesado de *matéria física*, de modo que possa funcionar no plano físico de existência. No outono, precisa apenas de um traje de *matéria astral*, de modo que possa funcionar no plano astral de existência. Na primavera, usa somente uma camisa fina de matéria *causal*, de modo que possa funcionar no plano casual de existência. E, no verão, a alma remove de si até mesma essa última vestimenta fina, desgastada no plano causal, de maneira a receber os raios quentes da luz de Deus, diretamente e pela primeira vez, desde que deixou seu Lar Original, no Começo sem Começo, *antes* que o Criador criasse a Criação. A alma agora sabe o que realmente é, que os elementos físicos, astrais e causais foram apenas roupas que usou durante muito tempo.

De acordo com essa visão da terceira escola, a última etapa da jornada da alma não é muito diferente daquela seqüência do filme *O Homem Invisível*, na qual o homem retira as bandagens cirúrgicas brancas que dão a seu corpo uma *aparência* de forma. Sem as bandagens, ele se torna informe e invisível, no entanto continua presente. Isso é o mais longe que uma analogia pode nos levar quando tentamos descrever a natureza da alma.

Muitas tradições espirituais dizem que os seres humanos percebem conscientemente suas almas pelo menos uma vez, durante sua vida terrena, nem que seja por um rápido momento, na hora da morte biológica. Contudo, através de toda a história, apareceram pessoas que alegavam ter uma constante e consciente percepção da natureza transcendente de sua alma, em *todos* os momentos da vida, até mesmo quando envolvidas nas atividades corriqueiras de todos os dias. Até que ponto procuramos essa extrema percepção da alma é algo que escolhemos, conscientemente ou inconscientemente, através de nossos pensamentos, palavras e ações, em cada momento da vida.

Da crença ao conhecimento

Talvez um bom ponto de partida para nossa busca seja concordarmos em que a percepção *direta* da alma é a única maneira de verdadeiramente conhecê-la. Roger Bacon (1214-1292), o grande cientista e filósofo inglês, membro da Ordem de São Francisco, fez uma clara distinção entre a percepção direta da alma e o raciocínio analítico, quando disse:

> *Existem duas maneiras de saber: através da argumentação e através da percepção. A argumentação traz conclusões*

e compele-nos a aceitá-las, mas não dá certeza, nem remove dúvidas, permitindo que a mente descanse na verdade, a menos que seja fornecida pela experiência. A base da falta de crença na alma é a falta de percepção da alma.[1]

No inverno de sua vida, o grande "cientista da psique", dr. Carl Jung, teve um ataque cardíaco e passou pelo que hoje chamamos de experiência de quase-morte. Seu médico aplicou-lhe um potente estimulante cardíaco, nos poucos minutos em que ele esteve clinicamente morto, trazendo-o de volta ao corpo. Vejamos como ele descreveu a experiência:

> *Encontrei-me no espaço, nas alturas. Vi, lá embaixo, o globo da terra banhado em esplendorosa luz azul. À minha frente, vi um templo brilhante que me atraiu, e andei em sua direção. Então, uma coisa estranha aconteceu. Eu estava certo de que ia entrar em um recinto iluminado e encontrar todas as pessoas que me amavam realmente. Lá, eu por fim compreenderia o sentido de minha vida.*[2]

A experiência de transcender seu corpo físico teve um efeito profundo e duradouro na vida e no trabalho desse cientista e psiquiatra pioneiro. Em sua autobiografia, o dr. Jung também escreveu:

> *O que acontece após a morte é tão indescritivelmente glorioso que nossa imaginação e nossos sentimentos não são suficientes para formar nem mesmo uma idéia aproximada.*[3]

Os efeitos desse acontecimento transformador ampliou para sempre a visão que Jung tinha da natureza humana e do universo. Para ele, a força dessa experiência metafísica expandiu a fronteira das possibilidades humanas de lidar com a alma, além de com a psique.

Pelo menos para o dr. Jung, a realidade da vida após a morte não dependia mais de mera crença ou de uma tradicional convicção religiosa. Sua compreensão estava agora firmemente alicerçada na experiência direta. Esse conhecimento íntimo, baseado em uma revelação direta, às vezes é chamado de conhecimento contemplativo. Mais tarde, na tentativa de compartilhar sua experiência com os outros, Jung claramente reconheceu o antigo dilema filosófico, de que o impacto e verdadeiro valor da experiência íntima de uma pessoa não pode ser totalmente compartilhado com outras. O que foi experimentado em primeira mão perde a força no processo de transmissão. A dificuldade inerente reside no fato de que o conhecimento íntimo de quem teve a experiência direta torna-se para os demais uma simples crença de outra pessoa, o que quase sempre gera mal-entendidos desagradáveis e discussões infrutíferas.

Embora o conhecimento contemplativo não possa ser provado, no sentido científico, pelo menos neste período da história, isso não torna a vida do espírito menos real, significativa ou eficiente como orientação para nossa vida no mundo. Uma vez, perguntaram a Madre Teresa, que recebeu o Prêmio Nobel da Paz, por que ela não usava sua fama mundial para apoiar as causas políticas nas quais acreditava. Ela, então, respondeu: "Acho que o poder da oração é muito mais forte". A experiência espiritual que ela teve em primeira mão, com o poder da oração, orientou sua maneira de viver no mundo.

A leitura deste livro gera uma indagação: como você pode saber, realmente, que os relatos dessas pessoas são autênticos? A resposta para essa pergunta representa um desafio básico que enfrentamos durante toda nossa vida: que critérios usamos para escolher nossas fontes de informação, e como sabemos o que sabemos?

Falando por mim, descobri que tudo isso vem de algum tipo de fé: fé em Deus, fé nas descobertas da ciência, fé na tradição espiritual que escolhemos, fé na bondade inerente à natureza humana, fé na própria vida. Assim, também, no que se refere a este livro, você precisará ter um pouco de fé para poder decidir sobre seu significado e verdadeiro valor. Pedindo a você que leia este livro com essa fé experimental, tudo o que posso dizer, caro leitor, é que, nas entrevistas com os colaboradores, usei todas as faculdades a meu dispor: a capacidade de discernir, de pensar, de sentir, as intuições da alma e do coração. Então, dei um "salto de fé", baseado na integridade e na sinceridade que reconheci em cada um desses indivíduos. Espero que você também reconheça essas qualidades, neles e neste livro.

Eliot Jay Rosen, LISW, ACSW

PRIMEIRA PARTE

Vivendo com alma

INTRODUÇÃO

Existem pessoas que demonstram tanta coragem, entusiasmo e cativante audácia que dizemos que elas "vivem com alma". Talvez elas nunca tenham tido uma experiência consciente com sua alma, no sentido espiritual, transcendental, no entanto suas vidas possuem uma qualidade intangível, mas inconfundível, que vem da alma.

Não é raro essas pessoas tão cheias de alma morrerem de maneira incomum, ou muito jovens. Suas vidas terrenas extinguem-se, como se costuma dizer, "como velas no vento". É quase como se subissem ao palco da vida, fizessem sua rápida apresentação e desaparecessem sem nem mesmo esperar para ler as críticas no jornal matutino. No entanto, suas palavras e ações ficam indelevelmente gravadas em nossa lembrança, inspirando-nos a permanecer firmes, quando as tempestades de areia da vida ameaçam nos arrancar do chão.

Os colaboradores da Primeira Parte, Vivendo com alma, encarnam o espírito de Gautama Buda, quando ele disse:

Não vamos orar para que sejamos protegidos dos perigos,
mas para que possamos ser destemidos ao enfrentá-los.
Não vamos suplicar para que a dor seja mitigada,
mas para que tenhamos força para dominá-la.
Não vamos confiar nos aliados, no campo de batalha da vida,
mas em nossas próprias forças.
Não vamos, cheios de medo, ansiar para que sejamos salvos,
mas desejar paciência para ganhar nossa liberdade.

CAPÍTULO 1

Experiências de minha alma na vida e na morte

DRA. ELISABETH KÜBLER-ROSS

A dra. Elisabeth Kübler-Ross é médica psiquiatra, mundialmente famosa como especialista em tanatologia (a ciência que estuda a morte e os moribundos). Suas pesquisas pioneiras em tanatologia podem ser encontradas em dezenas de livros e artigos, inclusive nos clássicos *On Death and Dying* (Sobre a Morte e o Momento da Morte) e *On Life After Death* (Sobre a Vida Após a Morte). O mundo deve muito à dra. Kübler-Ross por seu trabalho pioneiro e corajoso. Mais do que qualquer outra pessoa na era moderna, ela formou o alicerce do movimento florescente que envolve pessoas em fase terminal, a mais nova instituição social que está tirando a morte "do armário" e levando-a de volta para o centro da vida.

Este capítulo é baseado em um trecho de uma entrevista gravada em vídeo que aconteceu na bela casa de Elisabeth Kübler-Ross no deserto do Arizona.

"Morrer é simplesmente sair do corpo físico, como a borboleta sai de seu casulo. É uma transição para um estado mais elevado de consciência, onde continuamos a perceber e compreender, rir e crescer."

Dra. Elisabeth Kübler-Ross

O melhor mestre que já tive, em todos os meus 68 anos de vida, foi uma faxineira negra e sem instrução do hospital onde eu trabalhava, em Chicago. Ela ensinou a mim, dra. Elisabeth Kübler-Ross, mundialmente famosa especialista em morte e moribundos, muito mais sobre esse assunto do que qualquer outra pessoa. Ela não usava teorias, fases da morte e todas aquelas coisas, falava pelo *conhecimento* de sua alma.

Havia algo especial naquela mulher, que a princípio eu não soube dizer o que era. Depois que acabava de limpar os quartos de meus pacientes em fase terminal, eu notava que eles pareciam estar em um lugar de grande paz. Eu não tinha idéia do que a faxineira fazia nos quartos, mas estava ansiosa por descobrir. Assim, um dia abordei-a e perguntei: "O que é que você faz com meus pacientes?". Ela se colocou na defensiva e respondeu: "Não faço nada, só limpo os quartos". Tentei fazê-la compreender que não a estava criticando, que só queria saber o que ela fazia quando estava no quarto de um paciente. Bem, ela continuou negando que fizesse alguma coisa e afastou-se, certamente com medo de me contar e perder o emprego. Lembre-se de que isso aconteceu mais de trinta anos atrás, e que nessa época era algo ainda *mais* assustador, para uma servente negra, ouvir uma psiquiatra branca perguntar-lhe: "O que é que você faz com meus pacientes?".

Nós duas ficamos nos "espionando" durante algumas semanas, uma avaliando a outra, até que um dia aquela incrível mulher teve a coragem de me segurar por meu jaleco branco e me levar a um cômodo privativo, nos fundos do posto de enfermagem. E, sem mais nem menos, ela começou a me contar como era difícil nascer e crescer numa favela de Chicago, disse que tinha vários filhos, todos doentes e desnutridos. Contou também que às vezes tinham tão pouco dinheiro que eram obrigados a comer farelo e aveia infestados de carunchos para não perecer de fome. No meio de um rigoroso inverno, um de seus filhos, de três anos de idade, ficou ainda mais doente e fraco. A pobre mãe, desesperada, levou a criança ao hospital, mas negaram-lhe atendimento, porque ela ainda não pagara os cinco dólares que devia de uma consulta anterior. Sabendo que o hospital municipal não poderia recusar-se a tratar o menino, carregou-o nos braços, desde a 69th Street até o Cook County Hospital, uma caminhada muito longa e especialmente difícil naquele dia gelado. Chegando ao hospital, ela teve de esperar no pronto-socorro durante três horas, e seu garotinho nunca foi atendido, porque morreu em seus braços antes que seu nome fosse chamado.

Chegou um momento em que eu não pude mais me conter, porque, como você deve ter percebido, não tenho muita paciência. "Por que está me contando essas histórias horríveis?", perguntei. E, com grande paz na voz, ela respondeu: "Dra. Ross, a morte é uma velha conhecida minha. Não tenho mais medo dela. E às vezes, quando limpo o quarto de uma pessoa que está muito perto de morrer, não posso evitar me aproximar dela, *tocá-la, ficar perto* dela e dizer-lhe que a morte não é tão terrível como dizem".

Aquela mulher estivera em contato com a morte centenas de vezes. Sabia que a morte era uma amiga e não tinha mais medo nenhum. Então, eu disse a mim mesma: "Preciso dessa mulher, para que ela me ensine e seja minha assistente". Seu jeito de comunicar-se com as pessoas era especial, um dom que eu nem imaginava que alguém tivesse. Para grande espanto e descontentamento de meus colegas, contratei aquela maravilhosa faxineira negra para trabalhar comigo, como minha assistente.

Vida após a morte e o sentido da vida

As pessoas que não acreditam que haja vida após a morte têm uma surpresa a sua espera, quando fazem a transição, na hora do falecimento. Eu sei o que é ser descrente nesse aspecto porque fui uma protestante insípida e cientista cética, que não acreditava na vida após a morte e via essa crença como uma simples forma de negação psicológica.

Há milhões de pessoas *pregando* a respeito das maravilhas do céu, mas, lá no fundo, elas não acreditam *realmente* em uma única palavra do que dizem. Quando sentem uma dor no peito, suas crenças espirituais voam pela janela! Ficam petrificadas e gritam: "Socorro, estou tendo um infarto!". Mas espera-se que um dia elas não apenas *acreditem* como *saibam*, porque, então, estarão verdadeiramente prontas para praticar o que pregam.

Se pudermos saber, seremos capazes de espalhar amor pelo mundo todo. O amor é *sempre* mais forte do que o ódio. Para mim, é bom saber que, mesmo que o mundo esteja em uma situação horrível, com tantas guerras, politicagens e negatividade, *nada* é mais forte do que o amor.

Em nosso trabalho de mais de trinta anos com pessoas moribundas, entrevistamos mais de vinte mil pessoas que tiveram experiências de quase-morte. Essas pessoas tinham estilos diferentes de vida, vinham de quase todas as religiões, culturas e raças. E quando retornavam à terra, quase todas sentiam que a coisa mais importante da vida é o amor — dar e receber amor — e servir aos outros.

No que se refere a amor, foi dito: "Ama teu próximo como *amas a ti mesmo*". Hoje em dia as pessoas esquecem a parte do "*como amas a ti mesmo*". Amar a mim mesma é algo que ainda estou aprendendo.

E quanto a *serviço,* isso pode assumir milhões de formas diferentes. Para servir, você não precisa ser médico e trabalhar em uma favela de graça, nem tornar-se assistente social. Sua posição na vida e *o que* você faz não importam tanto quanto *como* faz o que faz.

Medo no momento da morte

Muitas pessoas têm medo do *momento* da morte. Vêem uma porção de filmes pela televisão nos quais as pessoas morrem arquejando, asfixiadas, assim não é de admirar que tenham pavor desse momento. Muitos moribundos são beneficiados pela presença de outro ser humano junto deles, alguém que não saia correndo como um coelho porque tem medo da morte. Digo às pessoas que cuidam de pessoas que estão morrendo: "Se você ama *realmente* essa pessoa e quer ajudá-la, *esteja com ela quando o fim chegar*, e nem precisa falar ou fazer qualquer coisa, basta que se sente perto, fazendo-lhe companhia".

E quando a hora da morte chegar, não pense que vai ouvir a pessoa emitir um horrível som de gorgolejo, ou um grito pavoroso, ou vê-la arquejar, lutando para respirar. Para a maioria das pessoas com quem estive nesse derradeiro momento, e foram muitas, houve apenas uma silenciosa interrupção da vida. É muito raro que se precise acalmar uma pessoa que está morrendo. Em geral, basta que lhe seguremos a mão, que estejamos *totalmente* com ela. Se ela murmurar que precisa de algo ou deseja dizer algumas últimas palavras, estaremos lá para ajudá-la.

Muitas vezes, familiares e amigos ficam impressionados com a paz, a serenidade do ambiente, quando alguém faz sua transição no instante da morte. Essa pode ser uma experiência muito bonita. Às vezes uma pessoa que está morrendo fala com alguém invisível, ou diz o nome de um parente já falecido, que veio buscá-la. Isso pode ser muito consolador para os membros da família.

O lado espiritual da vida

Dependendo do modo como vivemos neste mundo, depois da morte vamos para diferentes níveis vibratórios de realidade. Quando uma pessoa faz a transição, no momento da morte, ou tem uma experiência de quase-morte, ela viaja para o Outro Lado, passando através do que descrevem como um túnel ou um portão, uma ponte, uma campina, e o que elas contam parece ter ligação com a cultura em que vivem. Em minhas experiências de quase-morte, como sou uma montanhesa suíça, passei através do que parecia um lindo desfiladeiro ladeado por belas flores campestres.

Feita a travessia, uma Luz, como uma estrela brilhante, aparece na distância. A pessoa anda na direção dessa Luz. Para mim, esse foi um momento muito emocionante, um dos pontos mais altos de toda minha vida. Corri para a Luz e atireime no meio dela. Literalmente me fundi com ela, e foi como ser envolvida por uma onda de amor. De súbito, tomei consciência de que estava em Casa, que fazia parte da Luz, que aquela era minha origem. Meu único desejo era ficar no amor daquela Luz, mas não era minha hora de fazer a transição, então tive de voltar.

Essa experiência me fez compreender que todas as coisas estão ligadas. Somos todos filhos de um Pai, nosso Criador. Em Sua presença, tomamos conhecimento dos acordos que fizemos antes de entrar na vida física. Isso inclui compreender por que uma criança teve de morrer ainda tão pequena, por que escolhemos determinado cônjuge ou certos pais. Compreendemos tudo. Ficamos sabendo que nem sempre é por compatibilidade ou amor que estamos ligados às pessoas que nos são mais próximas. Às vezes, as características de personalidade das pessoas com quem convivemos ajudam-nos a aprender as lições que nos propusemos a aprender. Podemos estar unidos a um "palerma", mas o fato é que precisávamos dele para aprender a ter paciência, tolerância, e a dar amor incondicional.

Dessa forma, na Luz, os enigmas da vida tornam-se claros. Quando eu morrer e voltar para a Luz, descobrirei por que incendiários queimaram minha casa. Tudo o que eu tinha desapareceu da noite para o dia. Tudo o que colecionei durante a vida toda foi destruído, como uma biblioteca com mais de quarenta mil livros e uma coleção de milhares de dedais raros, de todas as partes do mundo, que eu pretendia dar a minha filha no dia em que ela voltasse de sua viagem de lua-de-mel, o mesmo dia do incêndio. Todos os meus pertences, que eu prezava tanto, desapareceram, mas estou vivendo muito bem sem eles. Penso que Deus sabia o que estava fazendo quando permitiu que incendiassem minha casa. Foi um recomeço de vida, porque fiquei livre do embaraço causado por posses materiais. Nunca me senti tão livre como agora, quando já estou perto de completar setenta anos. Experiências amargas podem resultar em um bem. Os vendavais da vida são verdadeiras bênçãos para nosso crescimento.

Assim, quando aprendermos todas as lições da vida, não precisaremos mais voltar a este planeta. Mas, se não aprendermos as lições de amor incondicional, paciência e tolerância, não poderemos voltar para Deus, porque estaremos com as mãos "sujas". Ninguém pode ser um Hitler, matar milhões de pessoas, e achar que voltará para Deus sem ter de retornar à vida física.

Falando em Hitler, em minhas reflexões costumo imaginar que, para redimir-se, a alma que ele foi teria de voltar ao planeta Terra como médico pesquisador e descobrir a cura para a AIDS. Dessa maneira, ele ajudaria milhões de pessoas, de todos os continentes, dando-lhes uma chance de sobreviver. Isso o redimiria da parte que lhe coube na tortura e morte de milhões de pessoas. Seja como for, sei que, apesar de tudo o que Hitler fez, Deus, que é amor, dará àquela alma outras oportunidades de aprender suas lições.

Os primeiros anos

Sempre me perguntei por que eu pensava tanto em Hitler e no que ele representa. Então, um dia, descobri a resposta. As sementes do trabalho de minha vida realmente germinaram na Polônia, quando eu prestava serviço em um campo de concentração, logo após o término da Segunda Guerra Mundial. Na época eu era uma adolescente que saíra da Suíça disposta a servir aos outros da maneira que pudesse. Fiquei de boca aberta quando vi, ao vivo, os horrores que os homens podem praticar contra seus semelhantes. Vi trens de carga lotados com sapatos infantis que haviam pertencido a duzentas e oitenta mil crianças assassinadas. Senti o cheiro das câmaras de gás, vi montanhas de cadáveres. Vi essas coisas com meus próprios olhos, foi meu próprio nariz que sentiu aqueles odores. Isso é muito diferente de ler uma descrição do horror, assim como também há muita diferença entre ter experiências de quase-morte e extracorpóreas e ler sobre elas.

Um dia, trabalhando naquele campo de concentração, murmurei para mim mesma: "Que tipo de monstro eram os homens e mulheres que fizeram isso com crianças inocentes?". Uma mocinha judia, que estava me observando, disse: "*Você* também seria capaz de fazer isso". Então, repliquei: "*Eu*? Você só pode estar brincando, eu *não* sou um Hitler!". Ela insistiu, dizendo: "Observe sua vida e verá que todo ser humano tem potencial tanto para ser um Hitler como uma Madre Teresa". Na verdade, ela não disse "Madre Teresa", mas o nome de outra pessoa igualmente santa, que era muito conhecida na Europa naquela época.

Logo depois desse episódio deixei a Polônia, planejando voltar para minha terra, a Suíça. Enquanto atravessava a Alemanha a pé, pedindo carona, passei dias sem ter nem mesmo um pedaço de pão para comer. Num momento de fome extrema, refleti que, para saciá-la, eu seria capaz de roubar o pão de uma criança. Então compreendi que fora aquilo que a mocinha judia quisera dizer, quando afirmara que existe um Hitler em todo ser humano. Sob certas circunstâncias, uma parte perversa de nós pode emergir. Essa foi uma das maiores lições que tive na vida. Não percebi isso completamente, naquele tempo, mas meu objetivo foi moldado por aquela experiência: ajudar a produzir mais pessoas como Madre Teresa e menos como Hitler.

Acabei por chegar à Suíça, mas não sem antes cair numa floresta, vencida pela febre tifóide, da qual precisei me recuperar em um hospital. De volta ao meu país, fui estudar medicina, contrariando os desejos de meu pai. Mudei-me para os Estados Unidos, casei-me com um cara do Brooklyn, Nova York, e passei os trinta anos seguintes trabalhando com pacientes às portas da morte.

À procura de uma prova de que existe vida após a morte

Sempre que precisei de ajuda em minha pesquisa para solucionar algum problema, recorri aos meus "fantasmas", que é como chamo meus guias espirituais. Continuo pedindo ajuda a eles, e normalmente, no prazo de cinco dias, uma resposta me é dada de alguma maneira, embora eu não seja médium, no sentido de ser vidente ou de ouvir mensagens diretas.

Todo mundo tem pelo menos um anjo de guarda, e há pessoas que têm dezenas deles. Eu sei que tenho quarenta e quatro anjos guardiães, que me ajudam e protegem, quando me encontro em uma situação difícil. Os seres que chamamos de anjos são conhecidos por vários outros nomes, dependendo da religião e da cultura, mas a terminologia não importa.

Quando pedi aos meus anjos que me dessem uma prova de que há vida após a morte, a resposta não tardou muito. Um dia conheci um homem que me contou uma história incrível. Ele estava dirigindo por uma rodovia quando viu uma mulher de trinta e poucos anos deitada no acostamento. Ela fora atropelada por um motorista que fugira, e fazia horas que estava lá, na beira da estrada, pois ninguém parara para socorrê-la. Mas aquele homem, a quem chamo de bom samaritano, parou. Amparando-a nos braços perguntou: "O que posso fazer por você?". Ela respondeu: "Nada. Não há nada que possa fazer por mim agora". Então, perdeu a consciência, mas o bom samaritano não a deixou. Continuou junto dela, segurando-a nos braços. Depois de cerca de dez minutos ela abriu os olhos e fez um pedido. "Há uma coisa que, talvez, um dia você possa fazer por mim. Quando tiver tempo, vá à reserva indígena onde minha mãe mora e dê-lhe um recado. Diga que estou bem. Não estou apenas bem, mas muito feliz, porque neste momento já estou com meu pai." A moça informou o nome da mãe, disse onde ficava a reserva e morreu nos braços de um perfeito estranho.

O bom samaritano, satisfeito por ter tido a oportunidade de estar no lugar certo, na hora certa, desviou-se de seu caminho e dirigiu por mais de mil quilômetros, até a reserva indígena. Contou à mãe da moça o que acontecera, e ela não pareceu ficar terrivelmente abalada com a notícia, como ele esperara. Na verdade, chegou a pedir desculpas por não ficar muito chocada e falou: "Minha filha disse que já estava com o pai, e não podia saber que ele morreu uma hora antes de ela ser atropelada, a mais de mil quilômetros de distância".

Quando ouvi essa história, agradeci a meus guias pela dádiva daquele maravilhoso relato verídico que mostra que realmente a vida continua após a morte do corpo físico.

Meu próprio conhecimento da consciência cósmica

Eu gostaria de lhe contar as experiências místicas que me levaram a saber, em vez de apenas acreditar, que existem outros planos além do terreno. Quero deixar bem claro que na minha juventude eu não tinha crença nem nenhuma compreensão a respeito de uma consciência mais alta. Nunca realmente meditei, embora me tenham dito que, quando estou com meus pacientes terminais, concentro-me tanto neles que isso pode ser considerado um tipo de meditação. Se de fato for assim, então meditei durante milhares de horas.

Uma de minhas primeiras experiências místicas ocorreu durante um projeto de pesquisa, quando tive experiências extracorpóreas no Monroe Institute, um laboratório dedicado à pesquisa da consciência, localizado na Virgínia. Fui acompanhada e observada por seis cientistas céticos, da prestigiada fundação Menninger. Foi durante a primeira dessas experiências que o chefe do laboratório recomendou-me que fosse devagar, dizendo que achava que eu estava indo muito depressa na tentativa inicial de deixar o corpo. Em minha segunda tentativa eu estava determinada a ignorar a interferência do chefe. Usando uma técnica de auto-hipnose, disse a mim mesma que deixaria o corpo com uma velocidade superior à da luz e que iria mais longe do que qualquer outro ser humano já fora em uma experiência extracorpórea. No momento em que apliquei essa auto-indução, deixei meu corpo com incrível velocidade. Não me lembro de absolutamente nada do que aconteceu enquanto estive fora. Mas quando retornei, duas palavras soavam em minha mente: *shanti nilaya*. Foi só meses depois que descobri o significado e a importância delas, mas falarei disso daqui a pouco.

Como já disse, não ficaram lembranças do tempo em que estive fora do corpo, mas depois dessa experiência fui curada de uma quase completa obstrução intestinal, assim como do deslocamento de um disco da coluna vertebral, uma condição muito dolorosa, que me impedia de pegar um livro do chão. Depois dessa experiência, tornei-me capaz de literalmente erguer um saco de açúcar de cinqüenta quilos, sem nenhum desconforto ou dor. O pessoal do Monroe Institute disse que minha aparência era radiante, que eu parecia vinte anos mais jovem. Os cientistas da fundação Menninger usaram todas as suas sofisticadas técnicas psicológicas para me forçar a informar o que acontecera em minha experiência extracorpórea, mas não conseguiram arrancar nada de mim, porque eu não me lembrava de nada.

Passei aquela noite sozinha em uma cabana, num ponto remoto da floresta, nas montanhas Blue Ridge. Não demorou muito para que uma sensação horrível se apossasse de mim, e tive a percepção de que fora longe demais em minha experiência extracorpórea e que agora tinha de arcar com as conseqüências. Tive um vago pressentimento de que algo de grande impacto ia acontecer naquela cabana. E aconteceu. Foi a experiência mais dolorosa que tive em toda minha vida. Senti-me como se morresse mil vezes. Na verdade, nas horas seguintes, soube como fora a morte de cada um dos mais de mil pacientes de quem tratara até aquela data. Meu corpo dobrava-se, atormentado por dor lancinante. Eu mal podia respirar. E, sofrendo terrivelmente, tinha total consciência de que estava fora do alcance de qualquer ser humano que pudesse me ajudar. Durante aquelas horas de tormento, tive apenas três curtos intervalos para recuperar o fôlego.

No primeiro, supliquei por um ombro no qual pudesse me apoiar. Esperava que um ombro masculino se materializasse milagrosamente, para que eu pudesse repousar a cabeça, conseguindo algum conforto que me ajudasse a suportar a agonia. No mesmo instante em que fiz esse pedido, ouvi a voz firme, porém bondosa, de um espírito-guia que simplesmente disse: "Isso não lhe será concedido". A dor voltou e continuou pelo que me pareceu um tempo infinito.

No próximo e rápido intervalo, pedi que alguém me desse a mão, novamente esperando que uma confortadora mão aparecesse na cama a meu lado para que eu pudesse apertá-la e suportar melhor o sofrimento. A mesma voz repetiu: "Isso não lhe será concedido".

No terceiro intervalo, o último que tive para recuperar o fôlego, pensei em pedir pelo menos a ponta de um dedo, mas imediatamente refleti: "Já que não posso ter uma única mão para me dar apoio, não vou me contentar apenas com uma ponta de dedo". Nessa decisão estava incluída a certeza de que eu tinha força e coragem suficientes para suportar toda aquela agonia. Afinal, nunca nos dão um sofrimento maior do que aquele que podemos agüentar.

Nesse momento, algo dentro de mim rendeu-se. Percebi que precisava ser menos batalhadora, menos rebelde, parar de lutar o tempo todo e aceitar a idéia de uma rendição positiva. Então, a simples palavra "sim" emergiu em minha mente, simbolizando minha humilde submissão. A incrível dor cessou, e a experiência de um miraculoso renascimento começou. Primeiro houve uma vibração pulsante muito rápida em meu abdome, que se espalhou por meu corpo inteiro. Então, a onda pulsante ampliou-se, abrangendo todas as moléculas de tudo o que eu via, e na minha frente surgiu uma flor de lótus, inacreditavelmente linda, no meio de uma Luz que nada tinha a ver com o mundo físico. Entrei na Luz através da flor aberta, o mundo todo ainda vibrando numa velocidade incrível. No entanto, no instante em que entrei no amor incondicional dessa Luz, toda a vibração cessou. Um silêncio intraduzível me envolveu, e caí num sono profundo, uma espécie de transe que durou mais ou menos uma hora e meia. Acordei um pouco antes do alvorecer e soube imediatamente que precisava descer a montanha, que algo aconteceria no exato instante em que o sol surgisse acima do horizonte. Vesti meu robe, calcei sandálias e percorri o caminho montanha abaixo. Andava sentindo-me em êxtase. Experimentava amor total e reverência por cada folha, cada nuvem, cada fio de grama, cada criatura viva. Tudo tinha vida. Senti a pulsação dos pedregulhos do caminho. Meus pés literalmente flutuavam acima deles, sem tocá-los, parecendo dizer-lhes: "Não podemos pisá-los, não queremos machucá-los". Quando cheguei ao sopé, tomei consciência de que não havia, de fato, tocado o chão enquanto caminhava! E absolutamente não existem palavras que possam descrever o amor que sentia dentro de mim e em tudo o que me rodeava.

Levei vários dias para voltar completamente à vida normal, física, para poder cumprir as tarefas domésticas, como cozinhar, lavar roupas, limpar a cozinha.

A primeira vez em que contei essa experiência mística foi numa conferência de psicologia transpessoal, alguns meses mais tarde. Foi então que fiquei sabendo, por meus colegas palestrantes e pelos participantes, que eu tivera uma "experiência de consciência cósmica". Fui à biblioteca, encontrei um livro intitulado *Consciência Cósmica* e, lendo-o, adquiri conhecimento intelectual a respeito do estado que experimentara. E foi um monge budista, com um manto amarelo, que me disse que as palavras "*shanti nilaya*" significam "a morada final da paz". Acredito que é para essa morada final que todos retornaremos depois que aprendermos nossas lições terrenas.

A experiência que tive influenciou minha vida de uma maneira difícil de descrever. Parece que eu precisava "morrer mil vezes" para ser capaz de compreender o que a morte e a vida após a morte significam. Recordando a agonia daquela experiência, vejo que valeu a pena. Depois tive de passar por outro tipo de agonia, quando suportei as duras críticas da sociedade, particularmente da mídia, que tentou me despedaçar, quando comecei a falar publicamente a respeito da realidade da vida após a morte.

Encontrando um de meus guias espirituais

Pouco tempo depois fui convidada a conhecer um grupo espiritualista e, em meu íntimo, recebi a informação de que naquele dia encontraria, em pessoa, um de meus guias espirituais. Eu não acreditaria no milagre que aconteceu, se o fato não houvesse sido testemunhado por mais de setenta e cinco pessoas. Naquela noite eu vi o que maioria de vocês só verá no momento da morte. Um de meus guias, um ser enorme, de cerca de dois metros e quarenta de altura, apareceu bem na minha frente e identificou-se como Salem, antes de começar a falar comigo. Alguns momentos depois ele tocou as sandálias que eu usava, afagou meus cabelos e segurou minha mão. Disse a todas as pessoas ali reunidas que os humanos são amados por Deus de uma maneira que vai além de nossa compreensão, e que nós nos sentiremos como somos abençoados quando aprendermos a ter compaixão em vez de julgar, a sentir empatia, em vez de piedade, e percebermos que a vida no corpo físico é apenas uma parte muito pequena de nossa existência total. O planeta Terra é o lugar onde passamos por provas e tribulações. Quanto tivermos passado por todas as provas, receberemos nosso diploma, e então voltaremos para Casa, que foi de onde todos viemos.

Meu último compromisso antes de morrer

Eu não acredito apenas que ainda vou permanecer neste planeta por muito mais tempo, como também que devo usar o tempo que me resta para aprender a relaxar, a ter bons pensamentos, a cuidar de mim mesma, e não apenas trabalhar, trabalhar, trabalhar até cair morta. Essas são as últimas lições que terei de aprender.

Faz tempo que sei que assumi três compromissos ao entrar nesta vida. O primeiro era que eu devia trabalhar com pessoas que estão morrendo. Então, um dia, mais de vinte anos atrás, meus guias espirituais me informaram que eu deveria dizer ao mundo que a morte não existe, que há vida depois da morte. Minha primeira reação foi responder: "Vocês devem estar brincando!". A morte não existe? Sabem qual é meu apelido? Dama da Morte e dos Moribundos. E agora querem que eu diga que a morte não existe? Dêem esse trabalho a um pastor!".

"Não podemos entregar essa missão a um pastor", eles responderam. "Por que não?", perguntei. Então eles explicaram que a pessoa escolhida para levar essa mensagem ao mundo tinha de ser uma mulher, uma profissional credenciada que também fosse cientista, e apresentaram uma longa lista de razões pelas quais essa pessoa tinha de ser eu! Por fim, cedi. "Tudo bem, vou dizer às pessoas que a morte não existe, mas vocês terão de me ajudar!" E tudo o que tenho a dizer é que eles têm me ajudado, e muito, desde o início. Compartilhei a mensagem com milhares de pessoas, milhares de vezes. Agora cumpri esse compromisso, e outras pessoas estão continuando o trabalho.

Meu terceiro compromisso, o único que ainda não consegui cumprir, é amar incondicionalmente, a aceitar e amar a mim mesma, a viver contente, a simplesmente existir. Creio que estou no ambiente certo para aprender essas últimas lições, no novo lugar que escolhi para morar, no deserto do Arizona. Adoro alimentar os coiotes, aves e outros animais silvestres que se aproximam de minha casa.

Não tenho medo da morte. Na verdade, espero-a com alegria. Sei que no momento em que eu morrer meus guias espirituais estarão lá, à minha espera, e que irei velozmente para a Luz! Serei recebida de braços abertos. Tenho muitos auxiliares no Outro Lado, e faremos uma festa! Disse a meus filhos para soltarem balões de gás quando eu morrer, para comemorar o fato de eu ter me formado. Porque, para mim, a morte é isso, uma formatura.

Disseram-me que esta é minha última vida neste planeta. Eu não me apresentarei como voluntária para voltar aqui. Se tentarem me convencer a retornar em trabalho voluntário, direi "não, muito obrigada". Sei que Buda voltou à Terra movido pela compaixão. Mas não vou ser um Buda e voltar. Olhem para a minha barriga! Não é grande o bastante para ser a barriga de um Buda! Movida pela compaixão voltei desta vez para ensinar às pessoas a respeito da morte e da vida após a morte. Fiz minha parte aqui no mundo e continuarei a fazer um bom trabalho no Outro Lado. Assumi compromissos, cumpri-os, exceto pelo último, que é aprender a amar mais a mim mesma.

Um velho índio americano descreveu suas próprias lutas desta maneira: "Dentro de mim existem dois cães. Um deles é perverso, o outro é bom. O perverso luta contra o bom o tempo todo". Quando lhe perguntaram qual dos cães sai vencedor, ele refletiu por um momento, então respondeu: "Aquele que eu alimento mais".

CAPÍTULO 2

Cultivando o caminho único da alma — Ousando ser "espiritualmente incorreto"

JOSEPH SHARP

Joseph Sharp, escritor e conferencista, tem sobrevivido à AIDS há muito tempo. É autor do livro mundialmente aclamado *Living Our Dying* (Vivendo Nossa Morte). O ensaio a seguir foi adaptado do livro de Joseph a ser lançado, *Sacred Individuality* (Sagrada Individualidade), especialmente para esta antologia.

"Aprendi a respeitar as opiniões dos dissidentes no que se refere a assuntos espirituais. Os caminhos de busca que me interessam hoje não dizem respeito a localizar uma cooperativa espiritual ou uma tradição à qual eu possa me ajustar melhor. Ao contrário, quero saber como posso cultivar mais completamente a individualidade de minha alma. De que maneira minha alma está tentando se expressar através das particularidades únicas de minha condição humana? Uma condição que às vezes me proporciona êxtase e júbilo, mas que também é atingida por tristeza, raiva ou desespero."

— Joseph Sharp

Gostaria de começar com uma história...

"Quero ficar sozinho com o capelão", Jim murmurou, afastando da boca a máscara opaca de oxigênio. Sua respiração era um estertor ansioso, como se ele quisesse extrair vida do ar. Todos nós sabíamos que ele não passaria do fim de semana, sua mãe estava lá havia algumas horas, e os amigos começavam a chegar. Aquele homem, de seus quarenta e poucos anos, seria a segunda pessoa a morrer em minha unidade em duas semanas.

Jim olhou para a mãe e repetiu: "Sozinho". Então olhou para mim e piscou.

Eu era o capelão da Unidade de Moléstias Infecciosas do hospital Parkland Memorial, em Dallas, Texas. O Parkland, hospital-escola da faculdade de medicina, também funciona como hospital municipal e, como não tem nenhuma filiação religiosa oficial, o programa no qual eu trabalhava como residente era considerado interconfessional, isto é, era tudo e nada. Nossos pacientes vinham de todas as crenças religiosas. Tínhamos ali fundamentalistas, cristãos, budistas, adeptos de seitas africanas e seguidores da Nova Era. Havia também aqueles que não tinham nenhum tipo de religião.

"Muito bem, reverendo", disse Jim, depois que todos os outros saíram do quarto. Ele me chamava de reverendo, muitas vezes por brincadeira, porque sabia que eu não fora ordenado. Sabia também que, no que se referia a meu trabalho como residente, eu não era filiado a nenhuma religião em particular. Nos últimos dias tínhamos discutido longamente esse assunto de filiação. Jim fora diretor do coro de uma grande igreja suburbana, antes de contrair AIDS.

Ele me fitou diretamente nos olhos e disse: "Só quero que você saiba que, se eu pudesse fazer tudo de novo, teria um comportamento ainda mais irreverente. Ia mandar todos para o inferno, seria mais eu mesmo e menos o que todo mundo dizia que eu deveria ser. É só. Eu apenas queria que você soubesse disso".

Apontou um dedo ossudo na direção da máscara de oxigênio, e ajudei-o a colocá-la no rosto. Vi seu sorriso através do plástico. Os olhos dele cintilavam, vibrantes e vivos, em contraste com aquele corpo que morria.

"Mais eu mesmo", repetiu baixinho. "Mais eu mesmo."

Dizem que, em seu leito de morte, Buda orientou seus monges dizendo-lhes que abandonassem todos os preceitos e regras doutrinárias que ele lhes ensinara no correr dos anos. O mais importante, ele murmurou, era que eles fossem "uma luz para si mesmos". De acordo com a lenda, essas foram as últimas palavras de Buda. *Sejam uma luz para si mesmos.* Esse também foi o ensinamento sábio de Jesus, quando ele recomendou a seus discípulos que não procurassem a orientação dos outros, no caminho da santificação: "Não fiquem procurando aqui e ali, porque o reino de Deus está dentro de cada um de vocês".

Acredito que essas palavras de sabedoria, que nos ensinam a olhar para dentro, a ser uma luz para nós mesmos, não nos mostram apenas *onde* buscar, mas também *como*. Essa eterna sabedoria aconselha-nos a reconhecer, honrar e até mesmo cultivar uma autêntica individualidade, que podemos chamar de individualidade sagrada, que é inata, particular, e que está dentro de cada um de nós. Acredito que foi isso que meu paciente, Jim, estava me ensinando, quando disse: "Só quero que você saiba que, se eu pudesse fazer tudo de novo, teria um comportamento ainda mais irreverente. Ia mandar todos para o inferno, seria mais eu mesmo e menos o que todo mundo dizia que eu devia ser".

A despeito de filiação religiosa, raça, sexo ou tendência sexual, essas palavras de sabedoria são as que mais tenho ouvido, trabalhando com doentes terminais. Às vezes são ditas com um sorriso malicioso, como que provocado por uma compreensão mais ampla, por uma piada cósmica. Mas às vezes são ditas com amargura e profundo arrependimento. Seja como for, esse ensinamento, uma mensagem que vem do quadro maior apresentado no fim da vida, parece ser o mesmo: "Se eu pudesse fazer tudo de novo, não me preocuparia com o que os outros pudessem pensar, mas aproveitaria melhor as coisas de que realmente gostava e me arriscaria mais, seria mais autêntico, mais eu mesmo".

De uma profunda, embora simples, sabedoria, essa prática envolve cultivar um aprofundamento de individualidade que seja a autêntica e única expressão de cada um. Envolve sermos fiéis a nós mesmos e vermos que essa fidelidade é uma prática espiritual que podemos trazer para nossa vida diária e nossas próprias tradições religiosas. Muitas vezes, em nossa tentativa de manter o senso de "correção espiritual", esquecemos esse ensinamento. Tentamos ser uma luz para nosso *idealismo* a respeito de perfeição espiritual, de uma postura espiritualmente correta de paz e tranqüilidade, mas sem nada de nosso caráter irreverente, particular e único.

O ensinamento interior

"É da natureza de Deus não ter natureza." Quem disse isso foi o monge dominicano Meister Eckhart[1], no século treze. No fim de sua vida foi acusado de heresia pelo Vaticano. Hoje, porém, Meister Eckhart é considerado, pelos estudiosos, um dos maiores místicos de toda a história cristã, embora em sua época agitasse a igreja e a religião com seus constantes pronunciamentos audaciosos e espiritualmente incorretos. Vemos isso acontecer incessantemente, em todas as tradições religiosas, sejam elas quais forem: a imaginação individual das almas brilhantes perturba os monótonos corredores do curso estabelecido. Isso acontecia já no tempo de Jesus, que foi rotulado de herege e agitador por causa de seus ensinamentos que iam contra a lei oficial judaica, e acontece até hoje, como vemos no caso de Krishnamurti, que, no século vinte, irritou milhares de teólogos, negando e derrubando a hierarquia espiritual organizada. A história das religiões está repleta de santos, adeptos e estudiosos que em sua época foram ridicularizados e chamados de espiritualmente heréticos. Desde o tempo que minha memória alcança, a lei tácita tem sido: se sua personalidade não está de acordo com o modelo básico de sua tradição cultural ou religiosa, não existe nenhuma dúvida de que você deve mudá-la.

Durante anos pensei que o jogo da vida, socialmente, e também espiritualmente, era descobrir o caminho, o estilo, o modelo de alguém que conhecia as regras, digamos, uma pessoa esclarecida, e seguir seus passos. Para mim, como para a maioria de nós, o caminho para a santificação parecia estar longe, fora de meu próprio reino interior, de meu entendimento e de minha experiência. Em minha compreensão, não apenas os grandes sábios espirituais conheciam o segredo, mas também os grandes artistas, escritores e alguns estadistas, como Gandhi e Martin Luther King. No meu modo de pensar, todos eles possuíam um conhecimento especial que os tornava quase deuses infalíveis. Se minha opinião diferia de algo que um desses iluminados dizia, bem, o errado devia ser eu. Isso acontecia porque eu acreditava que as pessoas tinham de encontrar alguém que conhecesse o caminho e segui-lo, vendo a vida através de seus olhos.

Mas, como nos lembra a história de meu paciente aidético em fase terminal, a mensagem dessa perspectiva mais ampla, adquirida no fim da vida, parece ser a mesma que os grandes mestres têm pregado ao longo do tempo: olhe para dentro de você. O território mais adequado para a exploração espiritual é aquele que encontramos nas experiências de todos os momentos da vida. É espaçoso, irrestrito, infinito.

E existe ainda uma outra possibilidade radical. Pode ser que esses ensinamentos não nos digam meramente para *onde* olhar, mas também *como*, e que nos mostrem como devemos começar a procurar nosso próprio caminho individual, autêntico, dentro de uma cultura mais ampla de tradição espiritual. Acredito que seja isso. Creio que os grandes mestres espirituais estejam nos pedindo que reconheçamos e honremos um senso autêntico dessa individualidade que é única e que reside dentro de cada um de nós. Em outras palavras, não existe nenhum "traje" espiritualmente correto que devemos vestir, apenas uma necessidade de tentarmos ser tão honestos e fiéis a nós mesmos quanto possível. Isso não tem nada a ver com aparência exterior, mas com percepção íntima.

A partir dessa compreensão, o "ensinamento interior" orienta-nos a ouvir a pessoa que realmente somos por dentro e a aprender com ela. Leva-nos a prestar atenção aos nossos mais íntimos desejos, sentimentos, pensamentos, impulsos, paixões, peculiaridades, idiossincrasias, aspirações, e assim por diante. Pede-nos que honremos e cultivemos as qualidades e características que nos tornam únicos.

O ensinamento interior indaga: "O quê, em sua vida, causa-lhe mais entusiasmo?". Ou: "Qual é sua mais profunda paixão?". E, colocando em termos do espírito popular: "Qual é sua maior alegria?".

A maioria das religiões instituídas geralmente não incentivam seus seguidores a procurar sua alegria. Incentiva, sim, a busca do espiritualmente correto, da estrada mais percorrida da conformidade doutrinária. Por exemplo, em minha infância, nenhum de meus professores da escola dominical mencionou o conceito de mito bíblico. Que eu me lembre, nenhum fez isso. O que nos ensinavam era que os gregos pagãos adoravam mitos e que por isso morriam de modo horrivelmente doloroso. Nenhum de meus professores jamais deu uma explicação que não fosse a literal dos textos bíblicos, nem permitiu questionamentos, insinuações de mistério ou autêntico entusiasmo. Alguns de meus amigos católicos falam de experiências diferentes em suas aulas de religião ministradas por alguma freira "maluca" ou um jesuíta audacioso. Mas esses professores são sempre exceções, não a regra. No que se refere a meus professores protestantes de classe média, eles ensinavam que uma criança boa é uma criança quieta. Quantas oportunidades perdidas!

Por sorte, como adultos barulhentos, podemos reconhecer nossa vocação íntima, que nos pede que sigamos o que verdadeiramente nos fascina e entusiasma. Podemos tomar a decisão de procurar nossa alegria. Mas não é fácil. Fomos condicionados a não pensar dessa maneira, a não questionar, a não deixar que o entusiasmo e a alegria nos arrebatem, porque esse não é um comportamento digno, de adulto. Como já disse, o que mais ouço de meus pacientes terminais é: "Se eu pudesse fazer tudo de novo, seria mais irreverente, faria mais o que gosto". Alguns anos atrás uma senhora idosa escreveu um poema que ficou muito conhecido e que era um resumo da lição que ela aprendera na vida. Em seu poema ela disse que "se pudesse fazer tudo novamente, comeria mais chocolate, se arriscaria mais e usaria vestidos roxos com mais freqüência". Mas, infelizmente, muitas vezes é preciso que uma doença, ou um outro acontecimento, ameace nossa vida para que comecemos a reconsiderar os limites culturais que inibem nosso entusiasmo e nossa alegria. Nós não nos sentiríamos mais seguros se a sociedade e suas instituições nos incentivassem a buscar o que nos dá alegria? Se as paixões e desejos íntimos de cada um fossem respeitados e até fortalecidos, como elementos integrais da maturação da alma? Imaginem como nossas vidas ficariam mais cheias de arte, mais ricamente diversificadas e espiritualmente potentes!

Como cultura, ainda temos um longo caminho pela frente. Mas, como os taoístas gostam de dizer, "uma viagem de milhares de quilômetros começa com um único passo". Buscar o entusiasmo, a paixão e a alegria é uma das melhores maneiras que encontrei de começar a explorar o caminho individual da vocação de minha alma.

Buscando o entusiasmo

A romancista e poetisa Natalie Goldberg conta uma história sobre seu mestre budista, Katagiri Roshi, que foi o primeiro a incentivá-la a ver em sua vocação literária uma prática espiritual. Katagiri disse: "Faça da literatura sua prática espiritual, porque, se o fizer, escrever a fará aprofundar-se tanto quanto o Zen"[2]. Existe uma quantidade enorme de livros disponíveis sobre como as atividades artísticas e outras podem ser conscientemente usadas para o aprofundamento espiritual. Tudo o que traz entusiasmo a nossa vida, como jardinagem, decoração de interiores, escrever poesia ou prosa, criar os filhos, praticar um esporte, andar pelos campos em busca de espécies diferentes de borboletas ou besouros, qualquer atividade, enfim, que nos entusiasme, pode ser integrada no processo de desenvolvimento espiritual em nossa vida diária.

Uma escritora, amiga minha, Márcia Tyson Kolb, explica como seu "trabalho com a terra" aprofundou sua espiritualidade e tornou-se uma forma potente de adoração. Ela chama o tempo que passa cuidando do jardim de "comunhão direta". Para ela, o jardim e a terra são dependentes dos ciclos da vida, das estações, de acontecimentos inesperados, como um furacão, e isso tornou-a mais consciente da interligação de todas as coisas e de seu papel nesse todo. Vejamos o que Márcia diz a respeito disso.

"Fui criada numa religião tradicional, mas, na idade adulta, estudei o budismo com vários mestres. Entendia que só se podia aprender a respeito de espiritualidade tendo um mestre, que fosse um padre ou um monge, como Roshi. De alguma forma, assimilei a idéia de que a prática da espiritualidade era algo que se faz *com* e até mesmo através de um mestre, de uma outra pessoa. Mas o jardim derrubou essa idéia. Ali eu me sinto em comunhão direta com Deus. Vejo centenas de plantas-mães florescer, as flores atingindo a maturidade, produzindo filhos, as sementes, espalhando-os por toda a parte e depois morrer. Mas na primavera seguinte as sementes germinam, e novas plantas brotam do chão. Observando esse processo todo, sentindo-me parte dele, pois cuido do jardim o ano inteiro, estou sempre aprendendo, em comunhão direta com os fatos da vida, da morte e do renascimento. Não é um ensinamento que recebo através de palavras e conceitos. É algo que vejo, algo real. Os mestres falam de reencarnação, ensinam que a vida é eterna, mas quando estou no jardim eu vejo isso, essa continuidade da vida. Fico parada, olhando o jardim num encantamento sem palavras, e vejo a presença de Deus o tempo todo. Comunhão direta. Talvez eu nunca conhecesse essa comunhão se não gostasse tanto de jardinagem. Gosto tanto que permiti que o jardim se tornasse meu mestre espiritual também."

Eu sei disso muito bem, porque escrever tornou-se uma das principais práticas em minha odisséia espiritual. Muitas vezes escrevo aquilo que preciso aprender. Parece que pego muito mais depressa as mentiras que conto a mim mesmo a respeito de Deus e da vida quando as escrevo. Foi o que aconteceu com meu primeiro livro, *Living Our Dying* (Vivendo Nossa Morte). Escrevi algo sobre morrer de modo consciente, falando de coisas nas quais achava que acreditava, explicando como um fato em particular podia me ensinar uma lição espiritual. Então, alguns dias mais tarde, reli o que havia escrito. Lendo e relendo, escrevendo e tornando a escrever, percebi como minhas primeiras interpretações eram desonestas e sem profundidade. Percebi que não acreditava realmente no que estava dizendo. Talvez eu quisesse acreditar, porque um reverenciado mestre espiritual afirmara que as coisas eram assim, mas na verdade não acreditava. A profunda alegria, o entusiasmo que sinto, quando estou escrevendo, atravessam o emaranhado de interpretações, revelando as mentiras que estou contando a mim mesmo.

O entusiasmo pode ser usado como uma poderosa espada de verdade espiritual. Quando seguimos nosso caminho, munidos de alegria e entusiasmo, fica mais difícil nos enganarmos, porque sentimos que precisamos fazer determinada coisa, que aquela é nossa paixão. Se aqueles que buscam usarem o entusiasmo que vem da alma, para conscientemente e intencionalmente percorrerem o caminho com maior percepção, encontrarão a determinação de não satisfazer-se com uma mera aparência de correção espiritual. Exigirão autêntico crescimento espiritual e ganharão coragem para serem honestos sobre suas próprias falhas. Por isso, nosso legítimo entusiasmo é excelente água para nosso moinho espiritual, porque esse fluxo de água é forte demais para ser desviado por mentes cheias de conceitos. Nosso entusiasmo penetra-nos profundamente, invadindo-nos completamente.

O ensinamento interior lembra-nos de que o caminho verdadeiro para a santificação não está lá fora, num modelo perfeito de correção espiritual. Ele está dentro de nossa imperfeita e apaixonada experiência diária. Como Jon Kabat-Zinn disse, "você está andando por um caminho, queira ou não, e esse caminho é sua vida"[3].

Um exemplo favorito de irreverência

Quando falamos de Thomas Jefferson, dizemos que ele, mais do que qualquer outra figura histórica, encarna o espírito dos Estados Unidos. Basta que arranhemos a superfície de sua vida paradoxal e complicada para vermos a luz brilhante de um homem da Renascença: filósofo, arquiteto, projetista, estadista, marido e pai, horticultor amador, arqueólogo, escritor, músico, epicurista e conhecedor de vinhos. Nós o consideramos um cristão, e com certeza ele também se considerava. Mas sua forte vocação íntima, induzindo-o ao individualismo, influenciava poderosamente sua prática particular de espiritualidade cristã.

Jefferson, durante toda sua vida, lutou para compreender os ensinamentos de Jesus do modo como são apresentados no Novo Testamento. Sua solução final foi muito fiel a seu próprio espírito de profundo individualismo. Com audácia, recortou, rearranjou e colou juntos trechos dos quatro evangelhos, formando um outro, sua própria versão daqueles livros. Em seu modo de ver, ele extraíra o que chamava de "diamantes dos autênticos ensinamentos cristãos", eliminando os textos corrompidos aprovados pela igreja oficial.

Assim, o caminho espiritual individual de Thomas Jefferson incluiu a edição dos evangelhos do Novo Testamento, e o resultado foi um livro mais curto e menos confuso, personalizado, que falava intimamente a sua mente e seu coração e dava a ele uma visão mais autêntica da vida e dos ensinamentos cristãos. Em conclusão, Jefferson não conseguiu separar sua vida religiosa de sua vocação e seu entusiasmo pelo intelecto, pelo individualismo e, de certa maneira, pela arquitetura, pelo menos no que diz respeito ao texto que construiu.

Tenha a ousadia de ser espiritualmente incorreto

Se eu tivesse de me restringir a uma única mensagem, a um pensamento sobre o qual refletir, diria isso: "Vamos dar a nós mesmos um amplo campo de ação, a total permissão de conhecer tudo desta vida humana, as dificuldades e também as alegrias. Não nos deixemos iludir por idéias de correção ou incorreção espiritual. Ignoremos a mente que nos censura, dizendo que não devemos sentir isto ou aquilo, pois é espiritualmente incorreto". Em vez disso, mergulhemos mais profundamente nesses sentimentos para ver aonde eles nos levam. Para sentir aonde nos levam. Cada um de nós tem no íntimo uma alma que é única e que clama por expressar-se criativamente através de nossas vidas, humanas e individuais. Vamos dar atenção a essa sagrada individualidade para que possamos ouvir seu chamado, sentir seu impulso, que nos empurra na direção de uma experiência de vida mais ampla, à compaixão e à graça. Se o que Meister Eckhart disse é verdadeiro, que "é da natureza de Deus não ter natureza", devemos considerar que a estrada que leva a Deus também não tem uma natureza generalizada. É uma longa estrada que se estende muito além do que podemos ver, muito além de idéias preconcebidas de correção espiritual. Muito mais além do que podemos imaginar.

A história das tradições religiosas do mundo está repleta de santos, místicos e pessoas de visão que foram ridicularizados e considerados espiritualmente incorretos, se não até heréticos, de acordo com os padrões de sua época. Então, fiquem avisados, cultivar uma profunda intimidade com sua própria individualidade pode, às vezes, colocá-los contra o idealismo da popularizada correção espiritual.

A boa notícia é que vocês não estão sozinhos nessa grande tarefa. Na verdade, historicamente, estão em muito boa companhia.

"Dirija seus olhos para dentro e encontrará mil regiões de sua mente que ainda não foram descobertas. Viaje por elas e seja um especialista em cosmografia interna."
— Thoreau, em *Walden*

CAPÍTULO 3

Cura pela atitude — A essência de nosso ser é o amor

GERALD (JERRY) JAMPOLSKY, MÉDICO, E DIANE CIRINCIONE, DOUTORA EM PSICOLOGIA CLÍNICA

Gerald Jampolsky e **Diane Cirincione**, marido e mulher, são oradores que pregam a transformação pessoal e co-autores de *Change Your Mind, Change Your Life* (Mude Sua Mente, Mude Sua Vida). Jerry é um dos diretores e fundador do primeiro Centro de Cura pela Atitude, do qual existem mais de cem filiais por todo o mundo, e autor do *bestseller Love is Letting Go of Fear* (Amar é Deixar de Ter Medo). Diane é psicóloga clínica. Este capítulo foi extraído de uma entrevista gravada em vídeo feita em Kailua, Havaí.

"Na verdade, saúde e cura não têm nada a ver com o corpo. A saúde verdadeira é a paz interior."
— Dra. Diane Cirincione

"Amar é deixar de ter medo"
— Dr. Gerald Jampolsky

Jerry: Uma vez, quando eu dava consultas no hospital da Universidade da Califórnia, ouvi uma menina de oito anos perguntar a seu médico: "Como é morrer?". O médico não respondeu e mudou de assunto. O incidente causou-me forte impressão, e comecei imaginar que tipo de resposta recebiam as crianças portadoras de doenças graves quando faziam essa pergunta. No dia seguinte recebi em meu íntimo a orientação de criar um centro que ajudaria gratuitamente crianças que estavam enfrentando a morte. Desde a inauguração do primeiro Centro de Cura pela Atitude, em 1975, mais de cem foram criados no mundo todo.

Diane: Através dos anos temos recebido inspiração de muitas pessoas, jovens e velhas, que, a despeito dos corpos doentes e da dor, mostram-se cheias de amor, alegria, resistência e simplicidade, uma atitude que não tem nada a ver com o corpo. Gostaríamos de contar a história de algumas dessas pessoas que tivemos a honra de conhecer.

Jerry: Um dos princípios que seguimos estabelece que qualquer pessoa, de qualquer idade, pode nos dar lições de vida. Uma criança de três anos pode ensinar tanto quanto um idoso de noventa e três. Almas sábias habitam pequenos corpos infantis e vêm a nós para nos ensinar uma outra maneira de ver a vida, a morte e o espírito.

A primeira criança que morreu em nosso centro era um menino de onze anos, chamado Greg Harrison. Quando chegou bem próximo da morte, sua medicação foi suspensa. Outra criança de nosso grupo de apoio, um dia, perguntou-lhe: "Greg, como é saber que provavelmente estará morto daqui a quinze dias?". A calma resposta de Greg foi notável. "Bem, acho que quando você morre, joga fora o corpo, mas o corpo nunca foi você, realmente. Então, vai para o céu e fica lá com outras almas, mas talvez possa voltar para trabalhar como anjo guardião." Não há dúvida de que em minhas meditações vejo Greg como um desses anjos.

Lembro-me também de Carney, um garoto de dez anos que sofria de anemia drepanocítica. Um dia perguntei-lhe: "Como se sente uma criança de sua idade que já chegou à beira da morte tantas vezes?". A resposta foi inesquecível. "Acho que Deus tem uma biblioteca, mas os livros são crianças. Deus empresta as crianças aos pais, algumas com prazo de entrega mais curto, outras com prazo mais longo. Não tenho medo de morrer, porque sei que vivo no coração de Deus o tempo todo. Nunca saí de lá."

Carney concluiu essa resposta maravilhosa dizendo que, mesmo estando doente, ele sentia que ainda tinha algum trabalho a desempenhar aqui no mundo. Queria ser pediatra. De acordo com a última notícia que tivemos dele, Carney agora é aluno do curso pré-médico.

Assim, as pessoas cujas vidas estão sendo ameaçadas por uma doença, sejam crianças, sejam adolescentes, adultos ou velhos, dão-nos o presente incrível de fazer com que olhemos a vida e a morte de modo diferente. Logo que abrimos o primeiro centro, oferecíamos apoio individual e grupal apenas a crianças que estivessem muito doentes. Mas não demorou muito para percebermos que tínhamos de ampliar o círculo de nosso trabalho, porque os irmãos sadios das crianças doentes tinham grande dificuldade em lidar com a doença e a idéia da morte. Mais tarde, incluímos adolescentes com doenças graves e, então, expandimos o trabalho para atender também os pais. Quando surgiu a AIDS, começamos a trabalhar com portadores dessa afecção. Depois, começamos a atender pessoas com doenças que não lhes ameaçavam a vida, mas que desejavam aprender os princípios da cura pela atitude.

Diane: Trabalhando com todos esses tipos diferentes de indivíduos, descobrimos que saúde e cura, na verdade, não têm nada a ver com o corpo. A saúde verdadeira é a paz interior. A cura verdadeira é a eliminação do medo. A essência do dar e do receber é a mesma. Enquanto aprendemos a ajudar os *outros*, começamos a ajudar a *nós mesmos*. Muitos desses princípios são encontrados no livro *A Course in Miracles* (Um Curso Sobre Milagres)[1].

Descobrimos que o objetivo não é "consertar pessoas", nem apenas fazer com que vivam mais. Uma pessoa pode estar nas últimas horas de sua vida, seu corpo pode estar totalmente desgastado e indefeso, no entanto ela pode estar num lugar onde existe completa paz interior. Quando somos capazes de abraçar a nós mesmos e todos os que nos rodeiam, através do perdão, isso nos torna completamente curados.

Jerry: Durante grande parte de minha vida fui ateu. Achava que o corpo era nossa única identidade, que a morte era o fim da vida. Por isso, tinha muito medo de morrer. Mas, então, compreendi que a essência de nosso ser é o amor, e esse é o primeiro princípio da cura pela atitude. Somos, na verdade, espíritos imortais. E quando sabemos, no coração, que não somos nossos corpos, que eles são apenas veículos temporários, a idéia da morte como o fim de tudo desaparece. Então vemos que, na realidade, a morte é simplesmente a transição para um estado em que não existe forma física.

Diane: Lembro-me de que aos três anos de idade eu costumava olhar para uma de minhas mãos, esfregando os três dedos do meio, e dizia: "Alguém fez um truque comigo e me enfiou dentro desta pele". Eu sabia que era mais do que este corpo. No decorrer dos anos, essa lembrança tem me dado grande consolo. A morte não existe. Os corpos vêm e vão. A vida é uma transformação de forma, energia e consciência. Dessa maneira, nunca me senti desconfortável na presença da morte.

Jerry: Quando uma pessoa deixa esta terra através da porta da morte, achamos que a perdemos. Nunca me esquecerei de uma mãe que nos contou uma história a respeito da filha. "As pessoas sempre me dizem que lamentam muito eu ter perdido minha filha, mas eu *não* a perdi. Quando perdemos alguma coisa, não sabemos onde ela está, mas minha filha continua vivendo em meu coração, em minha existência. Sinto a presença dela em minha vida. Então, embora ela tenha partido fisicamente, não está perdida. Não está em um abismo, em um lugar qualquer."

Diane e eu ainda sentimos a presença de pessoas que conhecemos e que não estão mais na forma física. As mentes comunicam-se entre si. Não é necessário que haja corpos para haver comunicação. A experiência de saber que não existe separação pode dar alegria e ensinar muita coisa. Achamos que houve separação porque sentimos falta da forma física. A verdade é que espírito e amor estão conectados e nunca terminam. É um amor infinito, eterno. Algo verdadeiro, que nunca muda, é a essência do amor de Deus, do qual todos fazemos parte.

Lembro-me de um querido amigo, Ted, que lutou contra a AIDS durante muito tempo. Nós nos tornamos íntimos, trabalhando juntos num grupo de apoio. Ted foi um de meus grandes mestres, principalmente no fim de sua vida. Uma vez ele me contou que não conseguia parar de discutir com uma certa pessoa. Parecia que os dois não podiam ficar juntos sem entrar em atrito. Numa ocasião, Ted me disse: "Sabe, qualquer dia destes vou perder a calma de uma vez e dizer umas verdades a ele". Fez uma pausa, então acrescentou: "Oh, meu Deus, acabei de perceber que, nesses anos todos que passei discutindo com ele, já perdi minha calma!". Descobrira que o conflito interminável estava tendo um preço muito alto, estava lhe custando sua paz de espírito. Então conseguiu livrar-se de todo o antagonismo.

Em outra ocasião perguntei a Ted qual, em sua opinião, era o sentido da vida. Ele respondeu: "Viemos para esta vida para aprender que não devemos julgar uns aos outros". Mesmo estando morto, Ted continua a ser um grande mestre para mim e muitas outras pessoas.

Um dia perguntei a um adolescente de catorze anos, que estava morrendo, qual era nosso propósito na vida. "Enquanto estivermos respirando, nosso propósito é dar amor aos outros", ele respondeu. "Muitas pessoas que entram no hospital estão cheias de medo. Nosso trabalho é dar-lhes amor. Muitas vezes os médicos têm medo de dizer a verdade a seus pacientes. É nosso trabalho dar-lhes amor. Deus diz que os médicos também precisam de amor e perdão". Simples, não?

Outra pessoa de quem me lembro bem é Don, um voluntário em nosso Centro, portador de AIDS. Ele nos contou a história de um amigo que morrera num acidente de carro, uma semana antes. Disse que esse amigo, que nunca se defrontara com a morte, pensava, como muitos de nós, que viveria para sempre. "Se eu tivesse podido escolher, não teria escolhido contrair AIDS, mas, se pudesse escolher entre ser a pessoa que era anos atrás, sem AIDS, e a pessoa transformada que sou agora, com AIDS, tenho certeza de que escolheria ter AIDS e ser o que sou hoje", Don afirmou.

Uma jovem chamada Jennifer tinha uma grave disfunção renal e passara a maior parte da adolescência fazendo diálise. Um pouco antes de morrer, ela nos disse o que faria se soubesse que tinha apenas mais sete dias de vida. "Há pessoas que dizem que passariam esses dias em companhia da família e de amigos. Claro, eu ficaria muito contente de passar meus últimos dias com as pessoas a quem amo, mas aproveitaria esse tempo de uma semana para pensar em todas as pessoas com quem tive um mau relacionamento. Pediria perdão a todas as que tivessem alguma queixa contra mim e daria meu perdão àquelas que me magoaram. Faria isso por carta ou telefone, ou apenas mentalmente. Antes de partirmos desta vida, nosso propósito é livrar nossos relacionamentos de todo o mal. É por isso que o espírito universal nos dá uns aos outros, para que encontremos uma maneira de sanar o mal que existe entre nós e dentro de nós. Eu posso conseguir isso, aqui, deitada em minha cama."

Essa bonita moça sabia que a cura pode acontecer no coração e na mente de cada um, sem que haja necessidade da presença física de outra pessoa. Não é preciso que seu pai, ou sua mãe, finalmente veja as coisas do seu modo e diga: "Ah, sim, tudo bem, agora podemos nos perdoar mutuamente". Não é preciso, de maneira alguma. Jennifer passou a vida ajudando os outros nos hospitais em que viveu. Morreu com vinte anos. A mãe dela contou-nos que suas últimas palavras foram: "Gostei mais de ter vivido com uma pessoa doente, ajudando os outros, do que gostaria de ter vivido como uma pessoa saudável, pensando só em mim mesma".

Muitas vezes carregamos um sentimento de culpa, sem nunca perceber como isso nos prejudica. Uma vez visitei uma senhora de oitenta e dois anos que estava tendo ataques incontroláveis de angina. A medicação não funcionava. Guiado pela intuição, perguntei-lhe se ela se condenava por alguma coisa. Ela, então, me contou algo que nunca contara a outra pessoa. Ainda sentia-se culpada por roubar uma barra de chocolate em uma mercearia quando tinha seis anos de idade. Como se aquele fosse o maior pecado do mundo, essa mulher conservara pensamentos de culpa, sem conseguir perdoar-se, durante setenta e seis anos! Quando ela iniciou o processo de conceder perdão a si mesma, os medicamentos começaram a dar o resultado desejado.

Quando se trata de perdoar a nós mesmos, muitas vezes somos os verdadeiros reis ou rainhas da protelação. Causamos muitas dificuldades a nós mesmos, quando nos condenamos. Perdoar os outros é na verdade uma boa maneira de perdoar a nós mesmos. Guardando mágoas, incapazes de perdoar, reforçamos a ilusão de que vivemos separados uns dos outros.

Em nosso caminho espiritual, temos visto sempre mais que, quando sabemos de fato que estamos unidos com Deus e uns com os outros, não existe nenhuma separação entre nós. Uma pessoa está verdadeiramente em paz quando sabe disso. Grande parte de nosso trabalho aqui no mundo é abandonar nossa identificação com o corpo. Fazendo isso, aprendemos a ser mais bondosos para os outros e para nós mesmos. Mesmo que estejamos vivendo nossos últimos dias neste planeta, não é tarde demais para dar amor mais profundo e perdão aos outros e a nós próprios.

Minha mãe, de noventa e oito anos, foi um bom exemplo de que "nunca é tarde demais". Ela era a pessoa mais cheia de medo que conheci. Passou seus últimos anos no Lar Judaico para Idosos. Durante toda sua vida foi uma pessoa que se sentia culpada e projetava a culpa nos outros. Estava sempre irritada conosco e todas as outras pessoas, por uma coisa ou outra. Por exemplo, acusava-nos de não nos demorarmos o suficiente quando íamos visitá-la. Por fim, ninguém mais queria ir vê-la.

Ela ficou numa situação horrível. E nós também ficamos, porque queríamos que ela fosse uma velhinha gentil e feliz em seus últimos anos. Até que entendemos que, se quiséssemos ter paz de espírito, precisaríamos parar de tentar modificá-la e amá-la e aceitá-la como ela era, e isso incluía sua decisão de ser infeliz, já que esse era seu desejo.

Pondo isso em prática, nós nos sentimos muito mais em paz, e à medida que o tempo passava foi acontecendo uma tremenda mudança na personalidade de minha mãe. Aos noventa e oito anos ela se tornou muito gentil e amorosa com todos os que a cercavam e começou a falar de coisas que eu nunca imaginara que falaria, até de reencarnação! Algo notável, vindo de uma pessoa que nunca acreditara "nessas coisas" durante sua longa vida. Ela começou a ter visões e sonhos nos quais via meu pai no outro lado de uma cerca, estendendo as mãos em sua direção.

Sinto-me feliz por ter estado a seu lado quando ela morreu pacificamente, durante o sono, às quatro da madrugada. Foi um momento muito lindo, para mim. Mas, embora eu achasse que tudo estava terminado em relação a minha mãe, que já havia me despedido dela, dois dias depois de sua morte liguei para o serviço de recados telefônicos e ninguém atendeu. Foi só depois de cerca de dez toques que me dei conta que não havia ligado para o serviço de recados, mas para o telefone de minha mãe, que ainda não fora desligado. Rompi em lágrimas, com saudade dela. Assim, embora eu achasse que me despedira, fui lembrado, mais uma vez, de que a cura pela atitude é um processo contínuo e interminável, que nos oferece a oportunidade de passar por uma profunda transformação espiritual.

"A metástase do câncer chegou aos ossos. Os médicos disseram que é incurável, o que significa que vou morrer. O estranho é que, sabendo que estou tão doente, também sei que no meu íntimo existe bem-estar. E aí está o paradoxo: com esta doença, estou me curando. E isso, nem a morte pode tirar de mim."

— Reverendo Colin Campbell, pastor episcopal
Extraído do vídeo *Experiencing the Soul*
(Conhecendo a Alma)

CAPÍTULO 4

Da psique à alma - O poder curador dos arquétipos

MARION WOODMAN

Marion Woodman, analista junguiana internacionalmente aclamada, foi pioneira na exploração do inconsciente através do uso do poder dos sonhos e metáforas e do equilíbrio dos arquétipos femininos e masculinos para formar uma ponte entre o mundo interior e o exterior. É autora dos livros *Leaving My Father's House* (Deixando a Casa de Meu Pai), *Addiction to Perfection* (Vício de Perfeição), *The Pregnant Virgin* (A Virgem Grávida) e co-autora de *Dancing in the Flames* (Dançando nas Chamas), do qual o trecho aqui transcrito foi extraído.

"A alma é eterna, sua linguagem é a metáfora, que é deste momento e do momento infinito."
— Marion Woodman

Nunca duvidei da existência da alma. Nunca duvidei da existência daquela parte de mim que se eleva com a música, a arte, a literatura, experimentando um júbilo que se manifesta através do corpo. Também nunca duvidei da parte de mim que reage à beleza do sol emergindo de um lago de luz rosada, em Georgian Bay, dos pássaros tagarelando, enquanto almoçam suas sementes, da majestade dos trovões nas montanhas.

Mas, acima de tudo, travo conhecimento com minha alma através dos sonhos. Como analista seguidora de Jung tenho convivido com pessoas que, apesar de ocuparem uma boa posição neste mundo material, têm uma contínua inquietação interior. Enquanto elas me fazem suas confidências, observo-as balançar os pés ou torcer as mãos. Vejo desespero em seus olhos, ouço as súplicas de sua alma: "Olhe para mim, me escute, me ame".

E vejo o sonho de suas vidas desenrolar-se diante de meus olhos. Vejo a realidade deixar sua própria verdade no íntimo dessas pessoas, fazendo o melhor que pode para comunicar-se com o ego consciente delas, seja isso percebido ou não. Quando reservam algum tempo, todos os dias, para ouvir a história de suas almas, as pessoas aos poucos começam a encontrar sua inteireza. O interior e o exterior tornam-se unidos. Mas, quando deixam de respeitar a alma, isso, com o tempo, manifesta-se em sintomas físicos ou psíquicos.

Os sonhos falam o idioma da alma. A alma é eterna. Sua linguagem é a metáfora, que é deste momento e do momento infinito. As imagens de nossos sonhos vêm de nossos próprios ossos e músculos, dando-nos, assim, um quadro da condição atual de nossa alma e do nosso corpo. Essas imagens possuem uma carga emocional que pode ativar o Ser integral: pensamento, sentimento, intuição, sensação, enfim, a totalidade daquilo que somos. Se são respeitadas, meditadas, pintadas, colocadas em passos de dança, música ou palavras, entram na vida consciente com poder curador, isto é, poder que traz inteireza. As imagens têm uma carga que pode ativar o Ser, fazendo-o viver uma vida mais abundante.

Conheci o poder da metáfora em uma situação de minha própria vida. Em 1968 envolvi-me em um acidente automobilístico que deixou um lado de minha cabeça e de meu rosto bastante danificado. Um excelente cirurgião plástico, a quem serei eternamente grata, cortou meu couro cabeludo e, com seus instrumentos delicados, trabalhou por baixo da pele, colocando os ossos quebrados no lugar. Quinze dias mais tarde o inchaço diminuiu, e percebi que ainda tinha olhos. Dois anos depois meu rosto recuperara o tato, mas um sintoma mais grave persistia. Meu ouvido tilintava e zumbia dia e noite, como se lá dentro houvesse campainhas e um mosquito que não parava de voar. Era o distúrbio conhecido como *tinnitus aurium*. Procurei especialistas do Canadá e da Inglaterra, e todos eles me disseram que não podiam fazer nada, que eu teria de aprender a conviver com aquele desconforto.

Na época eu estava fazendo análise com o dr. Bennet, em Londres. Quanto mais a análise intensificava-se, mais alto tilintavam as campainhas, e mais rápido voava o mosquito, até que pensei que fosse enlouquecer. Então tive um sonho, no qual outra pessoa e eu trabalhávamos com uma máquina que transformava um tipo de energia em outro (uma máquina metafórica). Eu estava confusa, porque não sabia acionar aqueles botões complicados. Mas a outra pessoa sabia. Então alguém disse: "Como você se sente, às vésperas de se tornar tudo aquilo contra o qual lutou durante toda sua vida?".

O tilintar, agora, era tão alto, que saí correndo da cama e acabei caindo no chão da cozinha, antes mesmo de perceber que estava acordada. Orei a Deus, implorando para que fizesse aquele ruído cessar, ou, então, que me deixasse morrer. No mesmo instante, tive a visão de um arbusto coberto de delicadas flores brancas. Fiquei tão encantada com a beleza do arbusto que demorei para perceber o perfume que subia de meu pés. Muito lentamente, o perfume começou a subir pelas minhas pernas e continuou subindo, invadindo todas as células de meu corpo. Foi como se o perfume e eu nos tornássemos uma coisa só. Vi que me levantara do chão, e que estava com os braços erguidos. Quando a visão esvaneceu-se, os ruídos em meu ouvido haviam desaparecido. E nunca mais voltaram.

Eu fora para a cozinha para que minha alma fosse alimentada e fortalecesse meu corpo. Isso, naturalmente, mudou minha vida. A mulher eficiente, sempre no controle de tudo, dirigida pelo relógio e pela agenda, não existia mais. Percebi que meu fortalecimento viera através da concentração em uma imagem, uma dádiva do inconsciente. Percebi que o medo e o caos de minha mente racional podiam ser exterminados por ordem do inconsciente. A imagem arquetípica, emergindo das profundezas de meu corpo — a Deusa Sombria permeando o arbusto florido — criara harmonia entre o consciente e o inconsciente e com a ordem natural das coisas. Então eu pude me tornar uma pessoa integral.

Naquele tempo eu não me importei muito em saber o que acontecera, no sentido psicológico. Só sabia que fora visitada pela Luz Divina, que havia experimentado um amor que nunca sentira antes, um amor que esmagava o mundo que eu conhecia. A razão silenciou. Eu só conseguia dizer "muito obrigada".

Mais tarde, quando li Jung, comecei a compreender o que acontecera, psicologicamente. A tensão, o cansaço e a dor tinham me induzido a uma regressão, levando-me metaforicamente ao lado escuro da Mãe, quando a morte parecera-me a única saída. A emoção fora tão forte que o ego teve de se render. Na encruzilhada, onde consciente e inconsciente encontraram-se, o dinamismo do instinto, "deixe-me morrer" (a extremidade infravermelha do espectro) transcendeu o conflito e me tirou do sofrimento. A imagem, o arbusto florido (a extremidade ultravioleta), derramando perfume em todas as células de meu corpo, produziram harmonia, fisicamente e psiquicamente, que transcendeu qualquer outro sentimento que eu já experimentara. Alguém que sabia acionar os botões certos criou a metáfora do arbusto florido e transformou a energia da consciência conturbada na energia harmônica guardada no inconsciente. O arquétipo da Mãe Sombria, a morte, foi transformado no arquétipo da Mãe Amorosa, Sophia, cuja luz permeia a matéria.

Saber que alguém nos guia, quer compreendamos como isso acontece, ou não, é uma experiência maravilhosa. Essa descoberta não racional, de *ser conhecido*, reúne as alturas às profundezas. É aí que existe a cura. Sem a interferência do ego, minha alma percebeu a luz que há na matéria. Foi assim que comecei a me tornar aquilo que durante toda minha vida tentara não ser. A ternura do meu corpo emergiu, rendendo-se ao amor. Descobrindo que *sou conhecida*, eu soube que faço parte do todo.

Acredito que todos nós tenhamos uma ligação com uma determinada área, uma família, um arquétipo. Sentimos que o arquétipo é nosso parceiro, e ele se torna um tipo de ser amado da alma. Meditando sobre a vida, descobrimos que somos, no tempo e no espaço, uma exteriorização de um ser arquetípico que vive além do tempo e do espaço.

— Dra. Jean Houston

SEGUNDA PARTE

A *alma antes do nascimento*

INTRODUÇÃO

As crenças a respeito da vida *antes* da vida são tão divergentes quanto aquelas que dizem respeito à vida *depois* da morte. Essas crenças são sustentadas por várias formas de experiências de vida antes da vida, que acontecem como resultado de "vôos da alma" para o Outro Lado, de lembranças espontâneas de um tempo anterior ao nascimento, através de regressão hipnótica, como subproduto de experiências de quase-morte, ou por treinamento espiritual, tais como a meditação e as artes xamanísticas.

A prova de que existe vida antes da vida também nos é dada de outro modo: através da visita de almas que estão prestes a nascer e que nos procuram de várias maneiras. Esses encontros ocorridos no tempo da vida antes da vida são chamados de experiências pré-natais (EPN). A importância e o significado dessas experiências serão o tema desta Segunda Parte, *A alma antes do nascimento*.

CAPÍTULO 5

Encontrando as almas de nossos filhos antes do nascimento

SARAH HINZE E DR. BRENT HINZE

Sarah e **Brent Hinze** são pais biológicos de nove filhos, pais adotivos de mais nove e pioneiros na área emergente de experiências pré-natais. Sarah é autora de *Coming from the Light* (Vindos da Luz), e Brent, psicólogo clínico, pedagogo e pesquisador. Este capítulo é baseado em uma entrevista gravada em vídeo, em Los Angeles, Califórnia.

"Ouça o murmúrio de seu íntimo ser espiritual. Antes de nascer, você era uma criança da família real do reino do céu. Existe uma criança real dentro de cada alma, às vezes desgarrada ou desorientada por causa das provas da vida, mas essa criatura real está aqui com um propósito: vencer as provas, cumprir uma missão e retornar para Casa coberta de glória."
— Sarah Hinze

Sarah: Somos pais biológicos de nove filhos. Em cinco desses nove nascimentos fui abençoada com a dádiva de poder me encontrar com as almas de nossos filhos antes de eles nascerem. Esses encontros, ocorridos no tempo da vida antes da vida, são chamados de experiências pré-natais. Na maioria das vezes envolvem mães, pais e outros parentes e, de vez em quando, até mesmo parteiras. Quando encontramos uma dessas almas não nascidas, elas trazem consigo um pouco do fulgor, do amor e da pureza que existem no reino onde vivem antes de entrar no mundo. Contarei algumas de minhas experiências, e Brent certamente oferecerá algumas informações que conseguiu reunir em suas pesquisas.

Em um de meus períodos de gravidez passei pela experiência dolorosa e traumática de um aborto. Eu me sentia especialmente ligada àquela alma feminina, porque, antes mesmo de conceber, sua presença amorosa surgiu em meus sonhos em várias ocasiões. Ela aparecia como uma moça, com lindos cabelos e olhos castanhos, mas me passava a impressão de que tinha medo de vir para a terra. Talvez tenha sido por isso que abortei. Então, orei ardentemente, pedindo outra chance de trazer essa alma ao mundo, de ser sua mãe.

Pouco tempo depois do dia em que fiz essa oração, tive uma visão muito comovente, que me apareceu em sonho. Eu estava em um quarto de hospital, e uma enfermeira colocou um bebê recém-nascido em meus braços. No momento em que peguei o bebê, uma voz disse: "Esta é sua filha, Sarah Rebekah". Foi algo tão nítido que não me esqueci de nenhum detalhe do quarto, nem da aparência da criancinha.

Acordei daquele sonho-visão com a certeza de que me fora concedida outra chance de trazer Sarah Rebekah ao mundo. Concebi logo em seguida, mas no terceiro mês de gravidez tive dores e hemorragia, sinais de que havia perigo de outro aborto. Fiquei tão desesperada com a idéia de perder aquela criança novamente que me atirei no chão do quarto e supliquei a Deus que permitisse que aquela alma nascesse de mim. Durante a prece deixei de perceber o ambiente que me rodeava e fui transportada para outra dimensão. Vi-me saindo de um indescritivelmente lindo Lar Celestial, viajando pelo espaço estrelado em direção à Terra, que parecia hostil, fria e muito distante. Então um Ser de Luz apareceu a meu lado e disse: "A Terra é de fato muito distante, mas você precisar ir para lá".

A visão desapareceu e tomei consciência do ambiente físico onde me encontrava. Ainda estava deitada no chão, de bruços. Senti uma presença poderosa e amorosa no quarto, e me levantei. Não sei explicar como, mas eu sabia que aquela presença era Jesus Cristo. Implorei-lhe que curasse meu corpo, por amor àquela criança. E Jesus falou comigo, por telepatia, a mente dele ligando-se à minha: "Eu sou o Grande Médico, curarei seu corpo, e essa criança nascerá saudável, pois assim ordeno".

Fui para a cama e senti Seu poder curador descer sobre mim. Dentro de algumas horas a hemorragia cessara completamente. Eu sabia que fora curada e que tudo acabaria bem.

Alguns meses mais tarde Brent e eu estávamos indo de carro para o hospital, sob chuva pesada, pois eu ia dar nossa filha à luz. Fechei os olhos e vi a mesma moça bonita, de cabelos e olhos castanhos que vira em sonhos. Ela estava se despedindo de outros seres em um lugar celestial, preparando-se para voltar à Terra.

Fui admitida no hospital e levada em cadeira de rodas para um quarto. Durante uma fase do parto, muito difícil, orei sem cessar. Uma figura masculina, toda vestida de branco, apareceu ao lado de minha cama e disse: "Eu trouxe pessoalmente sua filha para a mortalidade". Alguns minutos depois o bebê nasceu.

Após o parto, uma enfermeira explicou que o andar da maternidade estava cheio, e que precisavam me levar para um quarto em uma outra ala do hospital. Quando entramos no quarto que me foi designado, vi que era o mesmo da minha visão, em todos os detalhes. E quando a enfermeira trouxe nossa preciosa filha, Sarah Rebekah, e colocou-a em meus braços, foi tudo exatamente igual ao que a visão de meses atrás me mostrara.

Sarah Rebekah, agora nós a chamamos de Becky, foi um bebê muito tranqüilo e alegre. Ela balbuciava cheia de contentamento, emitindo os mais deliciosos sons de bebê, principalmente quando acordava. Na época, além de nossos filhos biológicos, tínhamos alguns adotivos, e todos nós comentávamos que Becky devia receber a visita de anjos, que brincavam com ela em seu quarto. Mal sabíamos que isso era verdade.

Uma tarde ouvi os costumeiros gritinhos de alegria de Becky, o que significava que ela acordara, e fui ver se estava tudo bem. Quando pus a mão na maçaneta da porta do quarto dela, experimentei uma sensação estranha, como se estivesse entrando em um recinto sagrado. Entrei vagarosamente e percebi um celestial vulto masculino flutuando acima do berço. Compreendi, pelo jeito como Becky olhava para cima, na direção do ser, que ela estava se comunicando telepaticamente com ele. Seu rostinho estava radiante, e ela balbuciava alegremente, movimentando os pezinhos no ar. Eu soube, em meu coração, que aquele era o espírito de meu filho ainda não nascido, o futuro irmão de Becky. E, com meus ouvidos espirituais, ouvi-o dizer: "Diga para a mamãe que eu preciso vir logo".

Alguns meses mais tarde fui visitada pelo mesmo espírito, que informou: "Meu nome é Matthew. Chegou o momento de minha concepção". Passei essa mensagem para meu marido, Brent, e fiquei grávida pouco tempo depois.

Um dia, durante a gravidez, Matthew visitou-nos novamente, quando nossa família estava reunida para orar. Nossa filha de dez anos, Laura, contou-me, com ar maravilhado e lágrimas nos olhos, que, enquanto estávamos todos ajoelhados, orando, ela abrira os olhos e vira um homem alto e loiro, vestido de branco, parado atrás do papai e com as mãos nos ombros dele. Disse que aquele seria seu irmão, Matthew, e que já o amava, mais mesmo do que a própria vida. Todos nós ficamos muito emocionados.

Uma ocasião, já no fim da gravidez, depois de um dia longo e exaustivo, eu estava refletindo sobre as maravilhosas experiências que havíamos tido com nosso filho por nascer, Matthew. Mergulhada em pensamentos, vi-o aparecer diante de mim, não como bebê, mas como um bonito jovem, alto, de cabelos loiros, ombros largos e pele morena. Ele parecia radiante. Agradeceu-me telepaticamente pelos sacrifícios que eu estava fazendo na gravidez para permitir que seu espírito viesse ao mundo e ocupasse um corpo mortal. Em seguida, desapareceu. Fiquei comovida com sua visita e senti como eram poderosos os laços que nos uniam. E fiquei, mais do que nunca, ansiosa por tê-lo em meus braços, como filho. Depois de poucas semanas Matthew nasceu. Está agora com quinze anos e ficando com a aparência que mostrou à irmã, Laura, e a mim, em nossas visões.

Brent: Vocês podem imaginar como é maravilhoso estar casado com essa mulher por vinte e sete anos? E posso afirmar, sem a menor sombra de dúvida, que tudo o que essa senhora diz é verdade. Ela de fato viu ou sentiu a presença de cinco de nossos filhos, antes de eles nascerem.

Como psicólogo clínico, já dirigi mais de trinta mil sessões, durante minha carreira. E fico impressionado com o poder que as experiências pré-natais, e outras de natureza espiritual, têm de transformar a vida das pessoas. Profundas curas emocionais têm ocorrido como resultado direto de um contato maior das pessoas com sua essência espiritual.

No Ocidente esse clima de aceitação aos fatos espirituais nem sempre existiu. Quando me formei, mais de vinte anos atrás, teria sido expulso da escola se insistisse na idéia de uma tese de doutorado que defendesse a realidade dos fenômenos espirituais. Naquele tempo, a principal corrente das teorias psicológicas ocidentais sobre a natureza humana não incluía esse componente espiritual. Hoje, pesquisas científicas estão juntando mais e mais provas de que temos origem divina, que somos mais do que seres biológicos, simplesmente, que existíamos antes do nascimento e vamos continuar existindo depois da morte física.

O método científico, que me foi incutido na faculdade, ainda rege os principais círculos da ciência. Ainda dita que, na tentativa de se provar alguma coisa cientificamente, apenas *certos* métodos de pesquisa são aceitáveis. Não há nada de errado nisso, exceto que, infelizmente, o que pode ser *verdadeiro e real* pode não ser *prontamente examinável* pelos atuais métodos científicos de avaliação. Experiências espirituais não podem ser reproduzidas *sob comando*, em um laboratório, e reprodutibilidade é um dos princípios do método científico.

Por favor, entendam que não sou contra a ciência. A ciência é um instrumento útil e maravilhoso, quando usada com sabedoria.

Um caso que exemplifica o que estou dizendo é uma recente pesquisa Gallup, pela qual descobriu-se que mais de vinte milhões de americanos afirmam que tiveram uma experiência de quase-morte, pelo menos uma vez na vida. Esse tipo de informação — depoimentos não verificados por experiências controladas — geralmente não é reconhecida como prova forte nos círculos científicos. No entanto, não se pode deixar de levar em consideração o que é relatado por mais de vinte milhões de pessoas! E, se pensarmos bem, nos tribunais de todo o mundo o depoimento de *apenas uma* testemunha digna de crédito é suficiente para condenar uma pessoa à morte. Desse modo, acho irônico que a ciência mantenha essa tendência de prematuramente dispensar *algumas* formas de prova, o que é, em si, antiético em relação ao verdadeiro espírito de isenção que deve fazer parte da pesquisa científica.

Sarah: *Existem* certos depoimentos mais difíceis de explicar, pelo que sou grata. Há o relato maravilhoso de um garotinho de três anos de idade que quase se afogou em uma piscina. Na verdade, foi declarado clinicamente morto e depois ressuscitado. Quando voltou à consciência, ele disse à mãe: "Mamãe, encontrei meu irmão no Outro Lado, e ele estava muito triste". A mãe respondeu: "Seu irmão? Mas, meu bem, você não tem nenhum irmão!". O menino, então, insistiu: "Eu tenho, sim, mamãe, mas ele foi arrancado de sua barriga antes de nascer".

De fato, a mãe abortara uma criança do sexo masculino, que teria nascido antes desse que quase se afogara. Mas nunca ninguém contara ao menino a respeito do aborto. Ele descobriu isso porque encontrou-se com a alma do irmão no Outro Lado. Assim, quando perguntam qual é minha opinião sobre o aborto, eu conto histórias como essa, que nos ajudam a ver como a vida e a responsabilidade da paternidade são sagradas.

Quando olho nos olhos das crianças, vejo sua origem divina. Os filhos não são propriedade nossa. Apenas recebemos a incumbência de criá-los com amor. Devemos honrar esse propósito divino, ajudando-os a desenvolver seus talentos. Como pais, nós os ajudamos a iniciar o cumprimento de sua missão na terra.

Brent: Sarah e eu achamos que cada ser humano é membro de uma família real, que veio da corte de Deus e que para lá voltará um dia. Eu gostaria de falar alguma coisa sobre a dimensão do casamento. Sarah, quando olho para você, não vejo apenas minha esposa e a mãe de meus filhos, mas também uma filha de Deus. Se todos nós pudéssemos nos ver uns aos outros como filhos de Deus, haveria paz na terra. Creio, com toda a convicção, que é isso o que Deus quer de nós.

Depois de uma palestra, alguns anos atrás, uma das participantes compartilhou conosco uma linda história que fora contada em um seminário da dra. Elisabeth Kübler-Ross. De acordo com o relato, um jovem casal tinha uma filhinha de quatro anos que vivia pedindo para ficar sozinha com seu irmãozinho recém-nascido. Os pais hesitavam em atender o pedido da garotinha, pois sabiam que quase sempre a chegada de um irmão causa ciúme no mais velho, e receavam que algo acontecesse ao bebê. Mas a menina continuou insistindo durante dias, até que os pais concordaram em deixá-la a sós com o irmãozinho por alguns minutos. Eles a levaram até o quarto do bebê e deixaram-na lá. Por medida de segurança, entretanto, ficaram ouvindo o que se passava no quarto, através do aparelho que chamam de babá eletrônica. Durante alguns instantes, houve apenas silêncio. Então, os pais ouviram a menina dizer ao bebê: "Me fale de Deus. Eu já estou esquecendo".

Após contar essa história no seminário, a dra. Elisabeth Kübler-Ross disse aos participantes: "Meus amigos, a origem espiritual do homem, o lugar de onde viemos, será a próxima grande área de exploração".

Esperamos, orando para que isso aconteça, que as experiências pré-natais e outras de ordem espiritual aproximemnos mais de nossas famílias, das pessoas que nos cercam, de toda a humanidade, de toda a vida que existe neste planeta, e de Deus, nosso divino Criador.

"A criança é uma dádiva de Deus à família. Cada criança é criada à imagem e semelhança de Deus, com um grande propósito: amar e ser amada."
— Madre Teresa de Calcutá, agraciada com o Prêmio Nobel da Paz

CAPÍTULO 6

O campo emergente das experiências pré-natais

DR. HAROLD WIDDISON

O dr. Harold Widdison é professor de sociologia médica na universidade Northern Arizona. Nos últimos vinte e cinco anos ele tem sido pioneiro nos campos de tanatologia, perdas, estudo de experiências de quase-morte e, mais recentemente, de experiências pré-natais. É co-autor de *The Eternal Journey* (A Viagem Eterna) e autor de *Listen to the Children: What Children Can Teach Us About Life and Death* (Ouçam as Crianças: O que as Crianças Podem Nos Ensinar a Respeito da Vida e da Morte). Este capítulo é baseado em uma entrevista telefônica, editada, com o autor.

"A pesquisa sobre experiências pré-natais afetaram profundamente minha esposa e a mim, porque nos fizeram compreender, de modo mais completo, que nossa filha adotiva, que sofre de efeito alcoólico fetal, e nossa filha com deficiência mental são filhas muito especiais do Divino. Sabemos que seus espíritos não foram tocados por essas deficiências. As duas meninas têm uma missão a cumprir e lições especiais para nos ensinar neste mundo."

— Dr. Harold Widdison

Tenho entrevistado centenas de pessoas que me contam que entraram em contato com almas não nascidas e que mais tarde vêm à Terra como crianças. Antes de passar adiante algumas das maneiras fascinantes pelas quais essas experiências pré-natais ocorrem, eu gostaria de fazer uma breve comparação entre elas (EPN) e as experiências de quase-morte (EQM). Também gostaria de falar um pouco sobre algumas das implicações tremendamente interessantes dessa pesquisa e que, ao que tudo indica, apontam para nossa origem divina, para o fato de que realmente viemos de outro plano de existência.

O estudo científico das EPN estão agora no mesmo ponto em que se encontrava a pesquisa das EQM, cerca de vinte anos atrás. Por ser um campo de estudo científico ainda tão novo, não coletamos um número suficiente de casos de EPN para dizer conclusivamente que as EPN são experiências humanas *universais*. No entanto pesquisadores de EPN, como Sarah e dr. Brent Hinze, eu mesmo e outros, trabalhamos na hipótese de que as EPN são de fato universais, e que esse tipo de experiência espiritual tem acontecido em todas as culturas, através da história da humanidade. Em adição a tudo o que descobrimos em nossa pesquisa, podemos encontrar citações que sustentam essa hipótese, tanto na literatura moderna como na antiga, assim como em textos religiosos de várias culturas. Essas referências literárias e religiosas contêm descrições similares aos relatos que estamos coletando e analisando hoje.

Mas vamos começar nossa comparação entre EPN e EQM. As EQM sugerem a existência de uma vida *pós*-morte, de um lugar para onde vamos *depois* que a vida física termina. A alma sai do plano terreno e passa para um plano não material.

Em contraste, as EPN sugerem a existência de um plano *pré*-terreno, onde as almas residem *antes* de virem para o plano terreno. Nas EPN, almas ainda não nascidas saem do plano pré-terreno e vêm a este plano terreno, onde fazem contato com pessoas que aqui vivem.

Não creio que todas as variedades de EPN tenham sido documentadas, um fato devido ao recente surgimento desse campo de estudo. Mas há várias maneiras pelas quais as almas dos não-nascidos podem entrar em contato com as pessoas da Terra, e elas podem usar qualquer uma ou todas.

1) A alma não nascida avisa que o momento da concepção está se aproximando.

2) A alma não nascida conta que tem uma missão especial a cumprir na Terra.

3) Uma radiação de amor emana da alma não nascida.

4) A alma não nascida expressa sua gratidão pela oportunidade que lhe dão de vir à Terra.

5) A alma não nascida prediz um importante acontecimento futuro que afetará sua missão e/ou a família na qual nascerá.

6) A alma não nascida expressa alegria ou relutância no que diz respeito a entrar na vida terrena.

7) A alma não nascida dá uma mensagem de aviso ou proteção sobre um perigo iminente, em especial se esse perigo colocar em risco sua chegada à Terra. Os exemplos mais comuns de perigo iminente para a alma não nascida são: o casal está pensando em um aborto ou a mãe planeja passar por uma histerectomia.

Quem tem experiências pré-natais? Quando? Com base na análise dos casos coletados pelos pesquisadores Sarah e Brent Hinze, um pouco mais da metade das EPN ocorre antes da concepção, e um pouco menos da metade ocorre depois. Três quartos de todas as EPN são com os pais da alma por nascer, sejam eles pais biológicos, sejam adotivos. As mães têm essas experiências cinco vezes mais do que os pais. O restante um quarto das EPN analisadas aconteceu com irmãos das almas ainda não nascidas, avós, amigos íntimos da família ou parteiras que farão o parto.

Há diversos tipos de EPN. Muitas acontecem como visões, em estado de vigília, a pessoa estando com os olhos físicos abertos. Pessoas que tiveram essas experiências contam que as almas não nascidas aparecem tanto como bebês como crianças maiores ou jovens adultos. O mais interessante é que mais tarde, quando as almas já estão aqui no mundo há anos, sua aparência física é de fato aquela que foi mostrada nas visões. Por exemplo, se um pai vê um jovem com grandes olhos azuis, cabelos escuros e certas feições, numa visão, seu filho terá exatamente essa aparência depois de vir ao mundo e aqui crescer.

As almas não nascidas também aparecem em sonhos, que algumas culturas chamam de sonhos de anunciação. É freqüente uma alma não nascida informar seu futuro nome: "Meu nome será Michael. Obrigado por me trazer à Terra como minha mãe". Quem tem essas experiências dizem que as visitas das almas não nascidas não parecem sonhos comuns. Sonhos de anunciação são extremamente vívidos, como as visões que as pessoas têm, estando despertas. Sonhos comuns, na maioria das vezes, são confusos e não causam o efeito transformador dos sonhos anunciadores.

Outra maneira que as almas não nascidas usam para entrar em contato é a verbal, e sua voz é ouvida tanto com os ouvidos físicos como telepaticamente.

Às vezes o contato em uma EPN é feito por um Ser de Luz do plano espiritual, não pelas próprias almas que ainda vão nascer. O Ser de Luz parece funcionar como um acompanhante protetor e fala em nome da alma não nascida.

Outro tipo fascinante de EPN ocorre quando as pessoas que vivem na Terra têm lembranças do tempo em que viviam em um reino celestial. Descobri que lembranças pré-natais continuam bastante intatas em algumas crianças, principalmente nas com menos de três anos de idade. Essas lembranças apagam-se, desaparecendo da percepção consciente, quando as crianças ficam mais velhas, talvez na época em que começa a programação imposta pela sociedade e pelos pais.

A esta altura, acho que é importante dizer algumas palavras sobre a maneira como os relatos de EPN são coletados. Nas entrevistas com pessoas que tiveram essas experiências, usamos um método chamado pesquisa fundamental. Deixamos que as informações criem e dêem forma à hipótese experimental, em vez de ao contrário, ou seja, fazer com que as informações ajustem-se a uma hipótese preexistente. Dessa forma não conduzimos a testemunha inconscientemente, o que aconteceria se tivéssemos o interesse de provar uma hipótese já existente.

Alguns críticos dizem que, embora nossa pesquisa seja fundamental, nossas informações não são bastante científicas para provar alguma coisa, pois são baseadas em depoimentos que não podem ser reproduzidos em um laboratório. Seu desafio é basicamente este: "Como vocês podem provar que essas pessoas estão dizendo a verdade?". Respondo a isso usando uma analogia. Pergunto-lhes se eles podem provar que amam suas esposas. Alguns respondem que sim, que podem provar que amam a esposa porque dão-lhe flores todas as semanas, ou que, de alguma maneira, salvaram a vida dela. No entanto, essas declarações não seguem as regras rígidas pelas quais a pesquisa científica é conduzida. Mas as ações, como dar flores, ou salvar a vida de alguém, por si mesmas não demonstram uma prova de amor. A pessoa poderia ter agido dessa forma por algum outro motivo, talvez inconsciente, além de sua percepção consciente. Concluo dizendo que, embora o amor não possa ser sujeito à metodologia científica, isso não significa que não haja amor no mundo, simplesmente porque a existência desse sentimento não pode ser provada em termos científicos.

Se isso não bastasse, as pessoas que tiveram experiências pré-natais e que foram entrevistadas por nós são mentalmente sãs, indivíduos comuns que nada têm a ganhar inventando tais histórias. Não ganham fama, dinheiro ou prestígio. Muitas delas até relutam em contar suas experiências, porque têm medo de que as julguem loucas.

Outro fato muito significativo é que nessas entrevistas quase todas as pessoas que contam suas EPN ficam com os olhos cheios de lágrimas em algum ponto da narrativa, deixando-se dominar pela emoção. Se seus relatos fossem inventados, essas pessoas teriam de ser grandes atores para fingir tão bem. Assim, como doutor em sociologia médica, trabalhando nesse campo há mais de vinte e cinco anos, tendo passado milhares de horas entrevistando pessoas e pesquisando suas experiências espirituais, posso dizer, com profunda convicção, que estou absolutamente convencido de que essas EPN são descrições autênticas de acontecimentos reais.

As informações obtidas através das EPN não apenas nos oferecem um quadro do que se passa na existência pré-terrena como também respondem a algumas das mais importantes perguntas dos seres humanos: qual o propósito da vida na

Terra, de acordo com o ponto de vista das almas, e por que elas tantas vezes escolhem viver em condições difíceis neste mundo?

Bem, baseados nos relatos que analisamos até agora, a alma aprova os principais acontecimentos de sua vida terrena antes de nascer, porque sabe que é através deles que aprenderá lições específicas. Isso explica por que algumas crianças nascem em famílias que as maltratam, outras morrem em tenra idade ou nascem com graves deficiências.

Vou lhes contar algo que mostra como é grande a influência da vida pré-terrena sobre a vida que levamos no mundo. Trata-se de um caso extraído de meus arquivos. Uma mulher, a quem chamaremos de Mary, foi brutalizada, fisicamente e sexualmente, tanto na infância quanto na idade adulta, pelos dois maridos que teve. Através da lembrança de uma EPN, ela se viu escolhendo as experiências dolorosas pelas quais passaria na vida terrena e ouviu um ser angelical perguntar-lhe: "Tem certeza de que deseja isso? São experiências muito difíceis". Mary respondeu: "Tenho certeza, sim, porque aprenderei mais com a adversidade do que com uma vida fácil". O ser angelical, então fez-lhe uma promessa: "Suas experiências serão muito difíceis, mas saiba que nós sempre estaremos a seu lado".

Um outro exemplo é dado por crianças pequenas que conversam com o que chamamos de amigos invisíveis. Em um dos relatos que coletamos, a babá de um menininho de nome Billy, observa-o brincando e conversando com um desses amiguinhos. Vai até ele, ajoelha-se a seu lado e pergunta: "Com quem você está brincando, Billy?". Ele olha para ela com ar confuso, então para o companheiro invisível, novamente para a babá, e diz: "Com minha irmãzinha que vai chegar, e o nome dela é Sarah".

Não muito tempo depois, a babá contou-me que a mãe de Billy tivera uma menina, a quem dera o nome de Sarah. A gravidez fora uma total surpresa, porque a mãe já passara bastante dos quarenta anos. A babá fez uma visita à família, logo depois do nascimento do bebê, e perguntou à mãe: "Por que deu o nome de Sarah à menina?". A mãe respondeu: "Não sei, porque nem gosto particularmente desse nome, mas senti de modo intenso que devia chamar minha filha de Sarah". Foi só então que a babá contou-lhe a experiência que tivera com Billy, e a mãe encheu-se de assombro e alegria.

As implicações das EPN são tremendas. Se as mensagens divinamente inspiradas, expressas nas EPN, fossem de fato aceitas pelo mundo, saberíamos que somos todos filhos de Deus e criaríamos nossos filhos com mais amor e respeito. Como nossos filhos são o futuro, o mundo todo se tornaria mais semelhante às moradas celestiais de onde viemos.

Peço a Deus que quando eu me aposentar, deixando meu trabalho na universidade, me seja permitido dedicar o resto de minha vida terrena à pesquisa das EPN e à divulgação da "boa nova". Convido todos vocês, que tiveram experiências pré-natais ou outras de natureza espiritual, que entrem em contato comigo para contá-las.

"Sócrates, se sua doutrina favorita, de que o conhecimento é apenas recordação, for verdadeira, isso necessariamente implica a existência de um tempo anterior no qual aprendemos o que agora recordamos. Mas isso seria impossível, a menos que nossas almas tenham estado em algum lugar antes de existir na forma humana. E aqui, então, está mais uma prova da imortalidade da alma."

— Platão, em Fédon

TERCEIRA PARTE

A *Alma* Após *a* Morte

INTRODUÇÃO

Fala-se da comunicação com as almas dos mortos há milhares de anos. A Sociedade Britânica de Pesquisa Psíquica, fundada no final do século dezenove, foi a primeira organização científica a dar início ao estudo sistemático desse e de outros fenômenos paranormais. Foram pessoas de inteligência brilhante que naquela época formaram essa sociedade, algumas das quais laureadas com o Prêmio Nobel. O próprio dr. Sigmund Freud, nos últimos anos de sua vida, tornou-se membro da Sociedade Britânica e ficou tão impressionado com os impecáveis métodos de pesquisa e os casos extraordinários investigados que uma vez declarou: "Se eu pudesse viver minha vida novamente, eu a dedicaria à pesquisa psíquica, em vez de à psicanálise".

Quando as pessoas pensam em comunicação com os mortos, geralmente imaginam sessões mediúnicas conduzidas em salas escuras. O uso de médiuns para o contato com os mortos tem recebido muita crítica, não apenas devido ao exercício enganoso da mediunidade por uma minoria de médiuns inescrupulosos mas também porque tal método torna difícil separar a legítima comunicação de entidades desencarnadas da eterna possibilidade de o médium estar, consciente ou inconscientemente, lendo a mente dos participantes encarnados e fornecendo informações que dali retiram.

Essa dificuldade está sendo contornada pelo surgimento de duas outras formas de comunicação com pessoas falecidas. A primeira é a comunicação após a morte (CAM), descrita nesta terceira parte num hábil resumo do precursor nessa área, Bill Guggenheim. Ele define uma CAM como a comunicação com uma pessoa falecida *sem* a ajuda de um médium, na qual o contato é feito *direta* e *espontaneamente* pelo espírito desencarnado, não pelo indivíduo encarnado.

A segunda forma de comunicação após a morte ainda está nas etapas preliminares de avaliação científica e envolve o recebimento, e às vezes até mesmo a gravação, de vozes e imagens de pessoas mortas, através de aparelhos eletrônicos, como televisores e computadores, telefones, secretárias eletrônicas, rádios e outros. Esse novo campo de CAM está sendo chamado de gravação eletrônica de sons e imagens, comunicação transinstrumental e outros nomes.

Esta terceira parte oferece uma visão geral do campo das comunicações após a morte, além de alguns relatos muito lindos, interessantes, inesquecíveis.

CAPÍTULO 7

As várias formas de comunicação após a morte

BILL GUGGENHEIM

Bill Guggenheim, pesquisador pioneiro no novo campo de comunicação após a morte, orador internacionalmente conhecido e co-autor de *Hello from Heaven* (Um Alô do Céu). Este capítulo é baseado em uma entrevista gravada em vídeo que aconteceu em Tucson, Arizona.

"Uma pessoa pode participar de apenas uma comunicação após morte em toda sua vida, ou entrar em contato continuamente com os mortos, mas, seja como for, através dessa experiência ela recebe a confirmação de que seus entes queridos falecidos estão vivos e que a amam."
— Bill Guggenheim

Através da história a humanidade tem feito perguntas de profundo significado. "Quem sou eu?" "De onde vim?" "Por que estou aqui?" "Para onde vou?" O dr. Wayne Dyer, escritor, expressou-se de maneira magnífica quando disse: "Não somos seres humanos tendo uma experiência espiritual, mas seres espirituais tendo uma experiência humana".

O corpo é o veículo que usamos para expressar a vida física no plano terreno. Depois que deixamos este plano, a vida continua. A morte nada mais é do que o fim do funcionamento do veículo. Temos descoberto, através de nossas pesquisas, que mesmo agora, antes da morte, é possível nos comunicar com nossos entes queridos que já faleceram. Essas experiências são chamadas de comunicação após a morte (CAM). Não são nenhuma novidade, na verdade são tão antigas quanto a humanidade e têm sido testemunhadas em todas as culturas.

Dei às CAM uma definição bastante precisa: É quando uma pessoa é contatada *diretamente* e *espontaneamente* por um parente ou amigo falecido. Por "diretamente" quero dizer que o contato foi feito sem o envolvimento de um sensitivo ou médium, ou de qualquer outra terceira parte. Por "espontaneamente" quero dizer que é a pessoa falecida que escolhe o local, o momento e a maneira de entrar em contato.

Quando descrevo experiências de CAM, prefiro usar a palavra "falecido", em vez de "morto", para me referir a um indivíduo que morreu, porque "morto" dá uma idéia de fim, que não é adequada, pois a vida continua após a morte física. É verdade que o corpo *físico* está morto, mas o ser espiritual que *ocupou* aquele corpo está vivo. Na análise de milhares de relatos de CAM, descobri que as pessoas falecidas invariavelmente dão a impressão de estar mais vivas *agora* do que quando estavam neste mundo!

Em 1988 Judy, minha amiga íntima e ex-esposa, e eu descobrimos que ninguém ainda estudara as CAM de maneira formal nos Estados Unidos e no Canadá. Nos sete anos de pesquisa que se seguiram entrevistamos pessoas de quase todos os estilos de vida. Coletamos mais de três mil e trezentos relatos inéditos entrevistando mais de duas mil pessoas, de todos os Estados americanos e de dez províncias canadenses. Desde então encontramos facilmente mais cinco mil pessoas que tiveram experiências CAM nos encontros com o grande número de pessoas que participavam de nossos *workshops*. Os relatos que ouvimos emocionaram-nos e resultaram em uma transformação pessoal para nós dois.

De acordo com a mais recente pesquisa Gallup, mais de vinte e dois milhões de americanos tiveram experiências de quase-morte (EQM). Pela nossa estimativa, as CAM são ainda mais comuns do que as EQM. Mas, assim como as EQM não podem ser reproduzidas em um laboratório, as CAM também não podem. Dessa forma, embora não sejamos capazes de produzir essas experiências em ambientes científicos, talvez, um dia, os cientistas desenvolvam instrumentos para estudar as CAM mais cientificamente. A essa altura, porém, essas experiências espirituais podem ser prova suficiente para as pessoas que as têm, mesmo que não sejam para os outros. Assim, conquanto esses relatos sejam reconhecidamente subjetivos, as pessoas que passam por uma experiência CAM às vezes recebem informações específicas da pessoa falecida e das quais não poderia ter conhecimento de outra maneira. Essas informações, mais tarde, são verificadas por pessoas confiáveis. Os céticos não conseguem explicar como isso acontece. A certeza da autenticidade das CAM é reforçada por esse tipo de ocorrência. Nós não vemos essas experiências como simples alucinações induzidas pelo sofrimento, ilusões de pessoas mentalmente enfermas ou produtos de uma imaginação hiperativa. À medida que íamos avançando em nossa pesquisa, Judy e eu encontrávamos várias categorias diferentes de fenômenos CAM, cada uma com suas características próprias e distintas.

Antes de descrever brevemente essas categorias e contar alguns casos reais, eu gostaria de dizer mais algumas coisas gerais a respeito das experiências CAM. Em primeiro lugar, numa experiência CAM, mais de um fenômeno pode ser observado, como perceber a presença de um ente querido falecido, ouvir sua voz, sentir seu toque. Também parece que certas pessoas são mais receptivas a essas comunicações do que outras. Há também aquelas que podem ter recebido uma, mas deduzido que foi apenas fruto de sua imaginação e julgado a experiência algo irreal. E outras, que *nem mesmo acreditam* em vida após a morte, recebem comunicações, para sua grande surpresa. Isso aconteceu comigo em 1977, quando ouvi a voz de meu falecido pai, que me mandou ir até a piscina. Fui e encontrei meu filho de um ano e meio na água, quase afogado. Essa experiência mudou todo meu modo de ver a vida.

Muitas pessoas, principalmente pais que perderam seus filhos, desejam desesperadamente receber algum tipo de comunicação dos entes amados que partiram. E são elas que nos perguntam por que não recebem notícias da filha ou do filho. Acreditamos que os filhos falecidos *tentam* comunicar-se com os pais, mas que, por qualquer razão, não conseguem "completar a conexão". Nesses casos recomendamos que as pessoas aprendam a meditar para melhorar sua receptividade a comunicações. Isso é tão simples quanto aprender a relaxar bastante profundamente para que seus sentidos espirituais tornem-se mais aguçados, aumentando assim a possibilidade de haver uma comunicação. A meditação torna-nos mais receptivos, e muitas pessoas nos contam que receberam uma comunicação *enquanto* meditavam.

Quando ocorre uma CAM, sugerimos que a pessoa coloque-se em uma posição confortável, que a ajude a relaxar, respire fundo algumas vezes e, então, com sua percepção mental, entre em sintonia com o espírito do ente querido que entrou em contato com ela. Nesse estado receptivo, algumas pessoas mentalmente perguntam se há alguma coisa que podem fazer pelo espírito visitante ou se ele veio trazer uma mensagem que deve ser passada a alguém.

Além de nos ajudar a aumentar nossa receptividade a comunicações, a meditação pode, através da prática, e com o tempo, dar-nos uma maior paz interior. A verdadeira meditação proporciona-nos descanso das exigências do mundo exterior e nos aproxima de nossa natureza espiritual e de outras dimensões de realidade que existem dentro de nós. A meditação profunda cria uma ponte entre os mundos, ajudando nossos amados a fazer contato conosco mais facilmente. Aprendendo alguma forma de meditação, também nos tornamos mais amorosos e sensíveis.

Abaixo seguem-se breves descrições dos vários tipos de CAM que encontramos em nossa pesquisa até agora.

CAM "comprovativa"

Uma CAM é chamada de comprovativa quando uma pessoa que vive neste mundo recebe de um ente querido falecido uma informação que não poderia obter de outra forma. Por exemplo, a pessoa falecida revela o lugar onde se encontra alguma coisa de valor sentimental ou material, como uma peça de herança que passa de geração para geração, uma jóia ou um testamento escondido, algo que apenas ela sabia. Muitas vezes a pessoa fisicamente viva não sabe sequer da existência de tais coisas, muito menos de seu paradeiro. A pessoa falecida entra em contato para indicar o lugar específico e dar instruções sobre o que deve ser feito quando o objeto for encontrado. Na maioria das vezes os objetos estão escondidos nos lugares mais inusitados, como um pote de cozinha no sótão, ou um saco de lixo enterrado no quintal. As pessoas que têm experiências CAM nos dizem, em sua maioria, que o simples fato de saberem que seus amados continuam a existir é para elas mais importante do que qualquer benefício trazido pelas informações recebidas e dos objetos valiosos encontrados.

Lembro-me de uma história incomum, do menino cujo avô falecido comunicou-se seguidamente com ele durante um certo período de tempo, contando-lhe a respeito de sua vida neste mundo como jogador profissional de beisebol. O avô informou ao garoto os nomes de todos os seus colegas de time, a média de pontos marcados por cada um deles e outras estatísticas de que ninguém da família tinha conhecimento. Isso deixou os pais do menino perplexos, mas todas as informações foram verificadas e confirmadas.

Num caso parecido, um menino tinha um tio falecido que fora encanador na vida terrena. O tio, comunicando-se com ele, deu-lhe instruções sobre essa profissão, e o garoto começou a falar com os pais a respeito dos vários tipos de ferramentas antiquadas que haviam sido usadas décadas atrás. Pesquisando esse caso, nós mesmos telefonamos a lojas especializadas e perguntamos se conheciam as ferramentas, mas ninguém jamais sequer ouvira falar delas! Foi só quando começamos a perguntar aos encanadores da "velha guarda", já aposentados, que ficamos sabendo que as ferramentas mencionadas e descritas pelo menino de fato eram usadas no tempo de seu tio.

Sentindo uma presença — CAM de sensação

A categoria de CAM mais relatada é aquela que as pessoas descrevem como "sentindo uma presença", geralmente "identificando" essa presença como a de um determinado ente querido falecido. Essas pessoas contam que sabem imediatamente quando esse ente querido chega e quando parte. Mesmo depois da morte, as pessoas conservam sua única e reconhecível presença e seu padrão de energia.

Ouvindo uma voz — CAM auditiva

A maioria das pessoas que relatam experiências desse tipo dizem que ouvem a voz do ente querido falecido telepaticamente. Outras pessoas, no entanto, ouvem a voz com os ouvidos físicos. Com freqüência, ouvimos relatos de comunicações onde as pessoas ouvem e respondem, mantendo uma conversação.

Em geral, infelizmente, ouvir vozes dos falecidos é atribuído à imaginação, porque os indivíduos que passam por essa experiência não sabem que tal coisa seja possível ou porque julgam estar ficando loucos. A mensagem às vezes é passada em tom urgente, como aconteceu em minha própria comunicação com meu pai falecido, que me mandou ir dar uma olhada em nossa piscina. Isso não apenas salvou a vida de meu filho como também fez com que eu, na época um cético, mais tarde me dedicasse à pesquisa no campo das comunicações de após morte.

Sentindo um toque — CAM palpável

Esse toque pode ser um tapinha afetuoso, uma carícia ou um beijo. Alguns dizem que sentem um braço ao redor de seus ombros ou cintura, ou mesmo um abraço. As CAM palpáveis geralmente ocorrem entre pessoas que tiveram um relacionamento estreito, íntimo, como o que existe entre marido e mulher, pais e filhos.

Sentindo uma fragrância — CAM olfativa

As pessoas que têm essa experiência contam que sentem fragrâncias especificamente associadas ao ente querido falecido, seja a de sua loção de barba, do perfume que ele sempre usava, seja o cheiro de sua flor favorita ou do prato preferido. Quando esse tipo de CAM ocorre, é muito comum envolver duas ou mais pessoas reunidas em um mesmo lugar. Em geral uma delas sente a fragrância primeiro, informa o que está acontecendo, e as outras, então, dizem que também estão sentindo. Temos em nossos arquivos o caso de dez pessoas que, estando juntas, sentiram ao mesmo tempo uma fragrância associada a um ente querido falecido.

Aparição parcial ou completa — CAM visual

É uma experiência emocionante para as pessoas poder realmente ver, de olhos abertos, a imagem parcial ou completa de um ente querido falecido. Em uma aparição completa, a pessoa falecida parece sólida e real, como se estivesse fisicamente viva. Em uma aparição parcial, a imagem pode parecer não muito sólida, e a pessoa falecida é vista apenas dos ombros ou da cintura para cima.

Um aspecto maravilhoso é que as pessoas falecidas, quando aparecem a um ente querido, sempre têm aparência saudável. Mesmo que na vida física tenham sido cegas, desfiguradas, paralisadas, ou tivessem qualquer deficiência, em uma CAM visual mostram-se em pleno gozo de todas as faculdades normais que lhes faltaram na vida terrena. Aparecem radiantes e saudáveis, sem nenhuma deformidade, mesmo que sua morte tenha sido traumática. Isso consola e anima as pessoas que passam por essa experiência com entes queridos que tiveram uma morte difícil ou foram deficientes na vida física.

CAM em estado de sono

Nesse tipo de comunicação um ente querido falecido vem até nós enquanto estamos adormecidos. O que acontece, nesse caso, não é um sonho comum, fragmentado, confuso, simbólico e muitas vezes de significado obscuro. O que vemos durante o sono é claro como cristal, algo não muito diferente de uma visão espiritual, com início, meio e fim, nitidamente distintos. De acordo com muitas tradições espiritualistas, acredita-se que, no sono, nosso espírito deixa o corpo físico e entra em outra dimensão de realidade. Quando as pessoas nos contam esse tipo de experiência, elas não dizem que *acham* ou que *esperam* que aquilo tenha realmente acontecido, mas afirmam que *sabem* que aconteceu. Além disso, não só dizem que receberam um abraço, um beijo ou uma mensagem específica como também que puderam retribuir à carícia ou responder à mensagem.

CAM extracorpórea

Isso acontece quando nosso espírito, encarnado no mundo, voluntária ou involuntariamente separa-se do corpo físico e viaja para lugares próximos ou distantes, assim como para dimensões mais altas de realidade. As pessoas que tiveram esse tipo de comunicação dizem que encontraram-se com entes queridos falecidos no Outro Lado. Os relatos mostram que trata-se de uma experiência espetacular, dramática, cheia de amor, em dimensões onde as cores, músicas e paisagens são as mais incríveis, verdadeiramente de outro mundo! As pessoas salientam, também, que as dimensões espirituais são muito mais reais e cheias de vida do que o plano físico.

CAM de fenômenos físicos

Nesse tipo de comunicação as pessoas testemunham a ocorrência de fenômenos físicos, tais como lâmpadas, fornos de microondas, rádios e televisores que são ligados ou desligados espontaneamente. Um acontecimento típico é a lâmpada de um cômodo acender-se, depois outra e mais outra, até a casa toda ficar iluminada. Através dos relatos que temos coletado, notamos que as pessoas que falecem ainda na adolescência tendem a usar fenômenos físicos como um meio de dizer aos entes queridos que ficaram que elas ainda estão por perto.

CAM que precede uma notícia

Nessa forma muito comum de comunicação, uma pessoa é visitada pelo espírito de alguém que acaba de falecer, antes que a notícia da morte chegue até ela pelos meios físicos convencionais, por exemplo, por telefone. O que parece é que o espírito da pessoa falecida vai até o ente querido para despedir-se, mesmo que seu corpo físico esteja a milhares de quilômetros de distância, e chega antes da notícia de seus falecimento. O que torna essa experiência tão convincente é que às vezes as pessoas anotam a hora da visita do espírito e mais tarde constata que foi naquele exato momento que o falecimento ocorreu. Esse tipo de comunicação acontece tanto quando a morte é iminente, no caso de uma doença terminal, como quando a pessoa estava bem até a ocorrência do incidente fatal e ela falece inesperadamente.

CAM de proteção

Nesse tipo de comunicação, o espírito de um ente querido falecido atua com um anjo guardião, porque sua mensagem serve para avisar e proteger pessoas vivas de um perigo. Como exemplos podemos citar pessoas que foram salvas de acidentes automobilísticos porque foram orientadas a diminuir a velocidade ou parar o veículo, e de outras às quais foram indicados caminhos seguros para fora de um incêndio, ou alertadas contra um atacante à espreita. Essas comunicações protetoras podem acontecer quando já faz muito tempo — até quarenta ou cinqüenta anos — que a pessoa que dá o aviso faleceu. De modo geral, porém, esses contatos, muitos anos depois do falecimento do "anjo guardião", acontecem para a transmissão de uma mensagem importante que ajudará a pessoa que vive no plano físico a atravessar um período difícil de sua vida.

CAM no leito de morte

Esse é um fenômeno freqüentemente observado no caso de pessoas próximas da morte física, que demonstram estar se comunicando com uma presença invisível no quarto. Quando lhes perguntam com quem estão se comunicando, elas respondem, caso ainda tenham forças para isso, que estão falando com uma pessoa que irá conduzi-las à Luz depois de sua morte. Quase sempre esse guia é o espírito de um parente falecido ou de outra pessoa amada.

Descobrimos, em nossa pesquisa, que membros da família, enfermeiros, capelães e assistentes sociais em contato com o moribundo às vezes também vêem e se comunicam com esses espíritos, mesmo que no momento não conheçam sua identidade. Pode acontecer que nem mesmo um parente ao lado da cama da pessoa que está morrendo conheça, e que o espírito só seja identificado mais tarde, normalmente através do exame de velhas fotografias. Esse tipo de experiência indica, particularmente, que ninguém morre sozinho.

CAM com várias testemunhas

Esse é o nome que damos quando a comunicação de um mesmo ente querido falecido é compartilhada por duas ou mais pessoas reunidas. Às vezes essas pessoas só descobrem que de fato tiveram a mesma experiência quando comparam o que viram, ouviram ou sentiram. A comunicação olfativa é a mais comum. Por exemplo, várias pessoas reunidas podem sentir perfume de rosas, embora não haja nenhuma dessas flores no ambiente. O fato de mais de uma pessoa ter a mesma experiência ao mesmo tempo dá credibilidade à afirmação de que as comunicações de após morte não são apenas alucinações subjetivas, fruto da saudade ou fantasias criadas pela mente de um indivíduo.

CAM como intervenção em suicídios

Esse tipo de comunicação envolve pessoas que estão planejando tirar a própria vida e que, em muitos casos, já organizaram tudo para o suicídio: escreveram cartas de despedida, tomaram providências quanto ao próprio funeral, deram seus pertences e animais de estimação para outras pessoas, e assim por diante. Em todos os casos de intervenção que coletamos, o ente querido falecido conseguiu dissuadir a pessoa desesperada da idéia de suicídio, dizendo-lhe que matar-se não solucionaria seus problemas. O grande poder transformador de uma comunicação dessa categoria dá à pessoa uma nova chance de, ainda no plano terreno, vencer a grande dor emocional, o medo e a confusão que a levaram a pensar em suicidar-se.

Uma mensagem importante para psicólogos e psiquiatras que trabalham com essas pessoas é que eles não devem rejeitar prematuramente o relato dessa comunicação interventora classificando-a como uma reação psicopatológica, uma fantasia da mente, pois isso pode fazer com que seus clientes concretizem o plano de suicídio.

Outro aspecto extremamente interessante das comunicações dessa categoria é que, muitas vezes, os espíritos que entram em contato com suicidas em potencial tiraram a própria vida e agora têm a missão especial de convencer outras pessoas a não fazer o mesmo.

CAM em que se vê a alma, comunicando-se com ela, no momento da morte

Há pessoas que relatam que podem ver o vulto completo de alguém que acabou de morrer emergir do corpo físico e ir em direção ao alto. Outras não vêem uma forma reconhecível, mas algo que se parece com um fio de fumaça. Essas visões às vezes são acompanhadas de uma comunicação em que a pessoa que fica e a que parte trocam palavras de despedida.

CAM na qual a pessoa que falece é acompanhada até a Luz

Uma das formas mais extraordinárias de comunicação após a morte é aquela em que uma pessoa viva, conhecida da que acaba de falecer, por ter aprendido a entrar em um estado transcendental de consciência deixa seu próprio corpo e acompanha a alma do falecido até o Outro Lado. A pessoa viva que faz isso geralmente ouve de um Ser de Luz no Outro Lado: "Você não pode avançar mais, agora precisa ir embora". São raras as pessoas que podem prestar o maravilhoso serviço de acompanhar alguém que acabou de falecer até a Luz.

Sofrimento e medo da morte abrandados por uma CAM

Em nossa cultura moderna, infelizmente, são muitas as pessoas que têm grande medo da morte. Os psicólogos sabem que, na mesma medida em que tememos a morte, tememos a vida, e isso significa que deixamos de viver plenamente. Em muitos casos, isso se deve ao que as pessoas aprenderam a respeito do que acontece depois da morte, inclusive a idéia de um inferno eterno, um lago de fogo e enxofre.

Outras consideram-se céticos no que concerne à existência de vida após a morte, mas nem por isso a morte deixa de ser um predominante motivo de medo para elas. No entanto, para aquelas que tiveram algum tipo de experiência no campo das CAM, a existência da vida após a morte é muito real, e isso dá-lhes grande conforto. Essas experiências sempre reduzem e até mesmo eliminam o medo da morte.

Também verificamos que a intensidade e a duração do luto dos que ficam são drasticamente reduzidas por uma CAM. Quer uma comunicação após a morte aconteça uma única vez, ou muitas, aqueles que estão fisicamente vivos recebem conforto e adquirem a certeza de que seus entes amados falecidos continuam vivos, estão bem e os amam como sempre amaram. A essência das mensagens recebidas de entes queridos falecidos garante-nos que eles estão vivos e nos pede que continuemos levando nossa vida terrena em frente.

Se você ainda não teve nenhuma experiência CAM, poderá ter. E esteja certo de que essa é uma das mais significativas e emocionantes experiências que podemos ter na vida. Para mim, a parte mais gratificante dessa nossa pesquisa de tantos anos é saber que ajudamos muitas pessoas a ver que a vida não termina. A vida terrena é apenas uma etapa de nossa existência. A vida é eterna, somos seres eternos. "

Morrer é simplesmente passar de um cômodo para outro.
Mas no meu caso existe uma diferença, porque naquele
outro cômodo poderei ver."
— Helen Keller

CAPÍTULO 8

As visitas de nosso filho de quinze anos, depois de sua morte por suicídio

ANNE PURYEAR

Anne Puryear é terapeuta gestaltista, pastora religiosa e autora do livro *Stephen Lives — My Son, Stephen, His Life, Suicide and Afterlife* (Stephen Vive — Meu Filho, Stephen, Sua Vida, Seu Suicídio, Sua Vida Após a Morte). Ela dirige, juntamente com o marido, o psicólogo dr. Herbert Puryear, o Logos Center, em Scottsdale, Arizona. O Logos Center é uma igreja interconfessional, centro de cura holística, comunidade espiritualista e escola metafísica. Este capítulo é baseado em uma entrevista gravada em vídeo que teve lugar em Las Vegas, Nevada.

"Acredito realmente que há de chegar um tempo em que poderemos pegar um aparelho semelhante a um telefone, discar um número, digamos, 0800-CÉU e falar com nossos amados que faleceram."

— Anne Puryear

Quando meu filho, Stephen, tinha quinze anos, enforcou-se em uma árvore no outro da rua onde ficava nossa casa. Seu suicídio foi o acontecimento mais difícil, mais traumático de toda minha vida. Lembro-me de que, durante o serviço religioso de seu funeral, eu fiquei pensando que poderia me comunicar com ele, no Outro Lado, e que seria um processo simples. Descobri que não seria tão fácil! Embora houvesse vezes em que eu ouvia sua voz ou sentia sua presença, minha dor emocional era tão intensa que me levava a pensar com ceticismo que aquilo não estava de fato acontecendo.

Algumas semanas após a morte dele, nossa filha de nove anos viu-o na cozinha, usando o traje de caratê que ele costumava usar em vida. Stephen fora despedir-se da irmã, algo que eu desejava que acontecesse a mim.

Um dia eu estava sozinha em meu quarto quando ouvi claramente a voz de Stephen em um canto do aposento dizer: "Mamãe". Houve vezes em que eu sentia que meus pensamentos eram "empurrados" para um lado, e a voz de Stephen soava *dentro* de minha cabeça. Embora essas coisas acontecessem em várias ocasiões, eu ainda não conseguia estabelecer uma comunicação em que pudesse confiar plenamente.

Por fim, uma noite, quando eu estava meditando e orando para que Stephen viesse até mim, ele colocou a mão, pousando um dedo de cada vez, em meu ombro direito. Olhei para cima e em volta. Não o vi, mas senti seu toque. Pela primeira vez, desde que ele morrera, dormi a noite toda tranqüilamente.

Uma outra noite, minha filha e eu estávamos sentadas na sala de estar, e uma caixinha de música colocada sob a árvore de Natal começou a tocar *Noite Feliz* repetidamente. Ninguém havia dado corda à caixinha. Minha filha disse: "Stephen está aqui". E eu também senti sua presença inconfundível. Quando Stephen começou a falar no interior de minha mente, anotei o que ia ouvindo. Meu filho disse que eu escreveria livros ditados por ele, então acrescentou: "Mamãe, sei como você é cética. A fim de provar que esta comunicação não é coisa de sua imaginação, alguém lhe dará um piano, que será entregue antes do Natal, e você vai saber que é tudo verdade".

No dia seguinte fui participar das atividades de um programa médico, e um casal aproximou-se de mim, explicando que sentiam que precisavam me dar dinheiro para comprar um piano. O instrumento foi entregue antes do Natal, exatamente como Stephen dissera!

Às vezes, Stephen me dava certas informações das quais eu duvidava. Quando isso acontecia uma amiga, que também estava recebendo comunicações contínuas dele, me ligava e repetia a mesma mensagem que me causara dúvidas, dizendo que Stephen mandara-a fazer isso para confirmar.

Da mesma forma, quando eu, durante alguns dias, não me tornava receptiva às tentativas de comunicação de Stephen, por estar muito ocupada, a mesma amiga me telefonava e dizia, por exemplo: "Faz quatro dias que você não entra em contato com Stephen, e ele precisa falar com você". E o recado era sempre exato.

Durante cerca de quatro anos após a morte de Stephen conduzimos uma pesquisa experimental sobre a gravação de vozes de falecidos com aparelhos eletrônicos. Conseguimos, de fato, gravar a voz de Stephen em um gravador comum. Por razões que ainda não compreendemos, temos muito pouco controle sobre o processo, e às vezes há vozes gravadas na fita, e outras, não há nada. Do ponto de vista da pesquisa científica, para que a possibilidade de uma validação desse fenômeno aumentasse, teríamos de gravar as vozes das pessoas *antes* de elas falecerem, de modo que, *depois* de sua morte, pudéssemos analisar a gravação paranormal, comparando-a com a primeira.

Novos métodos de captação eletrônica estão agora sendo desenvolvidos, com o uso de televisores. Liga-se um televisor, escolhendo-se um canal que não receba a transmissão de nenhuma estação, e a tela mostra apenas o "chuvisco" da estática, e o som é um chiado. Uma câmera de vídeo é então colocada diante do televisor e ajustada para gravar durante várias horas. Quando a fita é posta para reproduzir a gravação, às vezes mostra imagens de membros da família já falecidos.

Com a popularidade dos computadores domésticos aumenta cada vez mais o número de relatos de mensagens paranormais que aparecem em telas de monitores. Por exemplo, uma pessoa está digitando um texto, então, num instante em que não está com as mãos no teclado, aparece na tela a mensagem de alguém que morreu!

Também fizemos experiências em outra nova e interessante área de pesquisa, que foi iniciada pelo dr. Raymond Moody, o psiquiatra e pesquisador, que criou o termo *experiência de quase-morte*. O dr. Moody modernizou um velho método de invocar a aparição de pessoas falecidas. O que ele chama de *psicomantium* é um cômodo especialmente projetado, escurecido e com espelhos instalados em certos ângulos. Em nosso Logos Center, em Scottsdale, Arizona, conseguimos criar um *psicomantium*. Estando no interior do cômodo, alguém segura um objeto pessoal de uma pessoa falecida, enquanto pensa nela e olha para os espelhos.

Como eu queria muito ver Stephen novamente, fiz uma experiência com o *psicomantium* e vi uma esfera de luz, com cerca de vinte centímetros de diâmetro, aparecer em um dos espelhos e sair dele. Stephen, então, apareceu, movendo-se do mesmo modo como fazia quando estava vivo. Tentei uma segunda vez, e o que vi foi exatamente igual. A partir daí, criamos uma experiência de pesquisa que chamamos de Projeto Limiar. Nesse projeto acompanhamos as experiências com o *psicomantium* de vinte e cinco pessoas, durante dois meses e meio. Setenta e três por cento dessas pessoas viram, ouviram ou sentiram a presença de alguém que falecera. Talvez, no futuro, muitos possam instalar um *psicomantium* em casa a fim de poder comunicar-se com os entes queridos que deixaram esta vida.

A pesquisa sobre o uso de computadores, televisores, videocassetes, gravadores e o *psicomantium* para a comunicação com os "mortos" é promissora no que diz respeito a provar cientificamente que a vida continua após a morte, que a *alma* é eterna. Claro que, através de meditação profunda, as pessoas têm, desde tempos imemoriais, recebido mensagens de outras que partiram, *sem* a ajuda da tecnologia, e a mais comum é: "Não morremos, estamos mais vivos do que vocês".

Por isso acredito realmente que há de chegar um tempo em que poderemos pegar um aparelho semelhante a um telefone, discar um número, digamos, 0800-CÉU e falar com nossos amados que faleceram. Então saberemos que nossos entes queridos simplesmente mudaram de forma e que para alma *não existe morte.* E todos aqueles que estiverem sofrendo pela perda de uma pessoa amada serão consolados e encontrarão cura para sua dor.

"Edison e eu estamos convencidos de que no campo da pesquisa psíquica serão descobertos fatos muito mais significativos para o pensamento da raça humana do que todas as invenções que surgiram no campo da eletricidade."

— Dr. Miller Hutchinson, assistente de Thomas Edison. Na época, os dois eram colaboradores numa tentativa de inventar um aparelho que possibilitasse a comunicação com pessoas falecidas.

CAPÍTULO 9

Somos cidadãos de um universo multidimensional

DRA. JEAN HOUSTON

A dra. Jean Houston é filósofa internacionalmente conhecida, escritora e dirigente de seminários. Desenvolveu meios revolucionários de liberar as latentes capacidades humanas que existem em todos os indivíduos. Alguns de seus livros são: *The Possible Human* (O Humano Possível), *The Search for the Beloved* (Em Busca dos Amados), *A Mythic Life* (Uma Vida Mítica) e *The Passion for the Possible* (A Paixão pelo Possível). Este artigo é baseado numa entrevista gravada em vídeo em Honolulu, Havaí.

"Quando digo 'essência' refiro-me àquela parte de nossa natureza que reconhecemos como um deus escondido, a qualidade de origem, ou de alma, que nos liga a nossa formação mais elevada, que transcende o tempo e o espaço, a vida e a morte."
— Dra. Jean Houston

Como alguém que viveu em muitas culturas tradicionais ao redor do mundo, descobri que em todas elas existe a crença de que a vida é contínua, que uma parte do ser permanece viva, quando chega a hora de o corpo físico morrer.

Trabalhei com mais de três mil objetos de pesquisa e mais de um milhão e meio de participantes de seminários, explorando o que pode ser chamado de profunda sondagem da psique humana. Descobri que mal começamos a mergulhar nas profundezas de quem e do que somos. Somos divididos em mais partes e níveis do que podemos imaginar.

A ciência moderna e a pesquisa da consciência estão se aliando para pintar um retrato do universo que ultrapassa nossas mais audaciosas expectativas. Somos de fato cidadãos de um universo imenso, muito mais complexo do que sequer possamos sonhar. A nova física explica que, na explosão chamada Big Bang, o recém-criado universo expandiu-se não apenas em três ou quatro dimensões mas em muitas mais. Assim como há muitas dimensões no universo, há muitas *dentro* de nós, que podemos explorar. A nova física chama essas outras dimensões de hiperespaço. Parece que vivemos em uma escola universal de vida, realmente infinita. Podemos dizer que terminamos um curso e iniciamos outro, avançando sempre para níveis mais altos de realidade e de existência num processo contínuo.

Christopher Fry escreveu um poema intitulado *Sono de Prisioneiros*, que contêm imensas sementes de descoberta, não apenas para enquanto estivermos vivendo neste tempo e neste espaço mas também para quando fizermos a passagem para uma vida muito mais ampla, além do tempo e do espaço que conhecemos. O poema diz o seguinte (Jean recita-o de memória):

O coração humano pode chegar à extensão de Deus.
No escuro e com frio podemos estar, mas não é inverno agora.
A congelada miséria dos séculos racha, quebra-se, começa a mover-se.
O trovão é o trovão das vagas da torrente da primavera que,
de repente, surge do nada.
Graças a Deus, nosso tempo é agora,
Quando o mal levanta-se para ir ao nosso encontro em toda parte.
Nunca nos deixará, até que nossa alma dê o passo mais largo que
a humanidade já deu.
Os afazeres são agora do tamanho da alma.
A aventura é explorar o íntimo de Deus.
O que você está esperando?
Levamos muitos milhares de anos para despertar.
Mas, quer despertar, pelo amor de Deus?

Então a aventura é explorar o íntimo de Deus, e aqueles que começaram a exploração de uma realidade mais profunda têm muitas experiências extraordinárias para contar. Eu gostaria de contar algumas das minhas.

Aos dezenove anos de idade praticava pára-quedismo. Uma ocasião, meu pára-quedas não abriu imediatamente, e fui caindo e caindo. Tentei acionar o pára-quedas de emergência, que também não abriu. De súbito, a adrenalina invadiu meu cérebro, e logo depois fui transportada para um outro estado de consciência, no qual revi toda minha vida, enquanto continuava naquela queda livre em direção ao solo. Todos os mais importantes acontecimentos de minha vida passaram diante de meus olhos, desde o tempo em que eu era uma criancinha até aquele momento. Vi também fatos futuros, que depois se concretizaram, uma experiência que, por si só, diz muito a respeito da realidade e do universo de possibilidades. Bem, um dos pára-quedas finalmente abriu, mas a tremenda experiência me fez compreender que *tudo* na vida estava disponível, era pleno e maravilhoso, *não importando* se eu vivesse ou morresse.

Alguns anos mais tarde contraí febre tifóide, numa pequena vila na ilha de Creta, onde não havia médicos. Quando minha temperatura atingiu 41°C, a luz do abajur ao lado da cama de hotel desapareceu, e com os olhos da mente vi-me no limiar de uma outra dimensão de realidade. Algo, em meu organismo físico-mental entrou em um lugar extremamente agradável, onde havia quadros nas paredes, móveis lindos, música magnífica. E ali encontrei seres esplêndidos. "Nossa, que lugar maravilhoso!", pensei. "Nunca viajei para um lugar tão lindo, até agora."

Eu ia avançar para o interior daquele recinto extraordinário, mas disse a mim mesma: "Não, não vou, sou muito jovem, acho que não estou preparada para deixar o mundo". Um dos seres que pareciam habitar aquele lugar fantástico respondeu: "Está certo, nós nos veremos em outra ocasião". Então, empregando uma grande força de vontade, empurrei minha consciência de volta para o corpo e novamente encontrei-me na cama, à luz do abajur. E a febre cedeu logo em seguida.

Outra cara lembrança para mim é o falecimento de minha avó. Ela teve arteriosclerose do cérebro e do sistema nervoso nos últimos seis anos de sua vida. Nós cuidávamos de todas as suas básicas funções corporais, pois ela era como um vegetal. No entanto, para nosso espanto, uma hora antes de falecer, ela repentinamente despertou do torpor em que vivera durante seis longos anos e, olhando para o alto do canto esquerdo do quarto, começou a falar com a invisível presença de seu marido, Próspero, que morrera muitos anos atrás.

Devo dizer que esse meu avô foi um homem muito gordo. Comia pilhas de pizza! Costumávamos brincar, dizendo que ele só conhecia os pés pelo ruído que eles faziam no chão, porque não podia vê-los, tal o tamanho de seu queixo duplo!

Minha avó continuou a conversar. Em um lindo e lírico italiano, dizia coisas como: "Ei, Próspero, você está bonito, recuperou sua bela figura".

Depois começou a falar com a filha que falecera quarenta anos antes, e também falou com o filho, Paulo, que morrera apenas três meses antes, sem que ela soubesse disso, pois estivera em coma, de modo que ninguém poderia ter-lhe contado a respeito. Ela falava, fazia pausas, como se estivesse ouvindo o que as presenças invisíveis diziam, ria muito, então tornava a falar, e assim por diante.

Minha tia Gracie, emocionada, perguntou a minha avó, no dialeto siciliano:

— *Mama, mama*, está me reconhecendo?

— Fique quieta, Gracie — vovó respondeu com severidade. — Não vê que eles vieram me buscar?

— Não há ninguém aqui, *mama* — disse minha tia.

— Não pode vê-los, Gracie, porque eles não vieram buscar você, mas a mim — explicou vovó.

— *Mama*, nos últimos seis anos a senhora viveu... *cumma legume*... como um vegetal.

— Ah, Gracie, para você eu posso ter parecido um vegetal, mas em que lugares estive!

Então minha avó viajara em seu próprio íntimo! É por isso que peço àqueles que cuidam de pessoas que sofrem de mal de Alzheimer, estão em coma ou ficaram senis, que não pensem que a mente profunda de seus pacientes foi lesada, só porque a mente superficial perdeu a capacidade de concentrar-se de maneira normal. A mente profunda continua a viajar e aprender, preparando-se para entrar em um universo muito mais amplo, além da realidade física.

Tenho também algumas histórias sobre meu pai, que foi um grande comediante. Ele escreveu muitos dos antigos programas mais famosos de rádio e televisão. Foi ateu durante toda sua vida, e a respeito da morte costumava dizer: "Quando você morre, está morto, e pronto".

Dez dias após sua morte, causada por leucemia, eu estava dirigindo um grupo de várias centenas de alunos em uma sessão de meditação, e pedi-lhes para imaginar que estavam passando por portas sucessivas, abrindo uma após a outra. Então decidi também fazer a meditação. Fechei os olhos e deparei-me com uma porta diferente, de madeira pintada de verde na parte de baixo e com a de cima feita de vidro. De repente, meu pai apareceu no outro lado Não sou muito boa para criar imagens visuais, por isso não vejo grande coisa quando medito. Sou mais do tipo auditivo. No entanto, daquela vez vi meu pai, com aquele seu costumeiro sorriso exuberante.

— Papai, como devo chamá-lo? — perguntei, sem saber bem por quê.

— Pode me chamar de Picolé — ele respondeu, rindo, e desapareceu.

Mais tarde, naquele dia, telefonei para a esposa dele e contei:

— Tive uma experiência estranhíssima. Vi meu pai durante uma meditação, e ele me disse para chamá-lo de Picolé.

Ela começou a rir histericamente.

— Acabei de receber um telefonema do cemitério Forest Lawn, e me disseram que as cremações estão tão atrasadas que tiveram de conservar o corpo de seu pai no gelo.

A resposta de meu pai comediante, "pode me chamar de Picolé", foi bem típica dele (Jean ri ao fazer esse comentário). Uma história bastante macabra (Jean torna a rir).

Cerca de seis meses mais tarde, tive outra comunicação visual de após-morte com meu pai. Foi um sonho nítido, no qual eu estava adormecida, mas, ao mesmo tempo, desperta e consciente. Meu pai apareceu e me cumprimentou do jeito que sempre fizera:

— Oi, menina.

— Papai, o que está fazendo aqui? — indaguei. — Você não está morto?

— "Morte" é um termo relativo — ele respondeu. — Além disso, me deram uma folga por bom comportamento, então vim lhe contar o que ando fazendo. Posso ir a qualquer parte do mundo, instantaneamente. Ninguém me vê. É ótimo! Entro de graça nessas casas de *shows* cômicos. E, menina, estou observando uma casa dessas em Manchester. Quero que você vá lá e assista ao número da galinha.

Deu-me o nome da casa noturna onde vira esse número e continuou:

— Menina, há um número maluco, de duas mulheres e um avestruz, que vi em outro lugar. — Depois de me dar o nome dessa casa e de várias outras, falou a respeito de mais números a que assistira, então acrescentou: — Olhe, sei que você está dormindo e pensa que não estou aqui de fato, mas estou. Por favor, não esqueça os nomes que lhe dei. Vá àquelas casas, junte o material, crie seu próprio número e saia dessa bagunça em que se meteu.

(Jean ri.) Quando acordei, consegui me lembrar do nome de três das casas noturnas a que meu pai se referira. Procurei os números de telefone na lista, liguei para as casas e perguntei a respeito das apresentações. Nossa, os números cômicos realmente existiam! Ainda não sei exatamente o que fazer com essa experiência, mas foi algo que realmente aconteceu!

Algumas semanas mais tarde eu estava novamente dirigindo uma sessão de meditação, na Venezuela, e guiava meus alunos por uma viagem no tempo, até a época dos druidas. Para orientá-los, disse: "Imaginem druidas antigos, reunidos em Stonehenge usando túnicas brancas". E prossegui: "Vocês têm o cálice da abundância, a espada do discernimento". "Vejam os corvos voando no céu."

Após a meditação, uma senhora veio falar comigo e não conseguia parar de rir. Contou-me que vira um homem vestido como um druida, que se identificara como meu pai. Pedi-lhe que o descrevesse, e ela disse que ele era alto, calvo, e que exibia um enorme sorriso. A mulher, então, continuou:

— Ele me pediu para dar-lhe um recado: "Diga a minha filha para não mandar tantos pássaros fedorentos da próxima vez. (Risos.)

Liguei para a viúva de meu pai e contei-lhe o que acontecera. Mais uma vez ela começou a rir histericamente. Ela me contou que uma das últimas coisas que ele dissera antes de morrer, em tom de piada, fora: "Em minha próxima encarnação, acho que vou ser um antigo druida".

Eu não podia saber disso! Então o que isso nos mostra? Mostra que o universo é extraordinariamente vasto e complexo e que, ao mesmo tempo, parece oferecer uma teia infinita de intercomunicação e afinidade. Somos, de fato, participantes de uma vida muito mais ampla. Você pode acreditar em reencarnação, ou não, mas de uma coisa estou certa: a vida é uma experiência de ensino e aprendizado, que continua após a morte física. A vida não acaba. Morrer é fechar uma porta atrás de nós e abrir outra a nossa frente.

A antiga palavra aramaica para "morte" é "maw'ta", que literalmente traduzida significa "não está aqui, mas em outro lugar". A palavra persa para "morte", "intakaal", quer dizer "transformar, mudar para outro lugar".

QUARTA PARTE

A Alma na Experiência de Quase-morte

INTRODUÇÃO

De acordo com a mais recente pesquisa Gallup, mais de vinte e dois milhões de americanos tiveram uma experiência de quase-morte. Se você também já teve, sem dúvida esta parte do livro lhe trará lembranças de sua própria viagem ao limiar da morte. Aqueles que não tiveram, verão nos capítulos que se seguem o que acontece numa experiência desse tipo, sem precisar passar pelo o incômodo de quase morrer!

Hoje em dia, porém, o assunto do debate não é mais sobre *se*, de fato, essas experiências acontecem, mas sim sobre *o que elas representam*. São criações da mente, reais apenas para quem passa por elas? Ou são viagens reais a outras dimensões de realidade, como a esmagadora maioria das pessoas que as tiveram afirmam?

Sendo uma dessas pessoas, e tendo estudado o material científico sobre a quase-morte, acredito que o peso das provas aponta para a segunda alternativa. Deixo que você decida, com base no conteúdo desta Quarta Parte e no capítulo escrito pelo dr. Ring, *Provas que sustentam a realidade espiritual por trás das experiências de quase-morte*, que se encontra na Oitava Parte, *Ciência e alma — as provas*.

CAPÍTULO 10

Passando para outra realidade

DR. RAYMOND MOODY

Dr. Raymond Moody foi quem criou o termo *experiência de quase-morte,* que apareceu pela primeira vez em seu livro *Vida Após a Vida,* de 1976. O dr. Moody obteve o doutorado em Filosofia e em Psiquiatria. Este capítulo é baseado em uma entrevista gravada em vídeo em Chicago, Illinois.

"Posso dizer, com toda franqueza e honestidade, que não tenho nenhum medo da morte. De acordo com minha pesquisa sobre a quase-morte e minhas experiências pessoais, morrer é, a meu ver, simplesmente fazer a transição para outro tipo de realidade."

— Dr. Raymond Moody

Aos seis anos de idade eu já construíra meu próprio telescópio e começara a explorar o espaço. Comecei a vida com uma perspectiva bastante científica e tornei-me uma pessoa totalmente descrente no que diz respeito à vida após a morte. Dessa forma, compreendo bem que pessoas céticas digam, quando ouvem o relato de uma experiência de quase-morte (EQM): "Ah, esse negócio de vida após a morte é apenas a expressão do desejo de um moribundo, ou uma alucinação". Como psiquiatra, já falei com mais de dez mil pessoas que tiveram uma EQM e posso afirmar que essa experiência não se encaixa, de maneira alguma, no que conhecemos como alucinação, ilusão ou fantasia criada por um desejo. É um tipo totalmente diferente de experiência humana.

Essa questão de acreditar que há vida após a morte, ou não, é algo que cada um de nós tem de decidir por si só. Estou perfeitamente satisfeito por acreditar que não há nada a temer na morte. Ao mesmo tempo, entretanto, sei que preciso respeitar os outros que ainda possam ter esse medo ou que não acreditam na vida após a morte.

É freqüente as pessoas que tiveram uma EQM relatarem que seu espírito andou pelo hospital assim que deixou o corpo, e até mesmo que viajou para outro lugar a milhares de quilômetros de distância. E as cenas que descrevem, explicando o que outras pessoas, principalmente parentes, faziam em locais distantes enquanto seus corpos jaziam inconscientes, são confirmadas mais tarde, como tendo acontecido exatamente de acordo com a descrição! Eu mesmo tive muitos pacientes que foram considerados mortos e depois retornaram, dizendo que haviam ido para junto de parentes em outros locais do mundo e testemunhado sua conversa, contando em detalhes o que viram e ouviram. Quando procuramos esses parentes para uma verificação, eles confirmaram que, de fato, fora exatamente aquilo que acontecera.

Um dos casos é o da mulher que chegou ao hospital de ambulância e foi levada imediatamente para o pronto-socorro, onde a colocaram em uma mesa de cirurgia. De acordo com o registro médico, ela esteve morta durante alguns minutos. Logo depois de ter sido ressuscitada, a mulher contou à assistente social que tivera uma EQM. Além de descrever as etapas clássicas de uma EQM, ela mencionou um detalhe curioso: quando seu espírito deixou o corpo e flutuou acima do prédio do hospital, viu um sapato velho pendurado em um fio no telhado. A assistente social subiu imediatamente ao pátio na cobertura e achou o sapato exatamente no lugar indicado pela paciente. Assim, há alguns relatos que indicam que o que acontece durante uma EQM às vezes foge do âmbito das ocorrências comuns nesse fenômeno.

Características comuns das experiências de quase-morte e do processo da morte

Nas últimas décadas aprendemos bastante sobre as EQM e o processo da morte. E aprendemos que a morte não precisa ser uma experiência assustadora. Na verdade, as pessoas que voltam de um encontro com a morte contam que essa foi uma das experiências mais maravilhosas de sua vida. Dizem que sentiram uma grande paz e que seus entes queridos falecidos estavam lá para ajudá-las em sua passagem para o Outro Lado.

Analisando milhões de relatos, vimos que a sucessão de acontecimentos é bem definida e semelhante na maioria das EQM. De acordo com esses relatos, a pessoa, em certo ponto do processo, entra em um estado de consciência muito confortável. Médicos, psicólogos e psiquiatras de todo o mundo continuam a estudar os padrões que se apresentam no momento da morte e estão descobrindo similaridades notáveis em todas as culturas envolvidas em sua pesquisa.

Os pacientes que retornam de uma EQM contam que, no mesmo instante em que o médico as declara mortas, elas deixam o corpo físico, flutuam para cima, olham para baixo e vêem o corpo na cama, rodeado pelo pessoal médico que tenta ressuscitá-las.

A essa altura, elas normalmente se perguntam a razão de todo aquele rebuliço e tentam dizer: "Não se preocupem comigo, estou bem". De fato, sentem-se vibrantes e cheias de vida. À medida que a EQM prossegue, elas vêem um corredor, que freqüentemente descrevem como um túnel. Passam pelo túnel e ao sair encontram-se no meio de uma Luz incrivelmente brilhante e morna que emana amor. Sentem-se, então, inundadas por sentimentos de amor, aceitação e paz.

Dizem que são recebidas por parentes ou amigos que já faleceram, que as ajudam a fazer a transição, e na maioria das vezes descrevem uma presença incrivelmente amorosa, um Ser de Luz, que as ajuda a fazer uma revisão de sua vida e ver o que aprenderam no tempo em que viveram neste mundo.

Quase todas as pessoas que retornam, contam que, nesse processo de revisão de vida, descobriram que aprender a amar é a tarefa mais importante da vida, que nosso progresso espiritual é medido pelo amor que somos capazes de dar.

Falei com mais de dez mil pessoas que tiveram uma EQM, de todas as classes sociais, níveis de educação e muitas culturas diferentes. Ainda estou para encontrar um único caso em que a pessoa, no processo de revisão de sua vida, não tenha sido amparada por amor e compreensão. Todos nós fazemos coisas das quais nos arrependemos, ou sentimos remorso por termos sido mesquinhos com alguém, mas os Seres de Luz envolvidos no processo de revisão compreendem que, por sermos humanos, todos nós cometemos erros.

Outro ponto interessante: as pessoas que passaram por uma EQM contam que, estando fora do corpo, naquele lugar de luz, não sentiam mais nenhuma dor, mesmo que tivessem passado por grande sofrimento até o momento em que foram julgadas mortas. E muitas vezes, no momento da passagem, suas últimas palavras descrevem a completa paz que as envolve.

No momento da morte

As pessoas que podem dizer que passaram por uma EQM são aquelas que foram declaradas clinicamente mortas mas que retornaram desse *íntimo encontro* com a morte para contar o que lhes aconteceu. No entanto, tenho estado à cabeceira da cama de muitas pessoas que *realmente* morreram. E às vezes podemos observar que, enquanto vão fazendo sua passagem, elas começam a descrever um processo semelhante àquele descrito pelos que passaram por uma EQM.

É comum uma pessoa, já bem próxima da morte, olhar para cima e dizer que está vendo o avô, ou outro parente qualquer. São muitos os moribundos que relatam que familiares e amigos falecidos estão lá para recebê-los. Deparam-se com outro tipo de realidade, dizem "adeus" e partem em paz. Outras pessoas, no momento da morte, olham para o alto e exclamam: "A Luz, uma linda Luz!". Isso aconteceu com meu pai, que faleceu um ano e meio atrás, e também com minha mãe, que partiu há um mês. Eu estava com minha mãe no momento de sua morte, e testemunhar esse fato notável deu-me grande conforto.

Há outro fato relacionado com a morte dela que acho especialmente maravilhoso. Durante toda sua vida, ela nunca pensou muito em si mesma. Estava sempre tentando fazer com que os *outros* se sentissem bem, sempre ajudando-os a fazer o que *eles* queriam. Era meiga e gentil com todas as pessoas e muito hospitaleira. Tinha grande dificuldade em dizer "não". No entanto, para minha surpresa e grande alegria, notei que, em seus últimos dias no mundo, ela se transformou, não tinha medo de dizer o que pensava ao pessoal do hospital, chegou até a recusar-se terminantemente a submeter-se a alguns tratamentos sugeridos pelos médicos. Mas essa transformação ocorreu apenas depois que ela fez uma visita ao Outro Lado, num íntimo encontro com a morte. Algo muito profundo deve ter ocorrido dentro dela nessa visita para que sua personalidade e comportamento mudassem tanto.

Dizem que durante o processo de morte é importante que parentes e amigos despeçam-se da pessoa que vai partir, e é, realmente. Mas é comum acharmos a palavra "adeus" terrível demais. Bem, com base em minha experiência, acho que o melhor é dizer "até logo", pois estou totalmente convicto, como a maioria das pessoas que tiveram uma EQM, que um dia nos reuniremos a nossos parentes e amigos falecidos, lá no Outro Lado. Assim, a despedida é apenas temporária.

Muitas vezes penso como seria bom se pudéssemos criar uma maneira que nos permitisse passar por uma experiência de quase-morte sem nenhum tipo de perigo ou desconforto, naturalmente, para que fôssemos capazes de sentir e conservar alguns dos efeitos positivos de um encontro com a morte. (*Nota do editor: o capítulo 16,* ***Conhecendo a alma através da meditação****, trata desse assunto.*)

A morte como passagem para uma outra realidade

Posso dizer, com toda franqueza e honestidade, que não tenho nenhum medo da morte. De acordo com minha pesquisa sobre a quase-morte e minhas experiências pessoais, morrer é, a meu ver, simplesmente fazer a transição para outro tipo de realidade.

Uma amiga minha, já falecida, usava uma maravilhosa metáfora para descrever a morte. Foi a primeira pessoa que conheci que tivera uma experiência de quase-morte, muitos anos antes. Depois de sua experiência, ela começou a referir-se à morte como passagem. Quando parentes e amigos faleciam, ela dizia que eles haviam passado para outra realidade. E depois do que eu próprio experimentei, posso endossar essa metáfora com plena segurança. O plano físico em que nos encontramos agora é *apenas um* nível de realidade, mas existem *muitos outros* níveis. E a morte é uma transição para algum desses outros espaços muito interessantes.

Às vezes perguntam-me como eu gostaria de morrer. "Você quer morrer sozinho ou com outras pessoas em volta?" Quando penso em minha própria morte, percebo que gostaria mais de passar sozinho por esse processo do que rodeado por um bando de gente. Talvez isso aconteça porque sempre fui uma pessoa muito introspectiva. Mas as pessoas são diferentes, assim como suas preferências.

Espero que o que eu vou dizer não pareça petulante, bizarro, ou qualquer outra coisa do tipo, mas espero a morte como quem espera o momento de iniciar uma grande aventura, a maior viagem da vida. Depois de ter falado com milhares de pessoas que tiveram uma EQM e com outras que de fato estavam morrendo, sinto realmente que a morte é a maior das aventuras. Lembro-me de uma mulher que colocou a questão nos seguintes termos: "Quando está próximo da morte, quando deixa o corpo, você não é o cônjuge de seu cônjuge, o filho de seus pais, não é o pai de seus filhos, mas apenas e completamente você mesmo, fazendo a maior viagem de sua vida!".

No lado mais fácil — Monólogo cômico do dr. Moody

(Ele ri e sorri durante todo o monólogo)

Algumas pessoas dizem que quando atravessamos o "túnel", em uma EQM, encontramos algumas ciladas. Podemos ser obrigados a participar de um jantar de corretores de imóveis, e eles tentam vender-nos uma casa ou qualquer outro imóvel. Mas todas as pessoas que passaram por isso avisam: "Não comprem nada, porque os preços são melhores *depois* do túnel".

Outra coisa, não deixem ninguém enganá-los, dizendo que é preciso pagar pedágio no túnel, porque isso não é verdade. Se alguém se aproximar e pedir pagamento, digam que querem falar com o administrador, porque esses sujeitos agem por conta própria, são como aqueles funcionários de postos de gasolina que querem lavar o pára-brisas do carro para ganhar uma gorjeta. Acredito que estejam atolados na entrada do túnel e aproveitam-se disso para arrancar algum dinheiro dos que chegam. Mas não se deixem enganar. Não é preciso pagar pedágio! (Uma gargalhada.)

"Sob a grama e as árvores, jaz o corpo de Salomão Ervilha. Mas apenas a vagem está lá, porque a ervilha saltou para fora e foi para Deus."

— Palavras em uma lápide, conforme relatado pela dra. Joan Borysenko

CAPÍTULO 11

Como é lá, no Outro Lado

BETTY J. EADIE

Betty J. Eadie é uma das pessoas que tiveram um experiência de quase-morte, oradora, mãe de oito filhos e autora dos mundialmente aclamados *bestsellers Embraced by the Light* (Abraçada pela Luz) e *Awakening Heart — My Continuing Journey to Live* (Coração que Desperta — Minha Contínua Jornada na Vida). O relato de sua experiência de quase-morte foi considerado um dos mais completos e detalhados de todos os que já foram escritos. Este capítulo é baseado em um trecho de uma entrevista gravada em vídeo em Honolulu, Havaí.

"Nada daquilo era novo para o meu espírito. Eu estava apenas recordando o que já sabia: que subimos da terra para o céu, que escolhemos nossos pais e as situações de nossa vida, que estamos aqui no mundo para aprender a amar."

— Betty J. Eadie

Quando eu tinha quatro anos de idade, estudava em um internato para índios americanos, e na época tive pneumonia dupla e coqueluche. Levaram-me para o hospital, e ouvi o médico dizer à enfermeira: "Nós a perdemos". Como uma criança de quatro anos, entendi que estava *perdida*, não morta. "Por que eles estão dizendo que me perdi", pensei. "Estou aqui." Estava fora do corpo, logo acima deles, olhando para baixo. Pensaram que eu estivesse morta, e vi-os me cobrir até a cabeça com o lençol. Então, meu espírito foi abraçado por um Ser de Luz que tinha uma longa barba branca. Na época, achei que aquela pessoa fosse meu avô, e durante muitos anos esperei que ele aparecesse, mas isso nunca aconteceu.

A partir daí, no decorrer da vida, tenho obtido conforto, invocando a imagem daquele "avô" que conheci aos quatro anos de idade. Muitos anos depois, quando tive minha segunda EQM, finalmente descobri que ele é o Espírito de Luz que tem me sustentado e protegido através de todas as vicissitudes e sofrimentos. Naquele tempo, ninguém falava em experiências de quase-morte. Foi antes de Raymond Moody escrever o livro *Vida após a Vida*, em 1976, antes mesmo de ele criar o termo "experiência de quase-morte".

Essa minha segunda EQM aconteceu em 1973, no hospital, depois que passei por uma histerectomia. Tive uma hemorragia brutal durante a cirurgia, mas os médicos acharam que eu estava bem e me levaram para a sala de recuperação. Mais tarde, naquela noite, por volta de nove e meia, acordei e senti que estava morrendo. Essa percepção de que a morte está próxima é algo muito peculiar, eu senti como se partes de meu corpo estivessem se fechando, e experimentei uma tremenda sensação de que estava afundando, era como se minhas últimas gotas de sangue estivessem se esvaindo. Então, meu espírito saltou para fora e pairou acima de meu corpo. Olhei para baixo e me vi deitada, exatamente como acontecera quando eu tinha quatro anos. Cheguei mais perto para ver melhor, porque observava meu corpo de uma maneira diferente, de um ponto de vista multidimensional. Meu primeiro pensamento foi: "Oh, meu Deus, estou morta, e não há ninguém aqui a quem eu possa contar isso". Olhei para minha esquerda e vi aparecerem três Seres Celestiais. Eles usavam túnicas em um tom suave de marrom e faixas douradas ao redor da cintura. Disseram que eram meus anjos guardiães, que haviam estado a meu lado durante toda minha vida terrena e que estariam comigo por toda a eternidade.

Meu desejo, no momento, era ir para casa e ver minha família. Em espírito fui capaz de fazer isso, simplesmente por desejar, e viajei pelo espaço velozmente. Vi meu marido sentado em uma poltrona, lendo o jornal. Meus filhos estavam rindo, jogando travesseiros uns nos outros, enquanto se preparavam para dormir. Olhei para o relógio. Faltavam quinze minutos para as dez da noite. Lembro-me de que fiquei aborrecida com meu marido, porque ele prometera que mandaria as crianças para a cama às oito e meia. Quando, mais tarde, contei-lhe minha experiência, fiz questão de dizer: "Você não pôs as crianças na cama às oito e meia, como prometeu". Ele replicou: "Mas que coisa, isso nunca vai mudar, você *continuou do mesmo jeito, até depois de morta!*".

Depois da visita a minha família, meu espírito foi atraído para um lugar que parecia um túnel. Vi um ponto de Luz que ficava cada vez mais brilhante, e andei em sua direção muito rapidamente. Não era uma luz qualquer, porque havia um Ser dentro dela. Vi que a luz emanava dele e compreendi que o Ser *era* a Luz. Quando me aproximei mais, comecei a correr para Ele, da mesma maneira que uma criança corre para um dos pais que se ausentou durante muito tempo. Lembro que disse ao Ser: "Estou em casa, estou em casa, estou em casa, e não quero deixar Você nunca mais". Sou capaz de me lembrar até do tom de minha voz, quando disse isso, embora não estivesse realmente pronunciando as palavras. A comunicação era telepática, de coração para coração. Não havia possibilidade de acontecer nenhum tipo de mal-entendido.

Então, enfim, eu estava em casa e não queria mais ir embora. Era quase como se eu estivesse censurando o Ser, sabendo que, de alguma maneira, Ele era responsável pelo fato de eu ter estado longe de meu Lar Celestial, vivendo no mundo terreno. Mas Ele simplesmente me abraçou. Eu sabia que Ele me amava de modo total e puro, com um amor incondicional que nunca conheceremos aqui na terra, por mais que tentemos. Eu sabia, com perfeita clareza, que aquele Ser era Jesus Cristo. Tinha certeza, porque O conhecera antes de nascer. Eu

O reconheci, como reconheceria minha mãe e meu pai, se eles estivessem lá, me recebendo.

Essa experiência toda foi para mim muito mais do que morrer. Quase todos os costumeiros elementos de uma EQM estavam lá: o túnel, a Luz, os anjos guardiães, a música celestial, as preces, as catedrais... Jesus queria que eu me lembrasse de como era o céu. Nada daquilo que eu via era novo para o meu espírito. Eu estava apenas *recordando* o que já sabia: que subimos da terra para o céu, que escolhemos nossos pais e as situações de nossa vida, que estamos aqui no mundo para aprender a amar. Meu espírito sabia. Acredito que todos nós, que vivemos neste mundo, sabemos de tudo isso, mas parece que precisamos de algo que nos acorde o espírito para que possamos lembrar.

Apesar de tudo o que experimentei, como posso provar aos outros que foram experiências espirituais? Não posso. Trata-se de algo muito pessoal. Não tento provar que essas coisas realmente aconteceram comigo. Sinto que não preciso fazer isso, porque, de alguma forma, o espírito de cada um conhece essa verdade, só precisa ser despertado.

Aprendi, através de minhas EQM, que não perdemos a consciência em momento algum. Há uma transformação, mas permanecemos conscientes. A morte não existe. Nem gosto de dizer "morte", porque no Outro Lado eles também não gostam dessa palavra. "Morte" não explica o que realmente acontece. O fato é que passamos de um estado para outro, mais perfeito, nosso estado natural.

Outra coisa, ninguém faz essa passagem sozinho. Na verdade, somos recebidos com uma festa de boas-vindas, no Outro Lado. Além disso, muitas pessoas, quando se encontram às portas da morte, vêem entes queridos falecidos que estão a sua espera.

Já estive à cabeceira de muitos indivíduos que passaram para o Outro Lado. Às vezes, uma pessoa que está prestes a fazer essa passagem fica presa aqui pelo sofrimento dos familiares, que não querem "perdê-la", e sua partida torna-se muito mais difícil. Bem, se eu estivesse em meu leito de morte, com meus entes queridos a minha volta, eu os perdoaria por não compreender que chegara meu momento de partir. Talvez dissesse: "Sei que estão sofrendo porque vou partir, mas sinto muito, tenho de ir para Casa". E iria. Vi pessoas demais que continuaram aqui, sofrendo, por mais tempo do que o necessário, apenas por amor aos entes queridos que deixariam para trás. Pode acontecer também que a pessoa que está morrendo sirva de mestre para os que estão cuidando dela, porque precisamos aprender a deixar que os outros se vão e a não ter medo da morte, porque, na realidade, não há nada a temer.

Sou contra o suicídio por eutanásia, porque, antes de virmos para este mundo, todos nós escolhemos o momento de nossa morte, com uma precisão de minutos. Também escolhemos de que forma deixaremos a vida terrena. Viemos à Terra para aprender certas lições, então acredito que devemos deixar que as coisas sigam seu rumo natural, do contrário, recorrendo a um suicídio, mesmo que por eutanásia, com ajuda médica, estaríamos abortando o processo de aprendizado. É muito confortador, para a pessoa que parte, estar rodeada de vibrações de amor. Embora eu acredite que os recursos médicos para aliviar a dor sejam muito úteis, o amor das pessoas queridas talvez seja o mais eficiente analgésico que existe. A morte é muito semelhante a um parto. Se você se acha capaz de passar por isso de modo natural, sem a ajuda de medicamentos que aliviam a dor, faça-o. Se acha que não suportará, não existe nenhum problema em optar pelos recursos disponíveis.

Penso que a criação de hospitais para doentes terminais foi inspirada por Deus. Assim como foram divinamente inspiradas as pessoas que decidiram trabalhar neles. Trabalhei como voluntária num importante centro de pesquisa do câncer e posso dizer que não só o sofrimento dos pacientes é grande mas também o de seus familiares. Quantas falsas esperanças! Trata-se disso, basicamente. Mas, na verdade, todos nós nascemos terminais. Assim, quando um paciente me diz que é terminal, que os médicos lhe deram pouco tempo de vida, respondo que também sou terminal, que posso ser atropelada na rua e morrer antes dele. Somos todos terminais. Portanto, vamos celebrar a vida vivendo o momento.

"Sempre que fecho os olhos, vejo a Luz, Luz branca, que acredito que vem de Deus. Creio que essa Luz faz parte do poder de Deus, e a conhecerei mais completamente depois de minha morte."
— Dra. Janina Starceswski, médica e paciente de um hospital para doentes terminais, muito próxima da morte física (do vídeo *Experiencing the Soul*).

CAPÍTULO 12

Somos todos grandes, maravilhosos, poderosos seres espirituais

DANNION BRINKLEY

Dannion Brinkley teve experiências de quase-morte, hoje é orador e autor dos *bestsellers Saved by the Light* (Salvo pela Luz) e *At Peace in the Light* (Em Paz, na Luz). Sua primeira EQM foi particularmente extraordinária e merece uma breve descrição introdutória.

Acontecimentos futuros foram revelados a Dannion, no tempo em que ele esteve na Luz, e isso foi feito através de aparelhos que ele descreve como "telas cúbicas, semelhantes a caixas de televisores". Logo após retornar à vida física, ele foi capaz de se lembrar de cento e dezessete dessas cenas do futuro, que descreveu ao pesquisador pioneiro de experiências de quase-morte, dr. Raymond Moody. Nos últimos vinte e dois anos, realizaram-se noventa e cinco dos cento e dezessete acontecimentos previstos.

Por exemplo, no Outro Lado mostraram a Dannion uma devastadora explosão nuclear em uma usina localizada em uma desolada floresta gelada. A palavra "absinto" apareceu na tela, e na época Dannion não fazia idéia do que significava. Mais tarde, ele descobriu que no idioma russo a palavra para "absinto" era "*chernobyl*".

Outra tela mostrou o selo do presidente dos Estados Unidos acompanhado pelas iniciais R.R. Dannion também viu um desenho animado em que os personagens eram um ator caracterizado de vaqueiro, que ia tornar-se presidente dos Estados Unidos. Dannion pensou que R.R. fossem as iniciais do ator Robert Redford, mas em 1980 Ronald Reagan (R.R.) foi eleito presidente. Ronald Reagan de fato trabalhara em muitos filmes do gênero faroeste, e os colunistas de jornais sempre referiam-se a ele como um caubói do Oeste Selvagem.

Muitos outros importantes acontecimentos mundiais foram previstos por Dannion, inclusive a queda do muro de Berlim e a guerra do Golfo. As visões proféticas são descritas detalhadamente no livro *Saved by the Light* (Salvo pela Luz). Este capítulo é baseado em trechos de uma entrevista gravada em vídeo em Las Vegas, Nevada.

"Só quando começamos a compreender que não somos daqui, *que somos de* Lá, *que* optamos *por vir para cá e que fomos* escolhidos *para vir, que éramos alguém e algo* muito tempo antes *de virmos para cá, é que compreendemos que* não somos *pobres, infelizes e estúpidos seres humanos. Somos todos grandes, maravilhosos e poderosos seres espirituais! Então, o que se torna realmente importante é descobrir o verdadeiro propósito de nossa vida."*

— Dannion Brinkley

Em 1975 estive clinicamente morto durante vinte e oito minutos, depois que fui atingido por um raio que caiu em um fio elétrico e passou pelo telefone no qual eu estava falando. Depois disso, fiquei paralisado *completamente* por seis dias e *parcialmente* por sete meses. Levei dois anos inteiros para recuperar a capacidade de andar e me alimentar sozinho. Emagreci mais de vinte e cinco quilos. Catorze anos mais tarde, tive uma segunda EQM, quando sofri um infarto e fui submetido a uma cirurgia cardíaca de emergência.

Como resultado dessas minhas experiências e da pesquisa posterior, cheguei à seguinte conclusão: *aquilo que realmente somos não morre*! Não apenas não morremos como há um processo sistemático através do qual deixamos este mundo. A EQM e o processo da morte não são o que os religiosos tradicionalistas e as autoridades constituídas dizem que são. O sistema de deixarmos este mundo tem como base o Amor. E assim que conhecemos esse Amor, nossas vidas mudam para sempre.

Em minhas EQM, saí do corpo e passei por um túnel. Amigos e parentes queridos foram ao meu encontro e levaram-me para um lugar banhado por uma Luz magnífica, clara e muito brilhante. Minha vida me foi exibida em uma visão panorâmica, de trezentos e sessenta graus, e vi tudo o que havia feito, tanto de bom como de mau. Vi também os efeitos diretos e indiretos de minhas interações com todas as pessoas com quem entrara em contato na vida. Foi como se eu estivesse vendo um amigo passar por tudo aquilo sem poder fazer nada para ajudá-lo. Via tudo de uma ímpar perspectiva empática.

Para ser honesto, em meus primeiros vinte e cinco anos no mundo fui um bruto, não me preocupava em ser bom. Como resultado, nessa minha primeira EQM senti toda a dor, angústia, frustração, ansiedade, todo o medo que infligi a tantas pessoas. Mas, na segunda EQM, anos depois, minha revisão de vida foi diferente, porque eu mudara meu modo de ser e vi todos aqueles a quem ajudara, sentindo a alegria, o amor e a bondade que havíamos compartilhado.

Só quando *realmente* começamos a compreender que *não* somos *daqui*, que somos de *Lá*, que *optamos* por vir para cá e que fomos *escolhidos* para vir, que éramos alguém e algo *muito tempo antes* de virmos para cá, *é que compreendemos que não somos pobres, infelizes, estúpidos seres humanos*. Somos todos grandes, maravilhosos e poderosos seres espirituais! Então, o que se torna realmente importante é descobrir o verdadeiro propósito de nossa vida neste mundo. Descobri que os atos de bondade, amor e preocupação com os outros são as coisas mais importantes da vida. E não são apenas as grandes coisas que importam, mas tudo o que fazemos com o coração. É o *motivo* por trás das coisas que fazemos, a boa e amorosa intenção, que cria um mundo melhor, agora e depois.

Muitas vezes as pessoas comentam que eu faço a morte parecer uma coisa boa. Bem, estou apenas sendo sincero a respeito de algo que experimentei de modo direto, e posso dizer que, compreendendo o processo das EQM através da experiência direta, adquirimos uma maior compreensão da vida.

Devemos amar uns aos outros de modo total, com o coração, a mente e a alma, pois quando começamos a compreender o processo da morte, passamos a ver o valor de uma vida de amor.

Quem convive com uma pessoa que está prestes a deixar este mundo, nota que ela pode demonstrar ansiedade, frustração, medo e dúvida a respeito do que vai acontecer. O melhor que temos a fazer, num caso desse, é conversar com ela e pedir-lhe que nos conte tudo o que quiser a respeito de sua própria vida. Temos de ser bons ouvintes e de incentivar o resto da família a compartilhar preciosos momentos de união com a pessoa que vai partir. Que todos conversem e recordem momentos alegres do passado, e não há nenhum problema se isso provocar riso. Não é preciso manter a sisudez o tempo todo só porque alguém está morrendo. Se você cuida de uma pessoa que está perto da morte, passe o máximo de tempo que puder com ela, não no corredor do hospital, esperando que o médico vá lhe dar informações sobre a situação. Às vezes entregamos tudo nas mãos de cientistas e médicos em vez de confiar em nossa sabedoria espiritual.

Depois de ouvir pacientemente tudo o que a pessoa doente tem a dizer, pergunte-lhe se ela gostaria de ouvir o que você sabe a respeito do Outro Lado. Se ela quiser, fale com o coração e a alma, porque isso a ajudará, preparando-a para a partida. Conversando com parentes e amigos que agem amorosamente, aqueles que estão partindo quase sempre descobrem que seu trabalho aqui no mundo foi melhor do que eles pensavam.

Algo de grande importância que precisamos lembrar é que, pelo fato de sermos seres espirituais, fizemos um bom trabalho na vida terrena, não importando como vivemos ou o que tenhamos sofrido. Embora todos nós tenhamos conhecido o arrependimento, a mágoa e o sofrimento, também conhecemos a alegria. Se contarmos todas as bênçãos que recebemos, veremos que progredimos bastante em nossa caminhada e que valeu a pena passar por tantas dificuldades.

Muitas vezes não reconhecemos o valor daquilo que damos aos outros. As pequenas coisas que talvez já tenhamos esquecido contam muito, porque foi nossa parte divina que agiu, aquela parte que está espiritualmente ligada à divindade que flui em nossas veias. Seria bom parar e tentar lembrar as vezes em que ajudamos alguém, em que demos um simples tapinha animador no ombro de uma pessoa. Porque foi nessas vezes que, através de nós, Deus agiu, mudando algo para melhor.

O preparo para a morte

Podemos nos preparar para a morte de várias maneiras: praticando a meditação e o relaxamento, através da música, do toque amoroso que recupera, da aromaterapia, e muitas outras. Não precisamos ficar simplesmente deitados, esperando o momento chegar. Podemos descobrir e sentir a paz de nossa essência espiritual ainda aqui, neste lado da vida! Com isso, o medo e a ansiedade diminuirão, a compreensão de que somos seres espirituais se tornará mais ampla.

Às vezes perguntam-me o que acho do suicídio. Depois de minhas experiências de quase-morte, descobri que o suicídio não é solução para os problemas, por maiores que sejam. Embora tenhamos o direito de tomar nossas próprias decisões, mesmo que insensatas, eu digo que é um erro abreviar o tempo de vida, por pouco que seja, pois estaríamos rompendo o trato que fizemos antes de vir para este planeta.

Um exemplo que mostra o poder que existe em sabermos que somos seres espirituais é uma pesquisa de vários anos de duração, conduzida pelo dr. Bruce Greyson e que envolveu quatrocentas pessoas que haviam tentado suicídio no início da década de oitenta. O dr. Greyson descobriu que as pessoas que tentavam suicídio mas não tinham uma experiência de quase-morte tentavam suicidar-se novamente, de três a seis vezes, e, em alguns casos, até conseguirem morrer. Mas nenhuma pessoa que teve uma EQM voltou a tentar! A razão é que o processo pelo qual deixamos o mundo e o sistema do Outro Lado fazem com que compreendamos nossa grandeza. Descobrimos que não podemos morrer, que somos poderosos e maravilhosos seres espirituais!

Aqueles que têm inclinação para trabalhar em um hospital de doentes terminais podem prestar um serviço extremamente valioso. Faz dezessete anos que trabalho como voluntário em hospitais desse tipo e já estive com cento e cinqüenta e três pacientes no momento final de sua vida terrena. Com isso, recebi muito mais do que dei. É uma rua com duas mãos de direção. Prestando esse serviço, ajudamos pacientes terminais a preparar-se para o inevitável e, um dia, algum de nossos próprios familiares pode precisar de nós para ajudá-lo, e estaremos mais aptos a dar-lhe apoio e bons cuidados.

Vir para o mundo e deixá-lo é um processo natural, é o círculo da vida. Lembro-me de uma avó que estava morrendo em casa. Era bonito ver uma de suas netinhas levar-lhe sopa e ficar conversando com ela meigamente. Compreender o processo natural da morte pode diminuir nosso medo e estreitar os laços familiares. Sem essa compreensão, a morte talvez assuste.

Não se esqueça de que a Luz é a Luz. Sua natureza morna e calmante penetra-nos completamente. Nós entramos na Luz, e Ela nos envolve e invade. Podemos nos preparar de várias maneiras para o encontro com essa Luz, para que possamos reconhecer o que de fato somos. Meditação e contemplação profundas podem ser praticadas de acordo com os muitos métodos do misticismo cristão e das religiões orientais.

Então, lembre-se de que a Luz é a Luz. Todos nós somos partes dessa Luz. E quando fazemos a transição deste mundo para o outro, ficamos ainda mais certos de que somos Luz, que existe Luz, e que onde há Luz há Amor. A Luz é e sempre será a Luz.

Amo todos vocês. Muito.

"É depois da morte que a maioria das pessoas percebe, pela primeira vez, o que a vida é realmente. Então, começam a ver que a vida aqui quase nada mais é do que a soma total de todas as escolhas que fizeram, que seus pensamentos, pelos quais são responsáveis, são tão reais quanto as ações. Começam a perceber que todas as palavras e todos os atos afetam sua própria vida, assim como a de milhares de outras pessoas."

— Dra. Elisabeth Kübler-Ross

QUINTA PARTE

Conhecendo a Alma

INTRODUÇÃO

"A questão da imortalidade é uma questão de existência íntima, uma questão com a qual o indivíduo deve confrontar-se, olhando para dentro da própria alma."
— Søren Kierkegaard, filósofo

Chegamos a um ponto muito importante nesta antologia. Nas quatro partes anteriores, *Vivendo com alma*, *A alma antes do nascimento*, *A alma depois da morte* e *A alma na experiência de quase-morte*, as experiências com a alma podem ser vistas como bastante *involuntárias*, no sentido de que foram desencadeadas por emergências médicas, doenças terminais, morte iminente, ou aconteceram espontaneamente, pois os indivíduos não as produziram conscientemente, por sua própria vontade.

As três partes seguintes, *Conhecendo a alma*, *Preparando a alma para uma passagem tranqüila* e *A alma no momento da morte*, mostram maneiras pelas quais podemos aprofundar o conhecimento de nossa alma e *voluntariamente* entrar em contato com seus aspectos mais transcendentais.

Como é possível chegarmos a isso? Alguns acreditam que "o caminho" é aquele do nosso próprio esforço, através de uma combinação de meditação, contemplação, oração, "atitude correta" e do cultivo de uma vida baseada nos princípios espirituais universais. Outros acreditam que nosso esforço é necessário, mas insuficiente. Acham que a graça benevolente do Criador e/ou do Princípio Criativo, dentro e ao redor de nós, é essencial para o progresso da caminhada de nossa alma em direção ao Lar.

O papel de um mestre espiritual

No entanto, outras tradições pregam a necessidade de mais um elemento nessa interação de esforço individual e graça salvadora do Criador. Esse elemento é um ser humano espiritualmente realizado, um santo, guru, mestre de meditação ou seja lá qual for o nome que se use, que sirva de benevolente intermediário, guiando a alma daquele que busca as coisas espirituais de volta para sua Fonte, seu lar original, no Ser Divino.

É fascinante notar que a palavra indo-européia "guru", quando traduzida literalmente, significa "aquele que leva da escuridão à luz". Através da história, milhões de discípulos procuraram refúgio na proteção e na orientação desses espiritualmente evoluídos seres humanos, que conheceram de maneira direta sua consciência mais elevada e oferecem-se para nos erguer pelo poder de Deus, com o qual fizeram contato em seu próprio íntimo.

Em tempos mais recentes, infelizmente, o relacionamento espiritual entre mestre e discípulo ganhou má fama, de modo especial na sociedade moderna, devido ao abuso do poder por parte de indivíduos mentirosos ou incompetentes que se dizem mestres, cometendo o sacrilégio de conspurcar a tarefa sagrada de ensinar e guiar. É triste, mas as pessoas encontram grande dificuldade em reconhecer um genuíno mestre espiritual, porque a condição de um mestre muito freqüentemente é julgada pelo tamanho das platéias que ele reúne e pelo número de livros que vendeu.

Muitas pessoas até mesmo esquecem que têm uma meta espiritual para atingir durante a vida terrena. As palavras do Sant Darshan Singh, poeta místico e mestre de meditação, ecoam essa questão. "A santidade *não* é um mito criado pela imaginação humana, mas a possibilidade mais alta da vida, realizada de etapa em etapa por uma minoria infinitamente pequena de indivíduos. Os termos *Deus* e *Verdade* apenas adquirem força e significado em nossa compreensão através dos exemplos dados pela vida desses indivíduos."

Os verdadeiros mestres espirituais não se elevam acima dos outros, mas ensinam que nós também podemos ter a contínua consciência da alma que eles têm. Não podemos determinar a competência de um mestre espiritual porque ele faz milagres ou exibe o poder de efetuar curas instantaneamente, por seu brilho intelectual, pela emoção despertada por seu discurso, nem pelas aparências, como trajes sacerdotais ou um austero estilo de vida.

Os critérios mais importantes a ser adotados no julgamento da competência de mestres espirituais são o amor e a verdade que eles demonstram em sua vida diária e sua habilidade de erguer e proteger *nossa alma*. Apenas um santo verdadeiro pode dar a outra alma um impulso direto na forma de uma experiência espiritual transcendental. Apenas um legítimo mestre espiritual pode servir de guia nos planos íntimos da consciência, que são os que nos levam de volta ao nosso Criador. Apenas um verdadeiro mestre espiritual será capaz de vir até nós, no momento da morte, para nos proteger e guiar através desses planos íntimos.

Na parte seguinte, *Conhecendo a alma*, conheceremos seres humanos que mostraram ter a habilidade de acessar diretamente vários níveis de consciência da alma de maneira voluntária, por sua própria vontade.

Se você quiser, poderá entrar em contato com esses e outros extraordinários seres humanos, porque são nossos contemporâneos, estão vivendo no planeta Terra. No entanto, é importante lembrar que, embora honremos os mestres espirituais por suas conquistas espirituais, os verdadeiros mestres sempre dirão que a divindade que encontraram dentro deles existe também no interior de cada um de nós! (Por favor, veja no Apêndice A, como entrar em contato com as pessoas que colaboraram na criação desta parte do livro.)

CAPÍTULO 13

O artista como explorador espiritual — A arte visionária de Alex Grey

ALEX GREY

A inspiração por trás da aclamada arte visionária do pintor **Alex Grey** vem de suas próprias experiências espirituais. É raro encontrar alguém que, através da arte, possa captar o senso de estar entre as dimensões que a alma conhece nos planos espirituais.

As obras de Alex têm sido exibidas em muitos prestigiados museus e galerias de arte de todo o mundo. Ele mora em Nova York com a esposa, Allyson Grey, também pintora, e a filhinha espiritualmente precoce, Zena Lótus.

Alex agora está terminando um livro intitulado *The Mission of Art* (A Missão da Arte), que defende o ponto de vista de que a mais elevada função da arte é nos inspirar a procurar o Divino. Sinto-me extremamente honrado por Alex Grey ter concordado em colaborar com este livro, explicando sua visão da arte e compartilhando conosco alguns de seus quadros, reproduzidos neste capítulo. (As humildes reproduções, em dimensões reduzidas e em preto e branco, só podem nos dar uma pequena idéia da grandeza da arte de Alex. Por favor, consulte o Apêndice A para maiores informações sobre a obra extraordinária desse artista.)

Este capítulo foi baseado em uma entrevista com Alex Grey por telefone.

"No quadro Universal Mind Lattice *(Treliça da Mente Universal), inspirado em uma experiência mística de vidência, eu fazia parte de uma vasta, luminosa e transparente treliça de energia de amor. Era como se o véu da suposta 'realidade' tivesse sido retirado do mundo material para expor a realidade do alicerce, a armação do espírito. Vi naquilo a intrincada conexão do único e dos muitos, em um nível de percepção que era infinito e eterno. Era o campo ético da compaixão, onde todos os seres e coisas são reconhecidos como uma parte de todos nós. Aprendi que a morte não deve ser temida, porque um dia voltaremos para a profunda felicidade daquele lugar."*

— Alex Grey, em *Sacred Mirrors: The Visionary Art of Alex Grey* (Espelhos Sagrados: A Arte Visionária de Alex Grey)

A arte pode nos ajudar a ver que a vida é sagrada. Minha missão como artista é mostrar ou expressar a condição da alma na vida humana. A arte reflete os *dois* lados da vida, a luz e a sombra. Por exemplo, uma das mais famosas obras do pintor Andy Warhol, intitulada *Lata de Sopa Campbell,* representa o vazio existencial da materialista cultura moderna através de um banal ícone cultural.

Acredito que o propósito *mais elevado* da arte seja levar-nos a despertar espiritualmente. É isso o que a arte faz quando expressa o que é sagrado em uma cultura e expande nossa percepção e compreensão da vida. Em minha arte, tento unir a condição física da existência humana, os arquétipos do plano mental e a eterna presença do espírito.

Os mistérios, paradoxos e polaridades da vida sempre me fascinaram, principalmente quando encontram expressão em acontecimentos que causam profunda transformação, como o nascimento, a morte, a amamentação de um bebê, o amor por outra pessoa, nossa ligação com a natureza, com Deus e com os outros. Abordo esses temas de uma perspectiva que retrata a realidade como planos contínuos que se interpenetram, englobando o físico, o bioenergético, o emocional, o psíquico e o espiritual.

Passei vários anos em um escola de medicina estudando e desenhando a anatomia humana, de modo que, em minha pintura, as camadas dessas múltiplas realidades são construídas sobre uma base de realismo anatômico, com ossos, nervos, veias e músculos.

Também tenho tido experiências místicas, transpessoais. Tentar retratar visualmente a Realidade Maior desses acontecimentos transcendentes é sempre um desafio. O artista só pode *tentar* captar esse plano de essência espiritual, que existe *por trás* de toda a forma. Usando qualquer tipo de meio de expressão, como música, teatro, pintura, e os símbolos arquetípicos de ressonância universal, a arte pode evocar a gama completa de experiências possíveis na vida, inclusive a natureza infinita de nossas almas.

Quando eu tinha vinte e poucos anos, senti atração pela arte dramática como meio de expressão e uma maneira de tentar compreender o sentido da vida. Para dar um exemplo, uma "atuação" envolvia fazer uma peregrinação ao pólo Norte, o que era chamado de Perambulação Polar.

Como você provavelmente sabe, as linhas magnéticas da Terra convergem para os pólos Norte e Sul, criando amplos e poderosos campos magnéticos. No entanto, o que algumas pessoas *não sabem* é que esses campos estão constantemente mudando de posição, e esse efeito é chamado de Perambulação Polar. Por isso, a intervalos de alguns anos, os mapas geomagnéticos precisam ser corrigidos. Achei irônico que algo em que confiamos como indicador de rumo esteja sempre mudando. Como diz o ditado, "a única coisa permanente é a mudança".

Para localizar e chegar ao exato ponto magnético do Norte, primeiro precisei obter a permissão do governo canadense, porque aquela área está sob sua jurisdição. Depois, durante todo o tempo em que estive lá, naquela congelada tundra ártica, senti-me desorientado. Para começar, o sol nunca se punha. Além disso, aquele campo magnético era tão poderoso que a agulha de minha bússola girava sem parar. Então, diante da lente de minha câmara filmadora em funcionamento, um dia — ou seria noite? — apesar da temperatura de trinta graus negativos, tirei todas as minhas roupas e comecei a correr em círculos, meditando em movimento, nas forças eletromagnéticas do pólo Norte. Isso me induziu a um estado alterado de consciência, e houve como que uma fusão de minha identidade com o vasto campo magnético do planeta.

Aquele foi o primeiro de muitos estados extraordinários de percepção que experimentei e que transformaram minha arte e minha vida como pintor, marido, pai, filho, ser humano e alma.

Agora, no final do século vinte, estamos diante de uma estranha polaridade. Testemunhamos o assassinato em massa de milhões de pessoas. Sofremos horrivelmente com a destruição da natureza. Perdemos completamente ou profanamos as preciosas tradições das culturas do mundo. Atrocidades acumulam-se, igualando-se ao horror causado por Hitler, ao Holocausto, e ainda existem campos de extermínio. Esse lado sombrio, que como coletividade exibimos, afeta profundamente a todos, inclusive os artistas, de modo que é fácil compreender por que a arte contemporânea tem sido contaminada por uma representação sombria e niilista da realidade.

Mas, como em todas as polaridades da vida, da escuridão nasce a Luz. As sementes de uma espiritualização global, sem denominação, com base no conhecimento, estão sendo plantadas agora, no momento em que nos encontramos no limiar do novo milênio. Mais e mais pessoas estão descobrindo, através de suas próprias experiências, as verdades eternas das quais falaram os místicos e santos através de toda a história.

Agora, mais do que nunca, os artistas têm a oportunidade rara de estudar os arquétipos e as formas sagradas de arte gerados pela grande sabedoria das tradições mundiais. Acompanhando esse estudo, o artista deve integrar a sombra pessoal e coletiva à Luz da transcendência, revelando uma nova visão do Espírito Mundial. A arte pode nos enriquecer e inspirar, guiando-nos às verdades universais que dão sentido e alegria à vida.

Nas páginas seguintes você verá algumas de minhas obras, em preto e branco. Os quadros originais, a maioria a óleo, são coloridos e, em geral, de tamanho bem grande. Espero que você tenha a oportunidade de vê-los com todas as suas cores, em uma galeria de arte ou no livro *Sacred Mirrors* (Espelhos Sagrados).

"Um espírito e uma visão não são, como supõe a moderna filosofia, um vapor nebuloso, um nada. São tão organizados e detalhadamente articulados que superam tudo o que a natureza mortal e perecível pode produzir."
— William Blake, pintor e poeta (1757-1827)

(Nota do Editor: Alex Grey descreve e interpreta os seis quadros reproduzidos nas páginas que se seguem.)

CAPÍTULO 14

Níveis de consciência - do sono profundo à iluminação

SUA SANTIDADE, O DALAI LAMA DO TIBETE

Sua Santidade, o décimo quarto Dalai Lama, Tenzin Gyatso, é o guia espiritual e temporal do Tibete. Nasceu em uma pequena vila no Nordeste do Tibete, como membro de uma família de camponeses. Pela tradição tibetana, o Dalai Lama, antes de morrer, dá algumas pistas a respeito do lugar onde reencarnará, ou esse lugar é descoberto por lamas evoluídos, em profunda meditação, e esses, por sua vez, vão em busca do novo Dalai Lama. Quando o encontram, testam o menino, que deve lembrar-se de certas coisas de sua encarnação anterior, provando que é o autêntico sucessor, o próximo Dalai Lama. À idade de dois anos, o atual Dalai Lama passou nesses testes e foi reconhecido como a reencarnação do anterior.

Os tibetanos acreditam que o Dalai Lama é a encarnação de Avalokitesvara, o Buda da Compaixão. Um Buda é alguém que está no caminho da iluminação e que escolhe, por compaixão, encarnar na Terra para amar, servir e dar instrução espiritual.

Em 1950, quando tinha quinze anos, Sua Santidade assumiu o total poder político como chefe de Estado de seu país. Na época, a China já começara a invadir o Tibete, e apesar dos vários anos gastos em negociações de paz, a agressão chinesa continuou a aumentar. O Dalai Lama e mais de oitenta e sete mil tibetanos, foram forçados a fugir para a Índia, onde receberam asilo político. Desde então, milhões de tibetanos morreram, e a cultura e a linda terra do Tibete estão sendo sistematicamente destruídas.

Sua Santidade recebeu o Prêmio Nobel da Paz em 1989, por seus esforços pacíficos no sentido de acabar com as atrocidades cometidas contra os tibetanos. Ele ainda está trabalhando para restaurar os direitos humanos e recuperar a liberdade política para o povo do Tibete.

Os tibetanos referem-se ao Dalai Lama como "Kundun", que significa "A Presença". Com toda certeza havia uma presença extraordinária na sala, durante minha entrevista particular com Sua Santidade. Embora não fale inglês fluentemente, e seja mais difícil para ele responder a perguntas feitas em outro idioma que não o seu, o Dalai Lama, para me ajudar, preferiu dar as respostas em inglês. Uma força espiritual palpável emanava dele, acompanhando suas palavras simples mas profundas. A entrevista aconteceu em Los Angeles, Califórnia, em 5 de junho de 1997.

"A perfeição da iluminação é a condição búdica. Os Budas reencarnam exclusivamente para ajudar os outros, porque eles próprios já atingiram o mais alto de todos os níveis. Não reencarnam por vontade própria, pois esse ativo processo mental não existe no nirvana. Reencarnam como resultado do mesmo desejo inato de ajudar os outros que lhes permitiu alcançar a condição búdica."

— O décimo quarto Dalai Lama do Tibete

Todos os seres humanos passam por diferentes níveis e estados de consciência, embora possam não se lembrar claramente disso no estado normal e alerta de consciência. Esse fato levanta algumas questões. O que são esses diferentes níveis de consciência que estão sempre em funcionamento em nosso corpo? O que é "consciência"? Como começamos a reconhecer e identificar esses diferentes estados de consciência? De que treinamento precisamos para atingir níveis de consciência mais perceptivos?

Em primeiro lugar, quais são alguns desses níveis ou estados de consciência? Um deles é aquele a que os budistas referem-se como iluminação, um estado em completo funcionamento, em que há total percepção. Nesse estado, conhecem-se a luminosidade da Luz Brilhante e a essência da mente. Embora um ser humano não possa chegar a esse estado de percepção de modo ativo, ou ter dele uma lembrança consciente, isso não significa que a essência da mente e a Luz Brilhante não existam.

Outro estado de consciência é chamado de sono profundo. Nesse estado, há consciência, mas não sonhos.

Há também o estado de sonho. Nele acontecem os sonhos, quando a pessoa está dormindo. Outros exemplos de diferentes níveis de consciência são o desmaio, o estado de coma, e a dissolução da normal consciência desperta, quando alguém está morrendo.

Muitos diferentes níveis de consciência podem ser desenvolvidos pela meditação. Experiências místicas ocorrem na meditação, mas isso é muito difícil de conseguir sem um treinamento especial, conduzido por um mestre espiritual.

São muitos os métodos e técnicas espirituais através dos quais as pessoas podem ter essas experiências íntimas. No que se refere ao budismo original, os métodos enfatizam a importância e o valor de se reconhecer a existência da Luz Brilhante e da essência da mente.

Falando com franqueza, mesmo que a pessoa sinta-se motivada a meditar apenas por curiosidade, ela poderá conhecer um mundo interior em que talvez tenha visões do futuro ou recordações do passado longínquo. Existem certas "aparições" de luz e sons que podem ser desenvolvidas com o tempo, se a pessoa meditar de olhos fechados, em um quarto escuro. Podem aparecer muitas luzes diferentes, mas nenhuma delas será a Luz Brilhante, ou Luminosidade Pura, que é descrita nos ensinamentos tântricos do budismo. Só é possível aumentar a percepção e alcançar a iluminação através de um treinamento sério, de vários anos. Do contrário, essa Luz Brilhante será percebida apenas depois da morte.

Acho muito interessante investigar essas aparições internas, entrar nesses mundos íntimos. A exploração dos fenômenos da mente amplia nossa experiência e leva-nos a ver além das coisas externas. Conhecendo os vários estados de consciência e as atividades mentais, percebemos que de fato existem certos níveis misteriosos e místicos nos quais podemos entrar. Muitas pessoas não sabem disso, portanto não fazem sua exploração, mas seria bom que fizessem.

O budismo é uma das tradições espirituais que acreditam na continuação da mente depois da morte física e na teoria da reencarnação. Embora haja algumas diferenças entre as várias tradições, o budismo acredita que o renascimento é causado pelas forças propulsoras da mente que continua sob a influência da ignorância. Sob a influência da ignorância, o nascimento e a morte ficam fora de controle e acontecem repetidamente. Enquanto existirem os níveis mais grosseiros do corpo e da mente, haverá renascimento físico. Quando as impressões grosseiras são eliminadas e só restam o corpo e a mente sutis, não podemos mais fazer distinção entre vida, morte, ou nascimento, no sentido comum. Nesse ponto, cessam os renascimentos físicos, mas o corpo sutil e a mente sutil permanecem até atingirem o nirvana. Nirvana, ou iluminação, significa o fim do nascimento sob a influência da ignorância. Então, esse é o conceito budista! (Risos)

"Tua própria consciência, brilhante, vazia, inseparável do Grande Corpo de Esplendor, não nasce nem morre, é a Luz Imutável e Infinita."

— Padmasambhava, em *O Livro Tibetano dos Mortos*

CAPÍTULO 15

A necessidade que a alma tem de Deus

SRI DAYA MATA

Sri Daya Mata é a mais notável discípula viva de Paramahansa Yogananda. Desde 1955 Daya Mata, cujo nome significa "mãe da compaixão", tem sido líder espiritual e presidente da Self-Realization Fellowship (Irmandade da Autocompreensão), a organização religiosa internacional, sem fins lucrativos, fundada por Yogananda em 1920. Nascida e criada em um lar cristão em Salt Lake City, Estado de Utah, Daya Mata abraçou a vida monástica, como discípula de Yogananda, em 1931, quando tinha apenas dezessete anos de idade. Ela é autora de dois livros: *Finding the Joy Within You* (Encontrando a Alegria Dentro de Você) e *Only Love* (Só Amor).

No dia 9 de outubro de 1997 Sri Daya Mata concedeu-me uma entrevista de duas horas, que foi gravada em vídeo. Nunca esquecerei o inconfundível perfume do divino amor que emanava daquela grande alma. Sua humildade, alegria e poderosa presença são extraordinárias. Depois da entrevista, não precisei dormir durante dois dias.

Este capítulo apresenta trechos da entrevista e alguns pensamentos que Sri Daya Mata mais tarde compartilhou comigo.

"Que mundo vasto de amor e alegria existe na alma! Não precisamos adquiri-lo, pois ele já é nosso."

— Sri Daya Mata

Quando eu tinha mais ou menos oito anos de idade e vivia em minha cidade natal, Salt Lake City, descobri que, ficando sentada, muito quieta, com os olhos fechados, via uma linda luz formar-se no centro de minha testa. Essa luz me fascinava e me dava uma grande sensação de paz e tranqüilidade. Eu me perguntava o que seria aquela luz. Foi apenas aos dezessete anos, quando conheci Paramahansa Yogananda, que compreendi que aquilo que eu via era a luz do olho espiritual, "o olho" (Mateus 6:22) da divina percepção, através do qual podemos ver os planos mais altos da criação de Deus, a sublime luz e a beleza que existem além do plano material. É a luz que algumas pessoas vêem quando deixam o corpo no momento da morte física.

"Minha filha, esta é a morte. Está preparada para ela?"

Em seu livro *Autobiography of a Yogi* (Biografia de um Iogue), Paramahansa Yogananda fez uma descrição detalhada do reino sutil de luz e energia para o qual a alma vai após a morte. Quando você tiver um vislumbre daquele mundo mais refinado, verá que o que ele disse é absolutamente verdadeiro. É um mundo muito mais lindo e glorioso do que este. Eu tive essa experiência e sei que a morte não precisa ser temida, pois é, de fato, o portal para um plano mais alto de existência.

Um dia, muitos anos atrás, fiquei doente, de repente. Na noite anterior, eu meditara durante seis, sete horas, e isso fez com que eu passasse aquele dia num estado de beatitude que persistiu durante a crise de saúde por que passei. No hospital, fui levada às pressas para a sala de cirurgia e, embora sob anestesia geral, permaneci plenamente consciente da presença dos médicos e de tudo o que acontecia a minha volta. Por intuição, soube que haviam feito um diagnóstico errado, que meu estado era muito mais grave do que os médicos pensavam. Ouvi um deles murmurar, quando a operação começou: "Xiii". Ficou claro que ele descobrira o engano. Foi nesse momento que a sala toda iluminou-se com aquela luz maravilhosa, brilhante e cheia de paz do olho espiritual. Aos poucos, a luz expandiu-se, até que preencheu todo o espaço. Ouvi, então, o som confortador da palavra *Aum*, ou Amém, a que as escrituras referem-se como "o som de muitas águas" (Apocalipse 1:15), a vibração cósmica que cria e sustenta todas as coisas. O som abençoado de *Aum* derramou-se sobre mim.

Então, ouvi a voz doce e amorosa da Mãe Divina: "Minha filha, esta é a morte. Está preparada para ela?". "Oh, sim, Mãe", respondi sem hesitar. "Já estou vendo adiante, e o outro mundo é tão lindo, tão cheio de alegria. Vejo o mundo que deixo para trás, tão grosseiro, material, cheio de sofrimento, doenças e escuridão. Deixe-me ir embora." Ela perguntou suavemente: "Mas, e se eu lhe pedir para ficar, por Mim?". Eu disse: "Divina Mãe, minha vida é Sua, faça-se a Sua vontade". Ela, então, acalmou minha alma. Essa é única maneira de descrever o que senti. "Muito bem, minha filha, agora durma." E perdi a consciência.

Depois da cirurgia, o médico que me operara foi me ver no quarto. "Mocinha, você nos deu um susto", ele disse. "Pensamos que fosse morrer. Quando estiver se sentindo melhor, eu gostaria de conversar com você." Mais tarde ele me perguntou qual era minha crença, e eu indaguei por que queria saber. O médico, então, contou que eu ficara repetindo "meu Deus, meu Deus, Deus querido" durante toda a cirurgia, e que ele e seus colegas haviam ficado muito emocionados com isso. Não é que eu goste de falar de tais experiências sagradas, mas é que elas servem de inspiração e para lembrar que não é preciso ter medo da morte.

Claro, não é necessário morrer, nem chegar às portas da morte para que percebamos a luz íntima, ouçamos o som cósmico ou sintamos a grande paz confortadora que eles nos trazem. Mas essas coisas não acontecem apenas porque desejamos que aconteçam. É preciso que a mente e o corpo estejam quietos, e essa quietude é cultivada na meditação.

"A paz que dá toda a compreensão"

Gastamos tantas horas do dia preocupados com coisas materiais, quando, na verdade, não somos seres materiais.

Somos seres espirituais. Você e eu estamos neste corpo físico agora, mas não somos essas formas exteriores. Todos somos almas imortais, centelhas indestrutíveis do Espírito, habitando corpos temporários. É através da meditação que começamos a compreender isso, a descobrir quem realmente somos.

A meditação é uma forma de comunhão mais profunda do que a prece. Muitas vezes, quando oram, as pessoas estão pensando em coisas externas. Pedem que Deus supra alguma necessidade, que lhes dê um novo carro, ou um emprego, que ajude-as a resolver algum problema ou que abençoe alguém. Na meditação, praticada corretamente, deixamos de prestar atenção ao mundo e mergulhamos na Divina Presença. A energia e a atenção, geralmente dirigidas para fora, para atividades físicas e percepções sensoriais, são direcionadas para dentro. O corpo fica imóvel, a respiração torna-se mais lenta, e a mente interioriza-se de tal maneira, que tudo o mais, pensamentos, emoções e sensações, desaparece. Entramos num estado de grande paz, "a paz que dá toda a compreensão", como diz a escritura. Essa paz é o primeiro sinal da presença de Deus.

"Para onde estou indo, com esta minha vida?"

De modo consciente, ou não, todos nós temos uma grande necessidade de conhecer Deus. As pessoas encontram fuga nos prazeres físicos, nos prazeres sensuais, mas está sempre faltando alguma coisa em sua vida, sempre há um vazio. Apaixonam-se perdidamente por alguém, então, depois de alguns anos perguntam-se o que deu errado. Veja o número de divórcios que há hoje em dia. Veja todas as tragédias. O vazio nunca pode ser preenchido por outra pessoa. Deus é o amor, a completa satisfação, a realização que todos os seres humanos estão procurando.

Uma vez, uma mulher muito rica e famosa procurou-me e disse que era infeliz, uma pessoa atormentada, e que queria ouvir meus ensinamentos, saber mais a respeito das coisas nas quais eu acreditava. Comecei a falar-lhe de Deus, e ela revoltou-se. "Nunca mais use esse nome falando comigo!", ela exclamou. Então, não usei mais o nome de Deus e disse-lhe que era importante que ela fizesse algumas mudanças em sua vida. Um dia, perguntei-lhe se gostaria de meditar comigo, e ela disse que sim. Então, meditamos durante algum tempo e depois saímos para o ar fresco da noite. "Sabe o que eu estava dizendo por dentro?", ela perguntou. "Estava dizendo a Deus que quero amá-lo e conhecê-lo." A partir daquele dia, ela mudou. Tornou-se uma outra pessoa.

Temos de iniciar nossa busca espiritual em algum lugar. Em geral essa busca começa quando, depois de conhecer tantos desapontamentos, tanto sofrimento, dizemos: "Não suporto mais". É nesse momento que começamos a nos perguntar qual é o significado de nossa vida. E indagamos: "Para onde estou indo com esta minha vida?".

A experiência do êxtase espiritual

Há tanta pressão no mundo! Todos nós precisamos encontrar tempo para meditar, para estar a sós com Deus e sentir Sua paz, mesmo que seja por alguns minutos, todos os dias. Depois dessa comunhão com Deus, podemos voltar à agitação do mundo e dar nossa contribuição de modo mais construtivo e alegre.

Na meditação profunda recebemos alimento espiritual que não podemos receber das coisas materiais, uma paz inexprimível, bem-estar, e nos tornamos capazes de perceber a presença do Divino em tudo. Percebemos que existe um vínculo indestrutível entre nós e Aquele que nos sustenta em todos os momentos. Essas são meras palavras, mas, quando meditamos, vemos e sentimos tudo isso. Não na imaginação, mas através de uma percepção direta. Então, começamos a compreender o que realmente somos. "Sou paz. Sou alegria. Minha natureza é de amor, compaixão, altruísmo."

No mais alto nível de comunhão com Deus, o *samadhi*, ou o que os cristãos chamam de êxtase espiritual, um mundo totalmente novo abre-se a nossa frente. Vemos, de repente, que não somos pequenos seres aprisionados na concha do corpo físico. Somos algo muito maior. A consciência expande-se além dos limites do corpo, deste plano temporal. Contemplamos um mundo de alegria, de inebriante felicidade, dominado pelo imenso amor de Deus. "Oh, meu Deus, se as pessoas soubessem quem Você é!", dizemos então. "Se elas conhecessem essa alegria, pelo menos uma vez! Por que elas não conseguem ver que Você é o Amor que se expressa através de todas as formas humanas de amor?". "Eu poderia dar-lhes essa experiência em um instante, mas elas precisam querer", Deus responde. "Eu lhes dei o livre-arbítrio, não vou forçá-las. Elas devem fazer um esforço e mudar o rumo de suas vidas."

Então, como você pode ver, o desejo de conhecer Deus é o primeiro passo na direção da comunhão com Ele. Com o tempo, passamos a ter consciência da presença de Deus em todos os momentos, não apenas enquanto estamos meditando.

O papel de um mestre iluminado

Podemos falar a respeito de Deus e tentar explicar como é sentir Sua presença. Mas isso será compreendido apenas intelectualmente, e, para que uma pessoa saiba realmente o que acontece, é preciso que ela passe pela experiência. Eu posso lhe dizer que a jaca é uma fruta doce e descrever sua aparência, mas você não conseguirá saber que gosto tem. No entanto, se eu puser um bago da fruta em sua boca, você dirá: "Ah, agora eu sei!". Você experimentou a fruta, e essa é a diferença.

Durante séculos, santos e sábios de todas as grandes tradições religiosas têm descrito suas experiências com Deus. Mas ouvir seus relatos não nos permitirá conhecer o Criador. Temos de aprender a experimentar o que eles experimentaram. Em qualquer campo de atividade é sempre útil ter a orientação de alguém que seja perito no assunto. O mesmo acontece na busca espiritual. Precisamos de um guia qualificado que possa iluminar o caminho a nossa frente e levar-nos, nessa viagem da alma, de volta para Deus, porque ele já percorreu o caminho e conhece-o bem.

Todo mundo fala de Deus, mas será que alguém O ama?, eu costumava me perguntar, em minha juventude. *Por que sempre ouço as pessoas dizerem que Ele nos castiga? Por que tenho medo de que Ele esteja nos julgando? Por que acho que Ele está muito distante? Por que não posso conhecê-Lo, se sou parte desse Deus?*

Essas perguntas permaneceram sem resposta, até que conheci Paramahansa Yogananda. De pé, no fundo do auditório onde ele estava dando uma palestra, em Salt Lake City, fiquei absolutamente fascinada. Esse homem ama Deus como sempre desejei amá-Lo, pensei. Ele conhece Deus. Eu quero segui-lo.

Quando fui morar na *ashram*, a comunidade monástica que Yogananda fundara em Los Angeles, vi que ele não apenas falava de uma vida divina mas que a vivia realmente. Aquilo me impressionou de modo profundo. Eu sempre fora como Tomé, que de tudo duvidava. Tinha de ter provas, não aceitava cegamente o que os outros me diziam. Mas Paramahansa Yogananda não queria que seus discípulos apenas aceitassem suas palavras. Através da ciência da meditação que ensinava e do exemplo de sua vida santificada, ele nos mostrou que nós próprios podíamos conhecer a união de nossas almas com Deus.

O papel de um verdadeiro guru, de um mestre iluminado por Deus, é levar outras almas a alcançar a mesma consciência iluminada que ele alcançou. Muitos proclamam-se gurus, mas isso não significa que de fato sejam. Guiar almas é uma responsabilidade muito séria, que não pode ser assumida levianamente. Um verdadeiro guru foi ordenado por Deus, recebeu a incumbência de ajudar e guiar o discípulo ao longo de todo o caminho, através da vida e da morte, através de muitas vidas, se for necessário, até que a alma sob seus cuidados alcance a libertação.

Sempre fico um pouco preocupada quando vejo alguém que se julga um grande mestre. Os mestres verdadeiramente grandes nunca pensam em sua própria grandeza. Paramahansaji tinha uma maravilhosa humildade. Isso me inspirou, porque acredito que o caminho espiritual é um caminho de humildade. Todos os santos que conheci, ou sobre os quais li, possuíam essa qualidade divina. Há pessoas que se dizem humildes, mas só de dizer isso já estão mostrando egotismo. Aprendi que o verdadeiro mestre espiritual desvia de si a atenção do discípulo, dirigindo-a para Deus.

Através da história, em todas as épocas, os grandes iluminados de Deus têm vindo à Terra com a missão de despertar nossos corações para a realidade de Sua presença e Seu amor. A influência desses mestres divinos não morre com a morte de seus corpos físicos. Eles continuam a dispensar ajuda espiritual àqueles que se guiam por suas palavras e seus exemplos, esforçando-se para viver de acordo com seus ensinamentos.

Vivendo a vida divina

"Não sabeis que sois santuários de Deus, e que o Espírito de Deus habita em vós?" (I Coríntios 3:16). De fato é assim. Fazemos parte de Deus! Achamos que somos nós que estamos fazendo estes corações palpitar, que somos nós que estamos inalando oxigênio, que somos nós que estamos fazendo estes corpos funcionar. Não. É Deus que está fazendo tudo isso. Quando temos essa compreensão, nos tornamos humildes. Percebemos que é Deus quem faz, não nós, que não somos nada, mas que no entanto somos tudo, porque fomos feitos a Sua imagem, Ele nos criou. Ele nos deu o poder de pensar, de raciocinar. Ele nos deu o poder de amar. Não serviríamos para nada neste mundo se Ele não nos concedesse essas bênçãos.

Como percebemos tudo isso? Através de um processo gradual de evolução pelo qual todos nós temos de passar. Alguns resistem a esse processo, outros zombam dele, mas outros esforçam-se para mudar e melhorar. Um dia, porém, todas as almas embarcarão nessa viagem divina.

Comece onde está. Entregue-se a uma prática espiritual, seja ela qual for. Mas seja sincero e fiel. Isso é de vital importância. Siga os princípios universais que foram expostos nas escrituras, tanto nas orientais como nas ocidentais. Pergunte-se o que pode fazer pelos outros. Seja gentil, generoso, honesto, verdadeiro, altruísta, uma pessoa de bem. Esses são os princípios que nos levam a Deus.

É importante que derrubemos as barreiras do sectarismo e pratiquemos os ensinamentos verdadeiros, espirituais, dos grandes mestres. Isso é algo diferente de todos os rituais e símbolos, que não deixam de ter sua utilidade, mas devemos empreender uma busca mais profunda de Deus. Quando deixamos este mundo, o Senhor não vai dizer: "Os cristãos vem para este lado, os hindus vão para aquele, e vocês, budistas, façam uma fila aqui". Ele vai perguntar: "Como foi que vocês se comportaram, o que fizeram com suas vidas?". O importante, para Deus, é isso.

Vamos pôr em prática o que Cristo ensinou, o que Buda ensinou, o que Krishna ensinou: o amor a Deus e a todos os seres, pois Ele está em tudo. Precisamos espalhar a Luz de Deus, proclamar que Seu amor é universal, através de nosso exemplo, pelo modo como vivemos. Sim, há trevas no mundo. O bem e o mal, a luz e as trevas estão empenhados num feroz cabo-de-guerra. Mas o bem vencerá. A luz vencerá. Deus nunca permitiria que o mundo que Ele criou fosse dominado pelo mal. A força de Sua bondade e de Seu amor é maior. O Amor Divino é a força mais poderosa do universo.

Um pouco antes de deixar o corpo físico, Paramahansa Yogananda disse-me algo que nunca esquecerei: "Esteja mergulhada dia e noite no amor de Deus, e dê esse amor a todos".

"Faça amizade com seu verdadeiro Eu, a alma, no santuário da meditação diária. E, depois da profunda comunhão com Deus, no abrigo da paz, ofereça divina amizade e boa vontade a todos."

— Paramahansa Yogananda

CAPÍTULO 16

Conhecendo a alma através da meditação

SANT RAJINDER SINGH

Sant Rajinder Singh é mestre espiritual e de meditação conhecido internacionalmente. Ele oferece gratuitamente orientação espiritual e seminários sobre meditação a pessoas que desejam conhecer a própria alma, vivendo no mundo de forma equilibrada. É chefe da Science of Spirituality (Ciência da Espiritualidade), uma organização sem fins lucrativos, dedicada a promover a união humana através do cultivo da paz interior e exterior.

O método de meditação ensinado por Sant Rajinder Singh tem sido endossado por líderes cívicos, educacionais, religiosos e espirituais de todo o mundo, e ele recebeu numerosos prêmios, tributos e títulos honorários por seu caridoso trabalho. As publicações desse mestre, presidente da 16th International Human Unity Conference (Décima Sexta Conferência Internacional da Unidade Humana) foram traduzidas para cinqüenta idiomas. Tive a honra de me encontrar diversas vezes com Sant Rajinder Singh e não encontro palavras adequadas para descrever a poderosa presença espiritual que é sentida em sua companhia. Ele reside em Naperville, Illinois, e em Nova Délhi, na Índia. Este capítulo foi extraído de seu livro *Inner and Outer Peace Through Meditation* (Paz Interior e Exterior Através da Meditação).

"Não precisamos esperar pela morte física ou por um acidente que provoque uma experiência de quase-morte para viajar para os planos dentro de nós. Através de um método científico de meditação podemos aprender a ir e vir a nossa vontade, passando por essa porta interior. Todos aqueles que tiveram uma experiência de quase-morte descrevem um mundo de Luz. Devemos lembrar que essas pessoas apenas chegaram à entrada do mundo espiritual e foram mandadas de volta para o corpo para continuar na vida. Mas aqueles que meditam podem cruzar a porta e explorar um pouco mais as regiões interiores. A Luz que as pessoas descrevem é simplesmente o começo. Continuando a exploração, encontramos regiões de Luz ainda mais fulgurante e etérea."
— Sant Rajinder Singh

Há pessoas para quem a experiência de quase-morte foi resultado de um acidente. Outras têm uma visão de outros mundos, no período que antecede a morte. Saber que existe vida depois da morte dá a todas elas uma sensação de paz. Aumentam cada vez mais as investigações a respeito desse fenômeno. Essas experiências extracorpóreas podem ser novas para a comunidade científica, mas encontramos referências a elas na vida dos grandes santos e místicos, que falaram de suas curtas permanências no além, de seus vôos para regiões espirituais, onde só há felicidade, amor e beleza.

Quem fizer um estudo comparativo verá que existem relatos dessas experiências nas escrituras e tradições de várias religiões. Os fundadores de algumas religiões e seitas falaram de suas viagens a um outro mundo, e encontramos referências à vida após a morte e à grande Luz em livros sagrados. A Bíblia fala do portão de entrada do além:

"Entrai pela porta estreita... Porque estreita é a porta, e apertado o caminho que conduz para a vida, e são poucos os que o encontram." (Mateus 7:13-14)

O *Gayatri,* décimo mantra da décima sexta sutra da terceira mandala do Rig Veda diz:

"Emitindo o som sagrado 'Aum', sobe acima da três regiões
E concentra tua atenção no Sol Todo-Absorvente que lá existe.
Aceitando sua influência, deixa-te absorver pelo Sol,
E ele, a sua própria semelhança, fará de ti um ser todo-luminoso."

Guru Nanak escreveu no *Jap Ji*:

"Sach Khand, ou o Reino da Verdade,
É o assento do Sem Forma,
Aqui ele gera toda a criação, rejubilando-se com isso.
Aqui há muitas regiões, sistemas celestiais e universos,
E contá-los seria contar o incontável.
Aqui, fora do Sem Forma,
Os planaltos celestiais e tudo o mais tomam forma,
Destinados a mover-se de acordo com Sua Vontade.
Quem for abençoado com essa visão,
Rejubila-se em sua contemplação.
Mas, oh, Nanak, tão grande é essa beleza, que tentar descrevê-la
É tentar o impossível.
(Jap Ji, Verso XXXVIII)

Antigamente, qualquer estudo ou discussão sobre a vida depois da morte era limitado aos domínios da religião. Ninguém tocava nesse assunto nas escolas, na imprensa, nem mesmo nos hospitais. As pessoas que tinham alguma experiência espiritual calavam-se a respeito, com medo que dissessem que elas estavam tendo alucinações, que eram doentes mentais. Mas quando médicos e cientistas começaram a procurar casos de experiências de quase-morte e a documentá-los, descobriram que elas estavam acontecendo com um esmagador número de pessoas. Não era mais possível negar a evidência. Avaliações de personalidade revelaram que as pessoas que tinham tais experiências eram normais e confiáveis. E as investigações dos casos mostraram espantosas semelhanças entre as experiências dos indivíduos das mais variadas raças, religiões e classes sociais.

Pessoas de diferentes religiões e países, que nunca tinham ouvido falar de experiências de quase-morte, estavam descrevendo os mesmos acontecimentos. Hoje, essas experiências têm recebido considerável atenção da mídia e tornaram-se um popular assunto de conversa nos círculos médicos. Isso abriu nossa mente para novas dimensões que existem paralelamente ao nosso mundo físico.

Podemos ver a Luz Interior sem passar por uma experiência de quase-morte?

Esse crescente interesse por experiências de quase-morte trouxe a necessidade de outro estudo. As pessoas estão começando a imaginar se é possível alguém alcançar os planos do além sem passar por uma experiência de quase-morte. Se esses mundos de Luz são paralelos ao nosso, se as pessoas estão continuamente entrando neles, através de acidentes quase fatais, por que não seria possível entrar em outras circunstâncias?

Essa pergunta pode ser nova para os cientistas modernos, mas é antiga para muitos orientais, para pensadores do movimento da Nova Era, ou para os que praticam ioga ou meditação. Na verdade, ter experiências com o além é um dos principais propósitos de quem pratica a meditação, um meio fácil e natural de fazer com que a pessoa eleve-se acima do próprio corpo. Estudiosos dessa ciência conseguem entrar em contato com a Luz interior, que não existe apenas para aqueles que passam pelo portal da morte, mas também para todos nós, que podemos encontrá-la ainda durante a vida.

A Luz interior, que é uma das principais características de uma experiência de quase-morte, também aparece repetidamente nos relatos das pessoas que elevam-se acima do corpo através da meditação. Místicos e santos de várias religiões fazem numerosas referências à Luz interior. Na Bíblia encontramos descrições da Luz Divina e dos planos celestiais. Cristo disse: "Se tu tens o olho, teu corpo todo se encherá de Luz" (Mateus 6:22).

Sant Kirpal Singh (1894-1974), grande santo e mestre de meditação, também se refere à Luz e ao Som interiores.

"O aspirante (espiritual) vê a Luz verdadeira dentro de si, enquanto normalmente o olho interior está coberto por um espesso véu de escuridão. Ele, então, compreende que as velas acesas nas igrejas e templos são para nos lembrar da divina Luz do Céu que existe dentro de nós. A Luz ganha o brilho de muitos sóis reunidos, enquanto o aspirante avança em seu caminho. Ele compreende que o Som incessante em seu íntimo é o Vínculo Divino, que Cristo chamou de 'Verbo'; que no Alcorão é 'Kalma'; nos Vedas, 'Nida-I-Asmani'; nos Upanishads, 'Udigit', a que Zoroastro se referiu como 'Sraosha', e que santos e mestres chamam de 'Naam' e Shabd'."

Foi na Índia, no século quinze, que grandes santos, como Kabir Sahib e Guru Nanak, começaram a ensinar a prática da meditação como ciência. Eles explicavam que a arte de elevar-se acima do corpo para conhecer o além podia ser dominada por qualquer pessoa, fosse qual fosse sua religião. Assim, ensinavam o método tanto a hindus como a muçulmanos. Essa tradição foi levada adiante e, desde aquele tempo, o método da meditação pode ser aprendido por pessoas de todas as religiões, nacionalidades e estilos de vida.

Através dessa técnica, podemos entrar nas regiões espirituais e encontrar paz e felicidade, podemos ver a Luz interior naturalmente, sem que seja preciso passarmos por uma experiência de quase-morte. Trata-se de um processo que pode ser executado diariamente, no conforto do lar. São muitos os que vêem a Luz interior regularmente e que, mergulhando nela, saem do corpo físico e exploram o além, onde conhecem o amor e a paz descritos por aqueles que tiveram uma experiência de quase-morte.

Todas as pessoas que tiveram uma experiência de quase-morte descrevem um mundo de Luz. Devemos lembrar que essas pessoas apenas chegaram à entrada do mundo espiritual e foram mandadas de volta para o corpo para continuar na vida. Mas aqueles que meditam podem cruzar a porta e explorar um pouco mais as regiões interiores. A Luz que as pessoas descrevem é simplesmente o começo. Continuando a exploração, encontramos regiões de Luz ainda mais fulgurante e etérea. Aqui no mundo não poderíamos imaginar uma luz mais brilhante que a do sol. Mas os que voltaram da morte clínica falam de uma Luz que, apesar de muito mais brilhante, não fere os olhos. No entanto, há regiões de Luz ainda mais esplendorosa do que a descrita por todos os que tiveram uma experiência de quase-morte.

Regiões interiores

Exploradores dos planos interiores, tais como o grande Santo Kabir e Soami Ji Maharaj, descreveram uma série de regiões interiores, em que a Luz varia de intensidade. Também falaram da Música celestial interior. Quando essa corrente de Luz e Som fluiu de Deus, criou planos diferentes. Há a região de Sach Khand, puramente espiritual. Depois, há o plano supracausal, em que predomina o espírito, mas no qual existe um fino véu de ilusão. Em seguida vem o plano no qual há partes iguais de espírito e matéria, conhecido como causal. O plano astral contém mais matéria do que o causal, e o físico, onde vivemos, é formado predominantemente por matéria e bem menos espírito. Assim, a densidade da matéria aumentava à medida que a corrente fluía para mais longe de Deus.

A maioria das religiões ensina que temos uma alma que sobrevive à morte do corpo físico. Quando o corpo morre, a alma parte. Também aceitamos que a alma é feita de uma substância etérea, não da matéria da qual é formada nosso corpo físico. Muitos daqueles que tiveram uma experiência de quase-morte descrevem a si mesmos como corpos de Luz e dizem que viram outros seres luminosos. É por isso que as pessoas no corpo físico não podem vê-los flutuando acima de suas camas hospitalares e observando os médicos que tentam ressuscitá-las.

Os cientistas começaram a indagar se esse corpo de Luz que sobe acima do mundo é a alma. Mas que o chamem de alma, ou não, isso é irrelevante. O fato é que esse corpo é feito de substância espiritual. Místicos e santos pregam que a alma é feita da mesma essência espiritual de Deus. A corrente de Luz e Som que flui de Deus também é feita dessa essência. E o processo da meditação conecta nossa alma a essa corrente, permitindo-nos viajar para fora do corpo físico. Quando conseguimos levar nossa atenção, ou alma, ao ponto em que acontece sua conexão com a corrente de Luz e Som, ela, fundindo-se à corrente, viaja para planos espirituais mais altos.

Até essa recente explosão de interesse pelas experiências de quase-morte, eram poucos aqueles que viam a si mesmos como almas. Estamos tão fortemente identificados com o corpo e a mente que esquecemos nossa verdadeira essência. A alma é da mesma essência de Deus. Deus é amor, alegria e paz, e nossa verdadeira natureza também é de amor, alegria e paz. Se pudermos nos identificar com nossa alma, seremos capazes de conhecer a Luz e o Amor divinos que estão em nosso interior. Também reconheceremos nossa imortalidade. A morte do corpo não mais nos causará medo, porque veremos durante a vida física o que existe além dela.

Visitando regiões interiores através da meditação

Santos e místicos que aprenderam essas verdades estão compartilhando seu conhecimento com a humanidade. Eles nos ensinam o método pelo qual podemos entrar em contato com nossa Luz interior. Esse método é chamado de meditação sobre a Corrente de Luz e Som. A mesma Divina correnteza que flui de Deus, retorna para Ele. Entrar nessa correnteza é como tomar uma estrada de volta para o Senhor. O ponto de entrada está dentro de cada um de nós. Os santos nos ensinam a fazer a conexão com essa estrada, de modo que possamos iniciar a viagem de volta para nosso Criador.

O ponto de conexão, chamado de sexto chakra ou décima porta, fica entre e atrás das duas sobrancelhas. Os grandes santos enfatizam a importância da concentração nesse chakra porque sabem que nosso tempo de vida é curto. Temos apenas sessenta, setenta, cem anos para compreender Deus. Por isso os santos exortam-nos a começar nossa concentração no ponto de conexão mais alto, a fim de que possamos alcançar nossa meta mais depressa.

Começada a viagem na Divina Corrente, vamos primeiro para o plano astral e vemos uma região de beleza, felicidade e Luz, e a alegria que sentimos supera qualquer outra que possamos conhecer no corpo físico. Todo nosso ser inunda-se de júbilo.

Em seguida, viajamos para o plano causal. A felicidade torna-se cada vez mais embriagante, à medida que passamos pelas sucessivas regiões superiores. Deixando para trás o plano causal, entramos no supracausal e descobrimos que somos almas. "*Sohang*!", gritamos, o que quer dizer "Eu sou Isso". Por fim, alcançamos a região puramente espiritual de Sach Khand, onde todos os véus das ilusões da matéria são retirados. Ali somos pura alma, pura Luz, pura consciência. Ali nos fundimos em nosso Senhor. A gota de água torna-se parte do oceano de bem-aventurança.

Nessa fusão não perdemos nossa identidade. Ao contrário, temos plena consciência do que somos. Ganhamos toda a Luz, todo o amor, todo o conhecimento, toda a felicidade que é Deus.

Nossa alma não pode entrar nos reinos espirituais até que se livre de todas as impurezas. É uma lei muito simples. Se nossa mente estiver maculada por pensamentos negativos, não conseguimos ficar imóveis para meditar. E, a menos que meditemos com total concentração, não seremos capazes de levar a alma até o ponto onde ela pode embarcar na corrente de Luz e Som e viajar para os planos mais altos. É por isso que os místicos e santos de todas as épocas têm falado tanto da necessidade de levarmos uma vida limpa. O desenvolvimento das virtudes restaura nossa alma, deixando-a em seu estado original, quando ainda estava no seio de Deus. Esse estado é o de puro espírito, puro amor, pura consciência.

Todos nós temos de enfrentar a morte física, mas aqueles que conseguem elevar-se acima do corpo material sabem que a morte não existe. Morrer é simplesmente trocar o pesado corpo físico por outro, mais leve e etéreo. É como tirar um espesso sobretudo, revelando o traje de tecido fino que usamos por baixo. Conhecendo o que existe depois desta vida, tornamo-nos uma fonte de força e consolo para os que nos rodeiam. Podemos falar com segurança que morrer nada mais é do que trocar uma forma de existência por outra.

Transformação através da viagem interior

Quando meditamos e entramos em contato com a fonte de amor dentro de nós, começamos a radiar esse amor na direção dos outros. Temos lido a respeito da incrível transformação por que passam as pessoas que têm uma experiência de quase-morte. Seu breve contato com o Ser de Luz, a revisão que fazem de suas vidas, levam-nas a compreender com clareza o que é realmente importante. Elas percebem que não podem levar na bagagem nada que pertença ao mundo físico. A única coisa que levam é a alma, onde estão registrados todos os seus pensamentos, palavras e ações. Compreendem, então, como é importante amar e ajudar os semelhantes neste mundo, pois é isso que conta no mundo espiritual. Descobrem que as pequenas coisas da vida, que causam estresse e tensão, perdem a importância, porque vêem que o mundo físico não é uma realidade, mas uma ilusão, que seu verdadeiro ser não é o corpo, mas a alma. Dessa maneira, corrigem seu modo de viver, quando retornam, pois ganharam a compreensão de que existe um grande propósito na vida, e que esse propósito é conhecer Deus e saber quem verdadeiramente somos. Vêem o valor do amor no relacionamento com os outros e do serviço à humanidade. Começam a importar-se com as outras pessoas, tentando dar-lhes alegria.

Passamos pela mesma transformação na meditação. O amor começa a emanar de nós para toda a humanidade. Permanecendo em constante contato com o amor e a Luz interiores, começamos a emiti-los para todas as pessoas que encontramos. Começamos a amar todos os que nos rodeiam, e nossa presença dá-lhes grande paz e conforto. Tornamo-nos gentis e amorosos com todas as criaturas, inclusive os animais e as espécies mais inferiores de vida. Assim como nunca agiríamos com violência contra alguém de nossa família, deixamos de ser violentos com os outros membros da grande família de Deus. E amamos todos eles. Assim nos transformamos num receptáculo de todas as virtudes.

Se cada um de nós aprendesse a arte da meditação, este mundo seria cheio de paz e bondade. Guerras e todos os tipos de conflito acabariam. Manteríamos paz e felicidade dentro de nós e as irradiaríamos a todos e tudo o que nos cerca. Não teríamos apenas a paz interior, mas também a exterior.

"Somos gotas da mesma fonte de beleza divina,
Somos ondas no grande rio do amor.

Somos flores diferentes no jardim do Senhor,
Reunidas no mesmo vale de Luz.

Nós, que habitamos a Terra, pertencemos a uma só humanidade,
Há apenas um Deus, e todos nós somos Seus filhos."

— Trecho do poema *The Cry of the Soul* (O Grito da Alma), encontrado no livro *Love at Every Step — My Concept of Poetry* (Amor a Cada Passo — Meu Conceito de Poesia), de Sant Darshan Singh

SEXTA PARTE

Preparando a Alma Para uma Passagem Tranqüila

INTRODUÇÃO

Por que precisamos nos preparar para a morte?

O momento exato da irreversível morte biológica leva menos de um segundo. No entanto, grandes filósofos e pessoas espiritualmente sábias sempre disseram que o *preparo* para a essa universal experiência humana *leva uma vida inteira*. Muitos acham bastante bizarra a idéia de que alguém possa desejar esse tipo de preparo. A maioria das pessoas não gosta nem de *pensar* na morte, muito menos da idéia de *preparar-se* para ela. O sistema psicológico de defesa de nosso ser mantém uma fachada de ilusória segurança que nos protege da percepção consciente de que a morte virá num tempo indeterminado do futuro.

No entanto, é tremendamente valioso que aprendamos a nos abrir de tal maneira para a vida, que os aspectos mais difíceis do processo da morte transformem-se em uma oportunidade de profunda cura interior. Começar a aceitar a própria morte é um dos mais fortes catalisadores para o crescimento espiritual e a transformação íntima que temos a nosso dispor.

Como quase todos nós não sabemos quando e como morreremos, o plano de vida mais sábio é *começar agora* a cultivar padrões de estilo de vida, atitudes mentais e habilidades específicas que nos servirão na hora de nossa necessidade, *antes* que o corpo e a mente sofram uma diminuição de seus poderes e *antes* que algum sintoma físico debilitante torne extremamente difícil para nós permanecer presentes e conscientes através do processo da morte.

Nessa viagem de toda uma vida, preparando-nos para morrer, não pedimos a morte morbidamente, nem apressamos sua vinda. Não é essa a finalidade. O preparo para a morte não é um ensaio geral escapista. Também não é um meio psicológico de nos iludirmos, através do qual ficamos dizendo como será maravilhosa nossa vida após a morte, no Outro Lado. Tendo trabalhado como assistente social junto de centenas de pacientes terminais, posso lhes dizer que a morte, para a maioria das pessoas, é uma experiência difícil. Mas *pode* ser uma experiência bonita e enriquecedora, apesar do sofrimento que geralmente a acompanha, *se* estivermos preparados fisicamente, emocionalmente, cognitivamente e espiritualmente.

O medo da morte

Nesse assunto de morte, há um grande paradoxo: para vivermos de modo pleno, temos de compreender a morte e, principalmente, o medo que sentimos dela. Nosso medo mais básico está enraizado no instinto de conservação do corpo. Como mecanismo protetor que aumenta nossas chances de morrer *mais tarde*, em vez de *mais cedo*, leva-nos a reagir de modo apropriado a um barulho muito alto, por exemplo, além de manter intatos outros instintos protetores. No entanto, no que ser refere aos aspectos de nós mesmos que *transcendem* nossa herança biológica, o medo da morte, quando analisado, *não está* baseado apenas na programação de nosso sistema nervoso, que nos manda lutar ou fugir. O medo da morte, em grande parte, é *adquirido* através da programação criada pelos pais e pela sociedade. Esse medo adquirido é composto de uma verdadeira constelação de convicções interiorizadas profundamente, que na maioria das vezes não dão apoio à livre expressão da vida, nem nos ajudam a aceitar nossa inegável mortalidade física. Nossas convicções a respeito da morte, conscientes ou inconscientes, fazem parte de nosso "roteiro íntimo", que influencia de modo profundo a maneira como vemos nossa vida, como pensamos, falamos e agimos *durante todo nosso tempo neste planeta. Até que nossas ques-*

tões a respeito da morte sejam examinadas e resolvidas, elas certamente ainda existirão, quando a morte bater à nossa porta.

O que é que as pessoas mais temem, no que se refere à morte? De modo geral, elas têm medo da dor física na hora da morte, do "desconhecido", de não mais existir sob forma nenhuma, de separar-se para sempre de seus entes queridos. Também têm medo do inferno, na maioria das vezes imaginado como um abismo de fogo e enxofre, uma idéia inculcada pela educação religiosa que receberam na infância.

A magnitude de nosso desconforto em relação à morte está em proporção direta ao tanto que fomos afetados por pelo menos três importantes fatores: 1) até que ponto fomos expostos à visão negativa que a sociedade moderna tem da morte, e como fomos marcados por ela; 2) falta de informação a respeito dos processos fisiológico, psicológico e espiritual que ocorrem na morte; 3) ignorância quanto às provas científicas e depoimentos inspiradores que defendem a definição de que a morte é uma transição para outra realidade, não o fim da vida.

Como podemos escapar desse beco sem saída em que o medo da morte nos encurralou? Alguns responderiam que o caminho para a saída é o caminho para dentro, que literalmente descobrimos algo dentro de nós cuja existência não depende do cérebro físico, nem do corpo ou da personalidade. Esse "algo" é o conhecimento direto de nossa alma. Ensinamentos sábios, de tempos imemoriais, aconselham-nos a ir para dentro, a fim de que possamos descobrir as riquezas da alma. Sócrates sintetizou isso quando disse: "Conhece-te a ti mesmo". Enquanto acharmos que somos nossos corpos, não que temos corpos, nosso destino estará selado, no sentido de que o medo da morte será uma profecia nossa, que nós mesmos cumpriremos.

Como resultado de minhas visitas a casas de doentes terminais, notei que as pessoas que estão morrendo e acreditam na vida depois da morte sentem-se muito mais em paz do que aquelas que não acreditam. No entanto, tenho observado que mesmo as que acreditam ainda têm medo de morrer, porque a mera crença na vida após a morte não torna o processo da partida mais fácil ou menos doloroso.

Por outro lado, faltam-me palavras para falar da diferença de comportamento, principalmente no que se refere à ausência de medo daqueles que tiveram algum tipo de experiência espiritual. Essas pessoa sabem, não apenas acreditam, que a vida continua depois da morte. Sabem, como disse o poeta Rabindranath Tagore, que "a morte não extingue a luz, apenas apaga a lâmpada porque surgiu a alvorada". Esse conhecimento transforma profundamente seu modo de ver a vida e a morte.

Libertos do medo da morte

> *"Não há morte, apenas uma troca de mundos."*
> — Chefe Seattle

Quando sabemos, através de experiência própria, que o Círculo da Vida não é rompido no momento da morte física, ficamos libertos do medo subliminar que insidiosamente tem tirado a energia vital de nossas vidas.

Libertos agora, do medo da morte, compreenderemos cada vez mais claramente o amor transcendente e eterno da alma e de Deus.

Libertos agora, do medo da morte, veremos além e através da prisão do passado sombrio que nos cegava a percepção.

Libertos agora, do medo da morte, descobriremos dentro de nós uma fonte inesgotável de misericórdia e seremos capazes verdadeiramente de perdoar os outros e a nós mesmos.

Libertos agora, do medo da morte, teremos coragem não apenas de morrer mas de, pela primeira vez, viver realmente.

CAPÍTULO 17

A fronteira final: do espaço exterior pata o interior

DR. EDGAR D. MITCHELL

O dr. Edgar D. Mitchell foi a sexta pessoa a pisar na Lua, durante a histórica missão da *Apollo 14*. Fez seu curso de doutorado no Massachusetts Institute of Technology, foi piloto de provas de muitas aeronaves experimentais e fundou o prestigiado Institute of Noetic Sciences (Instituto de Ciências Mentais). Seu último livro, *The Way of the Explorer* (O Caminho do Explorador), fez grande sucesso.

Enquanto esteve a bordo da *Apollo 14*, o astronauta Mitchell conduziu uma experiência não oficial (não planejada pela NASA), na qual conseguiu comunicar-se telepaticamente com vários humanos na Terra. Este capítulo é baseado em uma entrevista gravada em vídeo que foi concedida em Chicago, Illinois.

"A consciência do homem tem uma 'natureza elástica' que lhe permite ultrapassar os limites comuns do espaço e do tempo, e isso sugere que o mundo material tem um outro aspecto, mais informativo e efêmero."

— Dr. Edgar Mitchell

Minha vida tem sido a de um explorador. Fui piloto de provas, combatente na Marinha e astronauta. Além disso tudo, interessei-me pela exploração de planos desconhecidos, e isso é o que mais me entusiasma.

Muito cedo, em minha carreira de piloto de guerra, vi-me face a face com a morte. Tenho visto amigos morrer, e eu próprio já estive perto da morte em muitas ocasiões. Como resultado, decidi que era necessário encarar a morte e enfrentá-la. À medida que vou ficando mais velho, tanto meu lado que pensa como o que sente vão cada vez mais concordando em que a morte é uma transição para um modo de existência que é tão normal quanto a existência que conhecemos no corpo e no universo físicos. Tenho o mesmo ponto de vista tibetano, no que diz respeito a acreditar que uma essência de nossa experiência de vida pode ser transferida para outro ser após a morte.

Como astronauta, tenho visto o universo que existe além deste pequeno domínio que chamamos de planeta Terra. Quando entramos no domínio mais amplo do espaço exterior, podemos passar de humano terrestre a cidadão do universo. Minha experiência no espaço ajudou-me a compreender que o universo material é simplesmente um modelo maior de nosso corpo físico.

Durante a vida podemos experimentar a bem-aventurada sensação de que estamos ligados a tudo o que existe no universo, tanto individualmente como coletivamente, e de que nos fundimos a um senso de ser mais amplo, que engloba tudo isso. Se eu tentasse explicar esse senso de ser mais amplo, diria que o ser que sinto que sou, neste corpo físico, é apenas uma partícula do ser que chamamos de divindade.

Nesse universo maior, a experiência interior do ser expande-se em um senso de união e inteireza, magnífico e cheio de alegria. É a percepção do ser em uma escala muito maior, mais grandiosa. Todas essas experiências resultaram em que não tenho medo da morte. Isso, porém, não quer dizer que eu esteja esperando ansiosamente na fila, querendo deixar este mundo antes da hora!

Encarar a morte também alimentou meu interesse pela pesquisa científica que visa descobrir a natureza da realidade. As provas para o que pode ser chamado de modelo quântico holográfico do universo estão se acumulando. Estou diretamente envolvido no processo de validação e de maior compreensão desse modelo científico, conduzindo experiências laboratoriais e usando aparelhos bastante sofisticados, como máquinas de ressonância magnética. Falo dessa pesquisa em meu livro *The Way of the Explorer* (O Caminho do Explorador).

Em todos os papéis que tenho desempenhado na vida, nas muitas coisas que tenho feito, algo que tive de ultrapassar foi a invisível fronteira do medo dentro de mim. Quando esse medo aparecia, eu me sentia encolhido, condensado e amarrado. Foi só quando ultrapassei essa fronteira que de repente descobri que não havia nada a temer, que meu medo era resultado de meu próprio pensamento. Olhei para trás e foi como ver uma sombra desaparecer. Acredito firmemente que o medo que sentimos da morte funciona desse mesmo jeito.

Algumas pessoas temem a dor da morte, mas uma coisa é certa: todas as dores que sentimos aqui são experiências do corpo. Quando nos afastamos da natureza física desse corpo, a dor se vai.

Sejam quais forem a profissão e o estilo de vida que tenhamos tido até agora, ainda podemos nos tornar exploradores. Um dia, quando morrermos, *todos* nós vamos ter de explorar os planos do além. E aqueles que vislumbraram esses planos asseguram que é uma aventura maravilhosa. São lugares tanto de excitação como de paz, embora não consigamos compreender isso completamente quando estamos em nosso estado normal de consciência.

Eu sei que, quando estive no espaço, a despeito dos riscos e dos aspectos ignorados, tinha fé, confiança e entusiasmo em relação à descoberta do desconhecido. Apesar de que eu nunca tinha feito aquilo, *fiz*, e minha natural apreensão foi vencida pela grande excitação da descoberta. Percebi que estava sendo liberto da pressão e do confinamento inerentes à vida neste planeta. Conheci a liberdade da queda livre, livre da gravidade, o espaço além dos limites da Terra, a liberdade sem barreiras, pressão, estresse ou dor. Deixar o corpo na morte é muito semelhante a deixar a Terra num vôo espacial.

Assim, a experiência pessoal e a compreensão dos depoimentos daqueles que fizeram a viagem podem transformar o medo no entusiasmo de um explorador que é capaz de olhar para mais adiante e ver o que existe lá.

"Podemos facilmente perdoar uma criança por ter medo do escuro. A verdadeira tragédia da vida é os homens terem medo da luz."
— Platão

CAPÍTULO 18

"Estar" no momento

RAM DASS

Ram Dass, também conhecido como dr. Richard Alpert, tem incentivado milhões de ocidentais a adotar algum tipo de prática espiritual usando sua rara habilidade de falar sobre os caminhos espirituais do Oriente e do Ocidente de uma maneira perfeitamente compreensível e divertida. Ex-professor da Harvard, famoso educador e palestrante, é o autor de *Be Here Now, Grist for the Mill* (Esteja Aqui Agora, Água para o Moinho), *How Can I Help?* (Como Posso Ajudar?) e *Miracle of Love* (Milagre de Amor). Este capítulo é baseado em trechos de uma entrevista gravada em vídeo, em San Anselmo, Califórnia.

"A morte pode ser usada como um meio poderoso de despertar a consciência, pois quando fazemos a transição para outras dimensões, ao morrer, as portas entre elas parecem mais abertas. Isso não significa que essas portas estejam fechadas em outros momentos, mas apenas que, na hora da morte, há uma passagem natural para estados expandidos de consciência que não são comuns durante a vida."

— Ram Dass

Meu despertar espiritual

Consegui meu título de doutor na universidade Stanford e fui lecionar ciências sociais na Harvard. Naquele tempo eu era um fervoroso behaviorista e materialista. A partir de 1961, porém, usando drogas psicodélicas, que na época não eram ilegais, meditação e outras práticas espirituais, tive muitas experiências íntimas que me desvendaram níveis de realidade mais profundos do que aqueles de que falavam os modelos da psicologia ocidental que eu apresentava a meus alunos na Harvard. Fui capaz de me unir, de dentro para fora, com outra parte de meu ser, uma parte que transcende o nível do corpo, da mente pensante e da personalidade.

A compreensão que tenho da consciência e de sua continuidade após a morte veio através de experiências com várias práticas espirituais que adotei há mais de trinta anos. Minha consciência conhece outros planos de realidade. Tenho tido experiências nas quais minha consciência sai de meu corpo e fica olhando-o de cima. No início foi assustador, mas depois de algum tempo eu me acostumei, e agora me sinto muito à vontade quando isso acontece.

Para compreender melhor essas experiências, li muitos livros sobre misticismo, e todas as tradições religiosas que estudei confirmaram sua legitimidade. Descobri que não estava sozinho nessa viagem em busca da verdade interior.

Percepção e a mente pensante

A idéia de que nossa mente pensante não é o principal veículo de nossa percepção pode parecer estranha para muita gente. Afinal, a maioria de nós já ouviu ou leu a famosa frase de Descartes, "penso, logo existo". No entanto, em determinado momento, descobrimos que essa "existência" de percepção é diferente do pensamento. A percepção *precede* todo o pensamento, de modo que a mente pensante não é sua fonte. A percepção funciona *através* da mente pensante.

A percepção é como uma lanterna, que lança seu facho de luz sobre *outras* coisas, como um livro, uma cadeira, e assim por diante, não sobre si mesma. Mas quando a lanterna da percepção lança luz sobre si mesma, tornamo-nos conscientes de nossa existência. Vendo a nós mesmos como a luz da lanterna e não como o objeto que ela ilumina, nossa percepção desenvolve-se em uma consciência que é fundamental e independente, tanto do corpo como da mente pensante. E quando nos libertamos da ilusão de que *somos* essas formas materiais, também nos libertamos do ciclo de nascimentos e mortes da reencarnação.

A mente pensante é apenas um dos modos de percepção que temos. Não tomamos bastante conhecimento do fato de que entramos e saímos de diversos estados de consciência, muitas vezes, todos os dias, durante toda a vida. Por exemplo, isso acontece quando nossa atenção "vagueia" num tipo de momentâneo lapso de foco, ou quando nos entregamos a devaneios, ou quando sonhamos, à noite. Muitos de nós tratam esses estados de consciência como irrelevantes, irreais e, de certa maneira, "errados", porque não contribuem para manter o senso de que somos alguém que funciona de modo eficiente.

Acho que a principal razão pela qual as pessoas temem tanto o mal de Alzheimer é que elas acham que são a mente pensante e nada mais. Uma mulher teve um derrame e perdeu a capacidade de comunicar-se, mas com o tempo recuperou-se o bastante para poder falar. Ela, então, me disse: "Fiquei incapaz de falar ou escrever, mas, embora não pudesse me comunicar, *eu* ainda estava lá".

Morrer é absolutamente seguro

Uma história antiga ilustra bem uma outra atitude em relação ao "eu", mostrando que podemos nos identificar não com a mente pensante, mas com aquela parte *do que somos* que não morre nunca. Há uma história sobre um exército que invadiu um país da Ásia e estava devastando-o, massacrando o povo e estripando monges budistas, causando-lhes uma morte horrível. Um general particularmente cruel pediu a seu assistente que fizesse um relatório a respeito do progresso da campanha.

— Todos têm medo do senhor e estão se rendendo para não morrer — o assistente informou. E os monges fugiram para as montanhas.

O general fez um gesto de aprovação, mostrando-se satisfeito. O assistente, então, prosseguiu:

— Um monge, porém, não fugiu. Recusa-se a deixar o templo.

Furioso, porque ninguém ousava desafiá-lo daquela maneira, o comandante decidiu que lidaria pessoalmente com o monge obstinado. Subiu a montanha e arrombou o portão do templo, entrando com a espada já desembainhada. Viu o monge no meio do pátio, aparentemente a sua espera, e, indo até ele, gritou em tom ameaçador:

— Você sabe quem eu sou? Posso rasgar seu ventre com minha espada sem piscar um olho!

— E você, sabe quem eu sou? — replicou o monge. — Posso deixar que sua espada me rasgue o ventre sem piscar um olho.

Dizem que, ouvindo a resposta do monge, o comandante inclinou-se profundamente diante dele e foi embora.

Para mim, essa história representa o encontro do poder terreno com o poder espiritual. A identidade do monge com sua imortalidade era tão forte que desarmou o poder mundano do comandante.

Tenho um maravilhoso amigo espiritual, um Ser de Luz, chamado Emmanuel, que se comunica através da médium Pat Rodegast. Uma vez Emmanuel me disse: "Morrer é absolutamente seguro". A idéia de que morrer é seguro permite que afrouxemos as amarras de nossos conceitos sobre a morte. Quando conseguimos alcançar a percepção de quem realmente somos — estou falando daquela parte de nós que a morte não pode tocar —, sabemos que, de fato, "morrer é absolutamente seguro".

Emmanuel também me disse em outra ocasião que "morrer é como tirar sapatos apertados". Essa comparação me fez pensar muito. Quase todos nós cultivamos durante muitos anos a imagem do que *achamos* que somos, de nossa "pessoa". Na Índia dizem que, do ponto de vista da alma, morrer é "deixar cair o corpo".

Para mim está claro que, depois da morte do corpo, a Alma, ou Percepção, ou Espírito, seja qual for o nome que se use, vai para outros planos de consciência. Há muitos, muitos desses planos. Por exemplo, há aqueles em que podemos encontrar pessoas queridas que morreram antes de nós. Levadas pelo amor mútuo, elas irão ao nosso encontro, com a aparência com a qual as conhecemos, para que possam ser reconhecidas. Ficaremos felizes com o encontro e nos sentiremos tentados a ficar com essas pessoas, de modo que certos textos, como o *Livro Tibetano dos Mortos*, aconselham-nos a não ficar presos a esse tipo de experiência, mas a seguir em frente, na direção da Luz, de uma presença que transcende a forma.

Quando nossa forma física morre, a mente tem a tendência de ficar emocionalmente presa à vida que acabou de deixar. Essa ligação faz com que sejamos atirados a uma outra forma, depois a mais outra, e assim sucessivamente. Tudo é uma questão de *onde e no que a mente agarra-se na morte, especialmente no momento em que ela ocorre. No Oriente, essa força da inércia do carma é vista como a seqüência causal que nos mantém presos à ilusão da separação. É tudo uma conseqüência da forte identificação com a forma.*

O despertar no momento da morte

A morte pode ser usada como um meio poderoso de despertar a consciência, pois, quando fazemos a transição para outras dimensões, ao morrer, as portas entre elas parecem mais abertas. Isso não significa que essas portas estejam fechadas em outros momentos, mas apenas que, na hora da morte, há uma passagem natural para estados expandidos de consciência que não são comuns durante a vida.

Do ponto de vista espiritual, a morte pode ser o momento mais importante de uma vida. Durante todo o tempo que vivemos, temos muitas oportunidades de despertar. Esses incentivos ao crescimento aparecem sob vários disfarces como dolorosos acontecimentos que nos traumatizam, ou momentos de bem-aventurança e êxtase. Na maioria da vezes, porém, ficamos um pouco de tempo acordados e depois voltamos a dormir. No momento da morte, entretanto, a porta da oportunidade abre-se um pouco mais, e uma pessoa que se entregou a alguma prática espiritual durante a vida e já teve sua percepção expandida passará por esse processo com dignidade e tranqüilidade.

Um toque de humor acompanha essa atitude digna e tranqüila. Na tradição Zen os monges escrevem um poema mortuário antes de morrer. Um velho mestre Zen estava muito próximo da morte, e seus discípulos começaram a preocupar-se, porque ele ainda não escrevera seu poema. Um por um, todos foram até ele e pediram-lhe para fazê-lo. O mestre pegou um pincel, rapidamente pintou alguns caracteres e morreu. Seu poema dizia:

O nascimento é assim.
A morte é assim.
Com versos ou sem versos,
Por que a preocupação?

Uma história parecida fala de outro mestre Zen que também estava próximo da morte. Seus discípulos, reunindo-se à volta de seu leito, deram-lhe um pedaço de seu bolo favorito. Enquanto o mestre moribundo mordiscava o bolo, um dos discípulos perguntou-lhe se ele tinha uma última mensagem para eles. "Tenho", respondeu o mestre. "Este bolo está delicioso." E morreu.

Essas histórias mostram o tipo de humor que pode existir no momento da morte. No Ocidente as pessoas às portas da morte muitas vezes são cercadas por amigos e parentes que estão mortos de medo! Desse modo, o ambiente que as rodeia prejudica-as, mantendo-as presas ao medo.

Quem somos nós?

É fácil demais cair na armadilha de definir uma pessoa que está morrendo, com base nos papéis sociais que ela desempenhou e na imagem que criou de si mesma. Em meu trabalho com pessoas que estão passando pelo processo da morte, não posso me deixar enredar por esse jogo de falsa identidade. Nessas horas, em que muitas pessoas ficam assustadas, sou capaz de apreciar e aceitar a beleza e o mistério desse processo natural. Na maioria das vezes consigo manter um ambiente de paz, até mesmo de alegria, na presença da morte.

Quanto mais mergulho nesse trabalho, mais percebo que o processo da morte envolve encontrar outra pessoa em um lugar sem fronteiras, onde "encontrar" dissolve-se em "estar juntos" e depois em "ser um". Nessa percepção sem limites, dois tornam-se um, o que é uma expressão e uma manifestação da mais alta forma de amor. Tento manter minha consciência aberta, de modo que a pessoa que está morrendo possa conectar-se com ela. A consciência da pessoa, então, entra no que chamo de espaço de não-morte. Se há alguém lá para encontrá-la, pode acontecer uma percepção compartilhada que é muito bonita. O contato às vezes é incrível! É uma verdadeira dádiva ficar ligado dessa forma a uma pessoa que está morrendo, porque isso ajuda criar um ambiente que lhe dá apoio enquanto ela faz seus íntimos preparativos espirituais.

Assim, quando uma pessoa está morrendo, a essência de nosso trabalho íntimo envolve certas questões. "Quem é ela, realmente?" "É de fato 'uma pessoa que está morrendo', ou simplesmente um ser, como eu, que por acaso está morrendo?" Quando entendemos e aceitamos essa última forma de ver o acontecimento, começamos a conhecer um novo modo de estar no mundo, de acordo com o qual não resistimos à morte, ou à vida, e não as negamos. Não ficamos enclausurados na existência material. E não resistimos a ela. Aceitamos a forma, enquanto nossa consciência descansa no que não tem forma. Nossos corpos físicos podem continuar mudando, mas quem realmente somos por fim desperta, sem forma. É, então, que começamos verdadeiramente a voltar para Deus, para o Único, para Brama, para a Consciência de Cristo, para Alá, para Jeová, não importa o nome que damos a Ele.

"Estar" no momento

Agora, depois de tudo o que eu disse, quero deixar muito claro que não tenho nenhum direito moral de dizer a outro ser humano como seria, para ele, ter uma boa morte, ou de querer ensinar-lhe como preparar-se para ela. Se os outros escolherem agarrar-se a sua "pessoa", isso é com eles. Cada um sempre escolhe seu próprio caminho.

No entanto, é possível usar o tempo que temos antes de morrer para lidar com nosso medo da morte, para fazer uma revisão de vida, para trabalhar com a dor, não resistir a ela.

De modo paradoxal, no período que antecede a morte a qualidade de vida pode melhorar, mesmo que nossos corpos estejam falhando. A iminência da morte pode trazer nossa consciência mais completamente para o momento. É uma ótima ocasião para cultivarmos a capacidade de ver como cada momento é precioso. Quase todos nós, durante a vida toda, ficamos tão ocupados planejando o futuro ou pensando no passado que perdemos o momento. Nossa mente não está no momento. Não está no sabor do próximo bocado de alimento. Não está no ar que acaricia nosso rosto. Não está na delicadeza da pétala de uma flor. Mas a aproximação da morte rompe os padrões de nossa mente pensante.

Uma mulher maravilhosa, chamada Ginnie Pfeiffer, estava morrendo de câncer e sentia muita dor. Eu já a visitara várias vezes, mas ela sempre rejeitava tudo o que eu dizia na tentativa de dar-lhe algum tipo de ajuda. Por fim percebi que não iríamos a lugar nenhum usando apenas o intelecto. Então, em minha última visita a ela, comecei a meditar, a esvaziar a mente, fiquei quieto e mais presente. Via o sofrimento de Ginnie, via seu corpo contorcer-se de dor, mas, embora sentisse compaixão, senti que não podia me deixar envolver emocionalmente, porque meu trabalho, naquela hora, era aprofundar minha paz. Em dado momento, estando minha mente muito tranqüila, Ginnie virou-se para mim e disse: "Estou me sentindo em paz, no Universo, e não trocaria este momento por nenhum lugar". Enquanto dizia isso seu corpo estremecia de dor! Percebi que ela estava tendo um tipo de contato com uma presença criada por minha meditação. Ginnie permitira que sua percepção entrasse em um lugar onde nós dois pudemos ficar juntos no momento, onde ela não era mais a pessoa que estava sofrendo na cama, mas a consciência assistindo ao "show".

Um grande problema que muitas pessoas enfrentam ao morrer é que estar no momento significa aprender a lidar com os estímulos dolorosos que ocorrem. O corpo envia tantos estímulos, tantas informações, que fica muito difícil não se deixar envolver, criando uma obsessão pelo que acontece na parte física. Nossa percepção pode ser anulada por uma dor de cabeça, por um gosto ruim na boca, cólicas intestinais, um descompasso do coração, ou qualquer outra coisa. Entretanto, se durante a vida cultivarmos o hábito de viver o momento, lidaremos melhor com esses estímulos. É possível ver a dor como uma simples estimulação das células do corpo, em vez de isolá-la e torná-la uma inimiga.

Testemunhando o desenrolar dos acontecimentos

Estar totalmente presente no momento permite-nos recuar um pouco e testemunhar o desenrolar dos acontecimentos. Seja o que for que sintamos, seremos capazes de trazer nossa percepção de volta para o que acontece no momento. Podemos sentir sede, frio ou medo, mas a arte está em não nos perder nos fenômenos em contínua mudança. Temos de continuar testemunhando esses fenômenos. Como testemunhas, ficaremos tranqüilos. A testemunha não está com frio, apenas testemunhando o frio. Não está com sede, apenas testemunhando a sede.

Não podemos continuar como testemunhas se nos agarrarmos aos fatos, pois fazendo isso pararemos de testemunhar. A habilidade de testemunhar emerge lentamente, com o tempo, à medida que vamos aprendendo a ficar no agora de cada momento. Se estivermos bem preparados, quando o exame final da morte chegar, e os fenômenos começarem a aparecer, seremos capazes de vê-los com naturalidade, em vez de nos fixarmos neles. Um momento da vida, ou um momento da morte, é apenas um momento no qual estaremos presentes.

Com prática, passamos a nos identificar cada vez mais com a testemunha e cada vez menos com os estímulos. Identificados com a parte de nosso ser que está apenas observando o desenvolvimento da história, não ficamos tão perdidos no meio do melodrama. Muitos de nós vivem como se fossem a personagem central de uma novela de televisão. E como, para muitas pessoas, morrer é desempenhar o papel principal no maior drama já apresentado, elas ficam presas no enredo e se esquecem de usar a percepção para testemunhar os fenômenos em contínua mudança. O que temos de fazer é dançar durante toda a peça da vida e da morte, ou, em outras palavras, desempenhar todos os papéis impecavelmente, sem deixar que eles nos mantenham presos em sua armadilha. Mas o primeiro passo para sair da armadilha é perceber que já estamos presos nela.

O trabalho com doentes terminais

Esse movimento tem causado uma mudança muito interessante no modo como lidamos com a morte em nossa sociedade. Como instituição, representa um aperfeiçoamento do modelo médico, pois percebeu-se a importância do ambiente psicológico humano, não apenas para a pessoa que está morrendo mas também para seus parentes e amigos. De acordo com o antigo modelo médico, a morte é vista como a maior das falhas, pois há uma tendência, na medicina ocidental, de tentar manter a pessoa viva a todo custo, não importando de que maneira isso afetará a qualidade de sua vida.

Dame Cecily Saunders começou o movimento do trabalho com doentes terminais na Inglaterra, na década de sessenta, e uma de suas inovações foi incluir a presença de crianças, animais de estimação, parentes e amigos junto dos doentes. Esse novo modelo criava um maravilhoso sistema de apoio psicológico à pessoa à beira da morte, fazendo-a sentir que não estava passando por aquela experiência sozinha. Foi, sem dúvida nenhuma, um grande avanço. Está sempre crescendo o número de participantes do movimento, pessoas que estão trabalhando em sua própria espiritualização e ajudam os pacientes espiritualmente. No entanto, esse trabalho espiritual ainda não foi de fato integrado ao movimento como instituição. Espero sinceramente que esse movimento ajude mais e mais doentes a adquirir percepção espiritual. Se isso acontecer, poderemos esperar uma transformação espiritual em toda a sociedade.

Uma crise de crença

Para muitas pessoas, enfrentar a morte cria uma crise de crença. Acho que o que acontece é que elas aceitaram cegamente os sistemas de crença estabelecidos pelas instituições sociais e religiosas. Esses sistemas podem deixar-nos muito ansiosos a respeito da morte e do desconhecido abstrato, mas, diante desse momento final da vida física, a força do medo supera a força do sistema de crença. Esse sistema desmorona, porque a crença não está enraizada na experiência direta, de modo que o conhecimento por ela oferecido não é verdadeiro. Ficamos, então, despreparados para a dureza do momento, e a parte mais difícil disso é que temos de admitir que simplesmente não temos conhecimento. Isso não é necessariamente ruim. O verdadeiro cético nunca afirma que não há nada depois da morte, pois seu espírito é aberto ao mistério embutido na falta de conhecimento. E naquele honesto momento da verdade, quando a pessoa diz "eu não sei", existe a possibilidade de uma fé muito profunda desenvolver-se. Aprender a estar em paz com esse "não sei" é dar um passo à frente na aceitação do mistério da vida.

A morte é um mistério. Em vez de vermos esse mistério como algo terrível, do qual queremos fugir, sugiro que o consideremos um momento criativo. O mistério nada mais é do que o desconhecido. Simplesmente não sabemos. E "não sabemos" pode ser uma declaração de grande sabedoria, se estamos em paz quando a fazemos.

O caminho dentro de nós

Falamos muito, mas O Caminho está além das palavras. O Caminho é para ser encontrado no silêncio. Convido você a começar a valorizar o silêncio, a pegar todas as palavras que eu disse e levá-las para seu íntimo, para um silêncio mais profundo dentro de si mesmo. Existe um lugar dentro de você que sabe, um lugar onde nada do que eu lhe disse parece estranho. Você pode não saber que sabe, mas sabe. E o caminho para esse conhecimento mais profundo é o silêncio, a tranqüilidade. Em vez de pensar no silêncio como tédio ou um vazio, porque essa é apenas a opinião da mente pensante, mergulhe nele. Deixe-o expandir-se. Então, descubra em si mesmo o que precisa saber. Isso basta.

Vá em paz."

Aqueles que não sabem que não sabem
(e que não se preocupam em saber)
São ignorantes: Ore por eles.
Aqueles que não sabem que sabem estão adormecidos: acorde-os.
Aqueles que sabem que não sabem são crianças: ensine-os.
Aqueles que sabem que sabem (e verdadeiramente sabem) são
seres realizados: siga-os."
— Ditado sufi

CAPÍTULO 19

A vida do coração aberto

STEPHEN LEVINE

Stephen Levine, dirigente de *workshops* sobre a vida e a morte conscientes, mundialmente conhecido, é autor de muitos *bestsellers,* como *Who Dies?* (Quem Morre?), *Embracing the Beloved* (Abraçando os Amados), esse em co-autoria com a esposa, Ondrea Levine, e *A Year to Live* (Um Ano para Viver). Stephen Levine, além de marido, pai e escritor, trabalha há muitos anos com doentes terminais. Trabalhou exaustivamente com Ram Dass e a dra. Elisabeth Kübler-Ross e dirigiu, durante sete anos, o Hanuman Dying Project (Projeto Hanuman da Morte). Este capítulo é um trecho de uma entrevista gravada em vídeo em Sausalito, Califórnia.

"Como uma pessoa colocou, 'morrer é simplesmente mudar de estilo de vida'. É uma oportunidade que temos de ver que a causa do sofrimento é nosso apego, e de descobrir que o desapego abre o caminho para a inteireza de nossa essência. A morte coloca a vida em perspectiva. Essa é uma grande dádiva que, se for recebida com amor e sabedoria, permite que o apego da mente dissolva-se, de modo que nada mais reste, a não ser a verdade. Assim, tornamo-nos apenas a Luz que entra na Luz."

— Stephen Levine

Vemos a morte como uma inimiga. Mas, se alguém quisesse comprar sua morte por um milhão de dólares, com a condição de que você não morreria nos próximos quinhentos anos, acontecesse o que acontecesse, você venderia? Não. Ninguém venderia, porque *contamos com a morte*. Quem se arriscaria a viver, digamos, quatrocentos e cinqüenta anos em um pulmão de aço? Quem venderia a morte de um filho, com a intenção de fazê-lo viver meio milênio, arriscando-se a vê-lo ficar paraplégico em um acidente automobilístico aos quinze anos e passar os restantes quatrocentos e oitenta e cinco nessa situação? Quem se arriscaria a viver quatrocentos e sessenta e cinco anos como portador de uma terrível doença sanguínea que causasse tremendo sofrimento?

Contamos com a morte. A morte torna a vida segura. Se não houvesse morte, as pessoas assumiriam poucos riscos. Se não houvesse morte, não haveria esportes. Se não houvesse morte, as pessoas pensariam duas vezes antes de sair de casa ou viajar. Se às vezes nos sentimos amedrontados ou ansiosos *agora*, imagine como seria, se não houvesse morte e soubéssemos que, se sofrêssemos um dano físico permanente, ou contraíssemos uma doença torturante e incurável, teríamos de suportar o sofrimento até o dia em que vencesse o prazo de quinhentos anos.

A morte no momento certo é uma caridade. Não pode haver maior crueldade do que afastar uma pessoa da morte, se é apenas isso que pode pôr fim a seu sofrimento.

O problema não é morrer, mas *viver com o coração fechado*. Achamos que, se não houvesse morte, a vida seria maravilhosa. No entanto, vida eterna de coração fechado, de sofrimento, confusão e maldade, não é vida, de modo algum.

O poeta Kabir disse: "Se estivermos vivos *agora*, estaremos vivos *depois*". Mas poucas pessoas são capazes de *realmente viver* depois da morte. Não estou me referindo à sobrevivência à morte física, porque a essência do que somos não morre. No entanto, os seres humanos têm a tendência de ficar adormecidos em seus leitos de morte, de perder a dignidade por causa de seu medo da dor, de sua incapacidade ou falta de desejo de abrir o coração.

O que chamamos de iluminação é, em resumo, aceitar o nascimento, decidir sair do útero, é pôr os dois pés no chão, é relacionar-se de coração com outros seres sensíveis, é ouvir, ajudar, servir.

Quando a morte deixa de ser uma inimiga, a claridade, a generosidade e a coragem tornam-se um modo de viver. Mesmo durante o processo da morte, podemos conhecer níveis profundos de nossa natureza. Mergulhando cada vez mais fundo em nós mesmos, começamos a nos aproximar da essência imortal de nosso ser, que não pode ser ferida, que habita um corpo durante algum tempo e depois vai para outro. De qualquer forma, sei, sem nenhuma dúvida, que esse não é um mero sistema de crença. É assim que as coisas são. *Sobrevivemos à morte!*

Uma das razões pelas quais acreditamos que vamos morrer é porque fomos convencidos de que nascemos. Sim, *nosso corpo* nasceu, isso não se discute. Temos rosto, cabeça, carne. Mas aquilo que existia *antes* do corpo, que *habita* o corpo *agora*, que continuará existindo *depois que o corpo morrer, não é simplesmente um conceito filosófico. A essência do que somos, que existia antes de este nosso corpo nascer, pode se fazer sentir num milésimo de segundo, neste exato instante.*

Não há nada, nem na mais pavorosa das situações, que tenha o poder de impedir permanentemente nossa cura, pois foi para ser curados que nascemos. Claro, pode ser difícil lidar com a dor física, mas hoje em dia há muitos recursos que podem nos ajudar. A meditação, por exemplo, porque traz uma misericordiosa compreensão e abranda a resistência à dor. Cultivar esse tipo de compreensão pode não mudar a forma da dor, mas aumenta muito o espaço no qual ela acontece, o que a dilui, tirando sua característica de emergência. A disposição de trabalhar com a dor, por si só, já a ameniza e ajuda-nos a ir na direção daquilo do que sempre fugimos. Começamos a descobrir mais e mais níveis de amplidão dentro de nós. E, à medida que vamos nos aprofundando em nós mesmos, esses níveis tornam-se cada vez mais amplos. É igual a morrer, no sentido de que cada etapa do processo da morte parece, externamente, um fechamento dos sistemas corporais, mas que na verdade, internamente, é uma libertação cada vez maior desses sistemas.

Uma compreensão mais profunda das raízes da doença

O mestre Zen Suzuki Roshi era uma pessoa muito estável. Era casado e levava uma vida equilibrada. Quando espalhou-se a notícia de que ele estava com câncer, as pessoas começaram a fazer-lhe todo tipo de pergunta. Queriam saber o que provocara a doença, como aquilo pudera acontecer, se ele sentia muita dor, e outras coisas assim. Com seu característico jeito budista, Roshi respondia que estava tudo bem, que ele só estava conhecendo Buda. No entanto, de acordo com certas idéias modernas holísticas, achamos que doenças como o câncer são sempre causadas por algum tipo de desequilíbrio. Mas era Suzuki Roshi um exemplo de desequilíbrio? Não. O fato é que as pessoas ficam doentes, as pessoas morrem. A mente cria todo tipo de explicação para essas coisas, mas a verdade a respeito do motivo pelo qual ficamos doentes é muito mais profunda do que a idéia de que um desequilíbrio causa doenças.

"Você é o responsável por essa doença", ouvimos pessoas dizerem. Bobagem! Temos responsabilidades com a doença. Ser responsável por uma doença significa que a pessoa isolou-a, afastou-se dela. Costumamos dizer que não teríamos ficado doentes se fôssemos mais bondosos, se nossos filhos fossem mais felizes, se nós mesmos fôssemos mais felizes, se nossa comunicação com nosso cônjuge fosse melhor, e assim por diante. Essa é uma maneira que a mente usa para fechar o coração. Mas, se formos capazes de ver toda a situação com um pouco mais de misericórdia, com um pouco mais de compreensão, veremos que é sempre a mesma história. Fechar o coração não é uma ação de Deus, mas nossa. Ser responsável por uma doença cerca a situação de culpa, medo e uma sensação de desamparo. A idéia de ser responsável por aquilo é contra a cura e por isso a bloqueia. Aumenta o petrificado círculo de pensamentos que cerca a doença e até impede que a medicação funcione de modo adequado. Ter responsabilidades com uma doença significa ir ao encontro dela e abraçá-la. De modo irônico, achar que temos de responder por uma doença não é uma resposta, mas uma reação. É uma reação de medo, daquele que amolece as pernas, à verdadeira natureza da doença e ao modo como o corpo humano e o Grande Coração podem lidar com ela.

Ter responsabilidades com uma doença como o câncer significa que podemos começar a mandar misericórdia, bondade amorosa e ternura para nós mesmos e para os outros. Significa "mereço sarar". Quando nos achamos responsáveis pelo aparecimento dela, estamos dizendo que, se fizemos uma confusão tão grande em nossa vida, talvez não mereçamos viver.

Há também uma grande tendência de, no leito de morte, acharmos que estamos naquela situação porque fizemos algo errado. A mente, de modo geral, é cruel e não hesita em julgar. Então, ela nos diz que Deus não nos ama, que somos um fracasso. Sempre me preocupo, quando vejo uma mãe à cabeceira do filho dizer: "Meu filho estava com meningite, nos últimos estertores, e Deus salvou-o". Fico aborrecido quando ouço isso, porque penso nas outras duzentas mil crianças que estão doentes, nas quarenta mil que morreram de fome naquele dia. Deus não as ama? Não ficamos doentes porque somos maus. Não somos amaldiçoados nem punidos pela doença. Quando uma criança morre, isso não aconteceu porque os pais cometeram algum erro. E quando somos curados de algum mal, isso não faz de nós "escolhidos de Deus". Não é essa a proteção que Deus nos dá. O trabalho que temos de fazer tem de ser feito em nossos corações. Encontremos o misericordioso Jesus em nosso coração, o misericordioso Buda, a misericordiosa doçura de nossa própria grande natureza, que é sábia. Assim, entenderemos que não foi algo de errado que fizemos que nos deixou doentes.

Perdoando a nós mesmos

Vocês, que agora estão se aproximando da morte, entendam que este é o momento de perdoar a si mesmos. Não precisam continuar com seus rígidos padrões de vida. Chegou a hora de largar a pesada bagagem e mostrar misericórdia em relação a vocês mesmos e aos outros. Uma das qualidades que mais suavizam nosso caminho é a capacidade de perdoar, de cultivar um coração misericordioso. Perdoar é livrar-se do ressentimento. Se acham difícil, pensem na mudança que o perdão operaria, tanto em sua vida como na de outras pessoas.

Na verdade, nós perdoamos para nosso próprio bem, mas o perdão pode ajudar mais alguém. Mas, antes de tudo, quando perdoamos temos acesso ao nosso próprio coração. Quando não perdoamos, expulsamos alguém do coração, e aquela parte vazia torna-se entorpecida. Chamo esse entorpecimento de armadura do coração. O perdão desfaz a armadura. Vi pessoas ficarem mais vivas no leito de morte do que haviam sido nos últimos cinqüenta anos de sua vida, porque finalmente haviam começado a responder à dor, em vez de reagir contra ela, e encontrado misericórdia e bondade amorosa dentro de si. Tenho visto doentes terminais cuja qualidade de vida melhorou, assim como seu relacionamento com os entes queridos. E tenho testemunhado casos em que a transformação foi tão profunda que todas as pessoas ao redor do doente foram curadas de seus males íntimos, e ele também, embora não encontrasse a cura física.

A diferença entre dor e sofrimento

Dor e sofrimento não são sinônimos. A dor é inevitável, na vida física. A rede de nervos, em uma pessoa neurologicamente sadia, capta a sensação de dor, por exemplo, numa topada em algo duro. Quem tem corpo físico sente dor.

É a resistência à dor, a incapacidade de deixar que o coração a assimile, que causa sofrimento. A dor é inevitável, mas o sofrimento não é. Sofrer é, até certo grau, uma opção, no sentido de que podemos fazer alguma coisa para evitá-lo. Podemos aprender a suavizá-lo. Podemos aprender a perdoar. Podemos aprender a integrar a confusão da alma à lucidez do coração.

O fato de que temos uma mente que cria desejos significa que nem todos os nossos desejos são realizados. Na verdade, se fizermos uma lista de desejos que gostaríamos de ver realizados, digamos, na quarta-feira da próxima semana, quando chegar esse dia descobriremos que muitos deles mudaram. Não será um dia completamente satisfatório. Isso acontece porque, a essa altura de nossa evolução, possuímos uma mente que é capaz de aceitar e inculcar um condicionamento que entra em conflito com nossos desejos. A mente diz: "Tome um sorvete de chocolate". Ótima idéia! Nós, então, tomamos o sorvete. Cinco minutos depois dizemos a nós mesmos: "Eu não devia ter tomado aquele sorvete". Não é à toa que somos tão loucos! A mente cria a mais variada coleção de sofrimentos, e a maioria de nós leva essa coleção para o leito de morte.

Quando nos tornamos mais esclarecidos, o medo, a dúvida e a raiva não deixam de aparecer, mas esses estados mentais surgem dentro de uma percepção tão ampla que não mais nos afetam como costumavam afetar. O que resultaria em três meses de depressão, antes de começarmos a praticar o perdão, pode ser minimizado e perder o efeito em trinta segundos. A mesma energia ainda aparece, com as mesmas características de um estado depressivo, exceto que agora a depressão não tem onde se agarrar!

Quando cultivamos o perdão, não estamos desculpando as ações de pessoas que nos feriram cruelmente. Não estamos dizendo que seu comportamento frio e perverso é aceitável. Perdão não é isso. Perdôo uma pessoa, porque seu coração ainda é cego, porque ela o mantém fechado. E essa pessoa pode ser eu mesmo! Perdôo as pessoas porque, por terem perdido contato com seu próprio coração, derramam sua amargura em cima dos outros.

Quando falo em perdoar, não digo que devemos perdoar um legítimo torturador. Graças a Deus, a maioria das pessoas não foi torturada nos campos de extermínio do Camboja, não foi trancafiada em uma prisão por quinze, vinte anos, sem ter cometido crime algum. Mas algumas foram. E seria impiedoso querer forçá-las a perdoar, porque, se elas ainda não desenvolveram a capacidade de perdão, acabarão por encher-se de culpa e ódio contra si próprias. Se esse for seu caso, tenha piedade de si mesmo. Não transforme esse tipo de perdão em outra oportunidade de não se perdoar. Mas quando perdoamos porque somos capazes de perdoar, isso impede que o processo de nosso crescimento estacione.

Em um sentido muito real, nossa verdadeira natureza, nossa natureza imortal, nossa divindade, nossa essência, seja qual for o nome que usemos, é como o sol que nunca deixa de brilhar. Não precisamos fazer nada para que o sol brilhe, mas certas coisas, como uma nuvem, a folhagem de uma árvore, um telhado, bloqueiam seus raios, criando sombra. Esse sol esplendoroso que existe em nós é sempre livre, intocável, imutável. No entanto, nossa capacidade de recebê-lo, aceitá-lo e senti-lo é grandemente condicionada pelas circunstâncias. Quando começamos a descobrir quais são essas circunstâncias, quando começamos a ver como é doloroso viver com o coração fechado, começamos a nos dar permissão para não sofrer.

Aqueles que estão se aproximando da morte e querem minimizar o sofrimento devem começar a praticar o perdão, pois isso lhes dará acesso a si mesmos. Essas pessoas estão deixando o mundo para trás e irão viajar para lugares muito interessantes. E quem quer levar bagagem inútil, que só causa transtorno?

Levar essa velha bagagem é o mesmo que estar num teatro, sentado na frente de pessoas que não param de conversar. Essa conversa irritante representa o tagarelar de antigos ressentimentos, amarras e confusões. Não nos permite manter a tranqüilidade de que necessitamos para descobrir que nosso ser não tem limites, de conhecer nossa verdadeira natureza.

A natureza do desejo

Às vezes, em certas etapas do processo de exploração íntima, acontece de as pessoas ficarem um pouco confusas, porque estão procurando um centro palpável dentro de si mesmas. A verdade é que não existe nenhum centro desse tipo, e se fingirmos que há, ficaremos loucos, nos tornaremos pretensiosos, duros e fechados ao amor. Nosso centro é o espaço. É a essência de nosso ser, imortal, livre, que não pode ser ferida e não depende de um corpo para existir. Na verdade, é o contrário: o corpo é que depende da essência do ser para existir. Quando a essência parte, o corpo desaba e torna-se um problema do qual todos querem livrar-se rapidamente. Essa essência não é afetada pelas situações, mas nossa capacidade de senti-la é.

Raiva, medo e dúvida são reações, não respostas. Por exemplo, a reação de não possuirmos alguma coisa é desejo frustrado. Se não tivéssemos desejos, não sentiríamos raiva, não teríamos medo, nem dúvidas. Todos esses estados mentais têm como base desejos insatisfeitos: desejo de ter ou de não ter, desejo de salvação, desejo de tratar os seres humanos com bondade e de receber o mesmo tratamento. Tudo isso pode causar raiva, medo e dúvida.

Desejar não é "errado" como muita gente envolvida em confusão religiosa quer nos fazer acreditar. Desejar é simplesmente doloroso. Na raiz do desejo reside o sentimento de "não ter". Quanto mais queremos uma coisa, menos a temos. Quanto mais queremos alguma coisa, mais o momento atual fica inaceitável, porque não contém o objeto de nosso desejo.

A real natureza do desejo é a insatisfação. E é aí que as coisas tornam-se interessantes: o que acontece quando conseguimos o que queremos, seja um carro, seja um amigo, o que for? Vamos supor que estamos ficando cada vez mais perto de conseguir o que queremos. Em vez de ficarmos tranqüilos, começamos a sentir um aperto no estômago, a pressão sanguínea sobe. Quanto mais queremos, menos felizes nos sentimos. Fascinante, não? Então conseguimos o que queríamos e gritamos: "Consegui, consegui!". Nesse momento, experimentamos um estado mental que chamamos de satisfação, mas isso dura apenas um instante. Logo que temos o que desejávamos, esse objeto de prazer torna-se algo que sentimos como o impulso de proteger. "Nada de ruim pode acontecer com isso", dizemos. "E se eu o perder?" "Oh, que pena, deixei cair, está quebrado!" Dessa forma, o objeto de prazer, quando perdido ou destruído, torna-se instantaneamente uma causa de desprazer, de insatisfação.

O que era mesmo que estávamos querendo ter? Não era o anel de brilhante. Não era o carro. O que realmente queríamos era sentir o que chamamos de satisfação. E o que aconteceu, naquele momento de satisfação? O desejo ausentou-se, foi isso o que aconteceu. Tivemos o que queríamos... por uma fração de segundo. A mente desejosa, apegada, agitada abre-se como o mar Vermelho naquele instante da satisfação do desejo, e temos um vislumbre de nossa verdadeira natureza, da real satisfação que não morre. A mesma abertura pode ocorrer na morte se nos expandirmos, deixando-nos levar pelo processo.

Resumindo, a satisfação acontece no momento da ausência do desejo, quando a mente não está congestionada, desejando. É a percepção do espaço no qual o desejo flutua. É a percepção de nossa inteireza, de nossa grandeza. Muito interessante essa coisa chamada desejo. Algumas pessoas acreditam que o vício de satisfazer os desejos está ligado a uma profunda saudade de Deus. Sentir satisfação é sentir o Divino, é vislumbrar a grandeza de nossa natureza, quando ela não mais estiver toldada pelas nuvens de desejo, raiva, medo e desgosto, quando não mais for apegada ou condicionada pelas circunstâncias.

Quando as condições não mais bloquearem nossa verdadeira natureza, o amor terá brilho próprio, como o sol que brilha sem que precisemos fazer nada para isso. Não gosto do termo "amor incondicional". Um termo melhor é "amor incondicionado". Quando começamos a lidar com nosso sofrimento, passamos a ver o que oculta o sol de nossa natureza grandiosa. Perdão, brandura, misericórdia e percepção tornam-se nossos verdadeiros companheiros no caminho para a cura e a inteireza. Se uma pessoa torna-se mais completa antes de morrer, é porque ocorreu a cura.

Há cura e cura

Vou contar a história de uma conhecida minha que estava morrendo em um hospital. Ela vivera bastante isolada e sofrendo rejeição das pessoas que a rodeavam. Era tão desagradável com todo mundo que fazia vários anos que não via os próprios filhos. Nem conhecia os netos, porque os filhos não se dispunham a levar as crianças para visitá-la, pois elas seriam maltratadas verbalmente.

A mulher chegou ao hospital num estágio bem avançado de câncer. E reclamava com todas as pessoas que entravam em seu quarto, até mesmo culpando-as pelo que lhe acontecia. Sentia dor por culpa delas. Estava doente por culpa delas. Tratava horrivelmente mal os atendentes, atacando-os com palavras, criticando-os, atirando-lhes a "comadre", gritando com eles. No posto de enfermagem, ela era chamada de "a vaca sobre rodas do quarto duzentos e um". Por causa de seu comportamento abusivo, médicos, enfermeiras e atendentes quase não ficavam com ela, demorando-se no quarto apenas o tempo absolutamente necessário. Essa mulher, incapaz de controlar sua dor, lutava contra o mundo todo. Não vamos julgá-la. Esse era o único modo que ela conhecia de lidar com sua situação.

O câncer infiltrara-se nos ossos da base da coluna vertebral e espalhara-se para a bacia e os ossos das pernas. Uma manhã bem cedo, antes de o sol nascer, ela estava com muita dor e tocou a campainha para pedir ajuda, mas aparentemente as enfermeiras estavam cuidando de outro paciente e demoraram para atendê-la. Mais tarde a mulher me disse que as costas, os quadris e as pernas doíam de maneira insuportável, e que ela se rendera, submergindo sob ondas de dor. Devia ter sido a maior rendição, o mais profundo mergulho em si mesma que ela conhecera na vida toda.

"Um instante depois, vi-me deitada na margem de um rio, na África, e meu jarro de água estava quebrado ao meu lado", ela contou. "Minha pele era negra. Uma pedra enorme rolara colina abaixo e atingira-me nas costas. Eu estava com a espinha esmagada, morrendo sozinha na margem do rio. E a dor nas costas, nos quadris e nas pernas era terrível. Um segundo depois eu era uma mulher esquimó morrendo de parto, sentindo uma enorme dor nas costas, nos quadris e nas pernas.

Em seguida, vi-me deitada de lado num colchão manchado de urina, a pele amarela por causa da hepatite. Eu era jovem e estava morrendo em conseqüência do uso de heroína. Depois eu era uma moça, estava deitada no chão sujo de uma cabana coberta de capim, morrendo de inanição, e meu filhinho sugava meu seio murcho e vazio. Nós dois estávamos morrendo de cólera, no chão, e eu sentia dor insuportável nas costas, nos quadris e nas pernas."

Ela disse que não sabia quanto tempo durara a experiência, provavelmente uma hora e meia, mais ou menos. Comentou que conhecera a agonia de dez mil mulheres nas garras da morte. Mas saíra da experiência com o coração aberto. "Não era mais minha dor, mas a dor", ela definiu. De fato, a dor não era mais apenas dela, era a dor universal, compartilhada com as dez mil mulheres que estavam morrendo ao redor do mundo naquele momento, com o mesmo desconforto nas costas, nos quadris e nas pernas.

Depois dessa experiência que transformou sua vida, ela tornou-se a alma do hospital. Eu nunca vira cura mais completa. As enfermeiras começaram a ficar com ela no quarto, em seus intervalos de descanso. Dois dias mais tarde, lá estava ela, vendo uma de suas netas pela primeira vez, uma garotinha de cabelos ruivos arrepiados que só queria experimentar os anéis da vovó. E os filhos faziam-lhe companhia, rodeando a cama. O amor naquele quarto era um milagre. Aquela mulher, que vivera toda sua vida isolada, cheia de raiva, sempre pronta a julgar, estava agora cercada de misericórdia e amor.

Nas duas semanas seguintes, sua vida foi restaurada, o perdão estava unindo as partes desconectadas, o toque do coração aberto aparecia em tudo, nela mesma, em sua vida, no hospital. O corpo não melhorou, ela continuou a morrer, mas seu coração, a mente e o modo de ver a vida mudaram radicalmente. Eu diria que, mesmo que não haja ocorrido a cura física, pois a mulher morreu cerca de três semanas mais tarde, a cura que ela recebeu foi a mais notável que já vi em toda minha vida.

Perda e Sofrimento

Quando uma pessoa morre, no meio de toda aquela confusão e aquele mistério, parentes e amigos sentem sua falta intensamente. Tenho visto pessoas que fizeram tudo o que puderam durante a doença de um ente querido para preparar-se para a separação, mas ainda não vi nenhuma que estivesse completamente preparada para a enormidade da ausência quando a morte do ser amado acontece. Podemos achar que estamos preparados, mas quando vemos uma pessoa querida morta, é tudo completamente diferente. No primeiro estágio do sofrimento, o que mais dói é não poder vê-la, tocá-la, sentir seu cheiro, falar com ela, puxá-la para dentro de nossa energia, de nossa vida.

Nesse período de sofrimento, não apenas sentimos saudade da pessoa que morreu mas recordamos os momentos de ausência em nosso relacionamento com ela. Aquelas vezes em que nossos corações não estavam ligados. As vezes em que era mais importante estar certo do que ser um íntegro ser humano. Às vezes em que simplesmente sentíamos medo, em que nossos corações estavam cegos. Com essas recordações às vezes vem a dúvida, e pensamos que talvez, de alguma forma, mesmo inadvertidamente, contribuímos para o sofrimento daquela pessoa.

Desse modo, no primeiro estágio do sofrimento, geralmente há raiva, medo, remorso e dúvidas. Mas quando nos permitimos sentir tudo isso, quando vemos que todo aquele sofrimento, toda aquela raiva, todo aquele sentimento de culpa, todo aquele medo, todas aquelas dúvidas são uma reação à perda, nasce uma certa misericórdia. E também surge algo bastante espantoso. Percebemos que, infelizmente, nenhum estado mental nos é realmente novo, nem mesmo aqueles em que experimentamos o mais excruciante sofrimento, nos momentos mais negros da vida. Podemos não ter experimentado esses estados mentais com a mesma intensidade, mas certamente nenhum deles é novo. O sentimento de culpa não é novo. O medo não é novo. O remorso não é novo. Querer estar morto não é um sentimento novo. Nada disso é novo. O que é novo é que finalmente não podemos negar o que sentimos. O sofrimento comum, diário, com que quase vivemos nossa vida, com que quase nos relacionamos com as outras pessoas, não pode mais ser negado. A negação não encontra nenhum lugar para fixar-se, porque o sofrimento é grande demais. Sofrer é como andar no fundo do oceano. Todo sistema físico/mental está em constante luta. Respirar é difícil. Temos a impressão de que nosso sangue está se esvaindo.

Em muitos casos, é nesse primeiro estágio, no meio desse senso de ausência e perda, que o sofrimento de toda a vida nos envolve: todos os momentos em que estivemos ausentes, todos os momentos em que não cuidamos de nós mesmos e de nossos entes queridos, todos os momentos em que lutamos para permanecer conscientes, para continuar sendo seres humanos. Mas quando aceitamos esses momentos, esses estados de espírito, começamos a nos relacionar com eles cada vez melhor.

Quando você ama uma pessoa, e ela diz que o ama, você responde: "Eu também te amo". Quando essa pessoa está perto, você sente sua energia, seu amor. Mas, na verdade, o amor que você sente não está vindo dela, mas de você. A pessoa que você ama é uma ligação com aquilo dentro de você que é amor. É uma ligação com sua essência, com sua verdadeira natureza. Assim, quando ela não está mais por perto, quando você não tem mais um espelho para o seu coração, a essência divina que existe em seu íntimo sofre. Você sofre pela inteireza íntima, da qual a pessoa amada era um reflexo. Essa pessoa ensinou-o a amar a si mesmo. Ensinou-o que você merecia ser amado. E agora ela se foi, está fora do alcance de sua visão, de seu olfato, de seu toque.

No primeiro estágio do sofrimento, sentimos que perdemos não apenas uma pessoa amada mas também o contato com o amor que existe dentro de nós. O espelho de nosso coração quebrou-se. Se nosso amor pela pessoa que morreu não for afastado, e os outros sentimentos não forem aceitos, sentimos o coração arder. Isso é viver com as conseqüências do amor. Mas que alternativa temos? Não amar? Não! Tente e veja o que acontece! Veja quanto ainda quer viver, sem amor, sem dedicação, sem inspiração para a vida, sem inspiração para curar-se.

Com o passar do tempo e algum trabalho espiritual, o sofrimento e o senso de ausência desse estágio inicial começam a desaparecer. É então que acontecem mais e mais momentos em que a mente mergulha no coração. Em vez da sensação de separação, começamos a experimentar uma sensação de inseparabilidade com o ente querido que morreu. Em nosso coração, podemos nos voltar para ele a qualquer hora, estabelecendo uma ligação interna. Nunca poderíamos fazer isso da mesma maneira quando a pessoa estava viva, mas distante, por exemplo, numa viagem pela Espanha. Agora podemos erguer o espelho à altura do coração e ver nossa própria natureza grandiosa. Criamos um senso de inseparabilidade, mas isso não significa que não sintamos saudade da pessoa, que não desejemos abraçá-la. Significa que agora existe algo para acompanhar o sofrimento: a sempre presente possibilidade de alcançarmos a cura.

Se um filho seu morresse, seis meses depois seus amigos estariam comentando que você ainda não se recuperou, que ainda está sofrendo. É claro que está sofrendo. O sofrimento dura a vida toda. No entanto, à medida que o tempo passa, a comunicação de sua essência com a pessoa que morreu e o senso de inseparabilidade tornam-se mais fortes, e o sofrimento fica menos intenso, menos pesado. Mas, com tudo isso, daqui a vinte e cinco anos, quando você ouvir o matraquear de uma corrente de bicicleta, o mesmo ruído que a bicicleta de seu filho fazia, isso o transportará no tempo, para o dia em que ele morreu. Seu sofrimento voltará, mas a duração e a intensidade serão diferentes.

Achar que o sofrimento vai terminar é maltratar a nós mesmos. A qualidade do sofrimento vai mudar, sim, mas será interiorizado e nos dará mais acesso à vida, porque nossas prioridades tornam-se mais claras. Uma das prioridades que fica muito clara no leito de morte é que devemos abrir nosso coração, pois não há nada, absolutamente nada, que faça valer a pena mantê-lo fechado. Quando vivemos com o coração aberto, com misericórdia por nós mesmos e pelos outros, estaremos presentes em cada momento, e isso nos dará uma vida mais plena.

Na hora da morte são poucas as pessoas que partem totalmente vivas. O que eu quero dizer com isso? Das centenas de milhares de pessoas que partem do mundo todos os dias, quantas você acha que morrem com Deus no coração, com Jesus no coração, com amor no coração? Quantas você acha que morrem com misericórdia e amor por si mesmas? Morremos como vivemos. E estaremos brincando se acharmos que, depois de viver de uma maneira que não nos deixou tempo para examinar o que nos causa sofrimento, faremos esse exame íntimo em nosso leito de morte. Não, não faremos. Acharemos dificuldade em manter a concentração, pois seremos distraídos por sintomas físicos, cheiros, sons e gostos desagradáveis. O exame íntimo requer prática, e essa prática é adquirida durante a vida.

Conheci um budista, um grande lama, que em seu leito de morte sofria intensa dor física. Em certo momento esse homem, que passara dez anos meditando em uma caverna, disse: "Minha mente parece um cachorro latindo, e meu corpo está silencioso como um cemitério". Alguém perguntou-lhe o que ele fizera, para que aquilo acontecesse, e o lama respondeu: "Treinei a vida toda para me manter lúcido nesta hora, então lutei para recuperar a clareza mental, para novamente estar presente, porque assim tudo estaria bem".

A dor provocada pela doença não abandonou o corpo do lama, mas ele reuniu suas forças e a percepção que cultivara durante a vida para abrir espaço suficiente para a clareza mental. Então pôde aceitar a morte no coração.

Assim vemos que o problema não é a morte. O problema é aprender a viver com o coração aberto, através da prática do perdão, do amor e da percepção ampliada. É isso que nos cura durante a vida, é o que levaremos conosco na hora da morte.

A morte é um imposto que a alma paga por ter tido um nome e uma forma."

— Pir Inayat Khan

CAPÍTULO 20

Morrer antes de morrer

DR. STANISLAV GROF

O dr. Stanislav Grof é psiquiatra. Seu estudo pioneiro focalizou os estados de consciência psicoespirituais e o desenvolvimento do "trabalho de respiração holotrópica, um método terapêutico de acesso a estados de percepção incomuns.

Foi presidente da International Transpersonal Association (Associação Transpessoal Internacional, e é autor dos livros *Holotropic Mind* (Mente Holotrópica), *Beyond the Brain* (Além do Cérebro) e *Books of the Dead* (Livros dos Mortos) e outros.

Este capítulo foi baseado em trechos de uma entrevista gravada em vídeo e em uma de suas palestras em Chicago, Illinois.

"Para qualquer cultura que esteja interessada no sentido da vida, o estudo da morte, que é a única certeza que temos, deve ser uma prioridade, pois a compreensão da morte é a chave da liberação da vida."

— Dr. Stanislav Grof

Os antigos livros escatológicos dos mortos, o tibetano *Bar do Thodol*, o egípcio *Pert en bru*, o asteca *Codex Borgia*, ou o europeu *Ars Moriendi*, quando chamaram pela primeira vez a atenção dos eruditos ocidentais, foram considerados descrições fictícias da viagem póstuma da alma e, dessa forma, criações de pessoas incapazes de aceitar a feia realidade da morte. Foram colocados na mesma categoria de contos de fadas, fantasias artísticas de grande beleza, mas sem nenhuma importância na vida real.

No entanto, um estudo mais profundo desses textos revelou que eles haviam sido usados como guias, no contexto dos sagrados mistérios e da prática espiritual, sendo bastante provável que descrevessem experiências reais de iniciados e praticantes. A partir desse ponto de vista, a apresentação desses livros como manuais da morte parecia simplesmente um disfarce inventado pelos sacerdotes para ocultar a real função dos textos e proteger seu mais profundo sentido esotérico e sua mensagem, que não eram para os não iniciados. Seja como for, a exata natureza dos procedimentos usados pelos antigos sistemas espirituais continua a ser uma área inexplorada.

A pesquisa moderna que focaliza os estados de consciência incomuns trouxe uma nova e inesperada compreensão desse campo problemático. O estudo científico sistemático de experiências com poderosos métodos de psicoterapia e a ocorrência espontânea de fatos psicoespirituais mostraram que, em todas essas situações, as pessoas podem passar por toda uma gama de experiências incomuns, como agonizar, morrer, atravessar o inferno, enfrentar o julgamento divino, renascer, visitar planos celestiais, recordar encarnações anteriores. Esses estados de consciência mostraram-se notavelmente similares àqueles descritos nos textos escatológicos das culturas antigas, de épocas pré-industriais.

Uma das peças que estavam faltando ao quebra-cabeça foi oferecida pela tanatologia, a nova disciplina científica que estuda a morte e os moribundos. Os estudos tanatológicos de estados de quase-morte, feitos por pessoas como os doutores Raymond Moody, Kenneth Ring, Michael Sabom, Bruce Greyson e Charles Flynn, mostraram que as experiências associadas a situações que põem a vida em risco têm grande semelhança com as descrições encontradas nos antigos livros dos mortos e também com os casos registrados pela moderna psicoterapia experimental.

Desse modo fica claro que os antigos textos escatológicos são na verdade mapas dos territórios íntimos da psique, que podem ser encontrados nos profundos e incomuns estados de consciência, inclusive aqueles associados à morte biológica. As experiências ocorridas parecem transcender os fatores de raça e cultura e originar-se no inconsciente coletivo descrito pelo psiquiatra C. G. Jung.

Podemos passar a vida toda sem nunca conhecer esses estados de consciência, sem nem mesmo perceber sua existência, até que formos lançados para dentro deles no momento da morte física. Entretanto, algumas pessoas têm essa experiência ainda durante a vida, em uma variedade de situações, como auto-exploração através de meios poderosos, como séria prática espiritual, participação em rituais xamanísticos, ou durante crises psicoespirituais espontâneas. Isso dá a elas a possibilidade de explorar experimentalmente esses territórios da psique, de modo que a morte não as pega de surpresa, no fim de sua vida biológica.

O monge austríaco agostiniano, Abraham a Sancta Clara, que viveu no século dezessete, explicou de maneira sucinta a importância da prática para a morte: "O homem que morre antes de morrer, ao morrer não morre". Esse "morrer antes de morrer" tem duas importantes conseqüências: libera o indivíduo do medo da morte e muda sua atitude em relação a ela, além de exercer influência sobre a experiência real de morrer, no instante final da vida física. Essa eliminação do medo da morte também transforma a maneira pela qual o indivíduo vive no mundo. Por essa razão, não existe diferença fundamental entre preparação para a morte, prática da morte, e prática espiritual que leva ao esclarecimento. Essa é a razão pela qual os antigos livros dos mortos podiam ser usados em ambos os casos.

"Em 1975 eu tive um despertar espiritual muito profundo, no qual perdi a percepção do corpo completamente quando mergulhei

numa refulgente luz branca e dourada. Essa luz era igual, em luminosidade, à luz branca que eu conhecera numa experiência anterior de quase-morte. O profundo despertar espiritual mostrou-me que não há morte para o Eu. O corpo morre, mas o Eu é eterno e passa de uma fase para a outra, imperturbável. Depois disso, em meditação, eu percorria diariamente aquele mesmo caminho íntimo e mergulhava na mesma luz. Assim, morria conscientemente todos os dias. Depois de algum tempo, perdi completamente o medo da morte. Isso é o que eu chamo de divina mudança de comportamento. Até hoje sinto-me muito bem, mergulhando na Luz e, de certa forma, morrendo regularmente."

— Depoimento do Dr. Gabriel Cousens, psiquiatra, no vídeo *Experiencing the Soul* (Conhecendo a Alma)

SÉTIMA PARTE

A *alma no momento da morte*

INTRODUÇÃO

Dizem que viver é a mais elevada forma de arte, então, nós *todos* somos artistas, vivendo cada um a sua própria maneira. Como a morte física também faz parte da vida, o modo como cada um de nós morre é um assunto altamente individual. Assim como dois gêmeos idênticos surfando numa mesma onda do mar, não a cavalgam do mesmo jeito, a maneira como cavalgamos a onda final da vida está intimamente ligada à qualidade de nossa percepção no momento da morte.

Através de toda a história, até os dias de hoje, vários métodos de preparação para a morte foram desenvolvidos e podem ser divididos em duas categorias. A primeira inclui algumas práticas que são específicas e apropriadas para quando a morte física é iminente e que podem ser chamadas de exercícios para o fim da vida física. A segunda categoria, muito mais ampla, inclui práticas espirituais de natureza mais geral e que podem ser seguidas durante toda a vida, inclusive no período no qual já nos encaminhamos para o fim.

Entretanto, é importante saber que, mesmo que nos dediquemos totalmente aos métodos e técnicas disponíveis, que a autora de um dos capítulos deste livro, Anya-Foos Graber chama de exercícios para a morte, isso não impede nossa vida de apresentar problemas, nem lança luz automaticamente sobre todas as contradições e paradoxos misteriosos. *O preparo para a morte não nos dá certeza absoluta de que nossa morte será fácil.* Há a probabilidade de não conseguirmos contornar totalmente a dor e o sofrimento que podem servir para nosso crescimento nesse momento final, mesmo que estejamos preparados.

Apesar de que não existe nenhuma fórmula mágica ou garantia, estaremos agindo com grande sabedoria, se nos prepararmos para a partida deste planeta, assim como uma futura mãe prepara-se para ter o filho, embora isso não garanta um parto feliz. Conhecer o processo da morte pode reduzir nosso medo natural e nos ajudará a fazer uma passagem mais tranqüila, quando vencer nosso prazo aqui no mundo.

Esta Sétima Parte, *A Alma no momento da morte,* dá-nos uma visão dos aspectos espirituais do processo da morte, que é quando a alma desliga-se do corpo físico. Entendemos que, além de ser um acontecimento de ordem física, a morte é uma experiência espiritual muldimensional de profundo significado para a evolução da alma. Cada vez mais compreendemos como é importante que pessoa que está morrendo cultive uma percepção consciente através de todo esse processo, até o momento da morte. Para um observador, os sinais externos que indicam a proximidade da morte podem parecer iguais em todos os casos, mas, na visão íntima da pessoa cujo corpo jaz inerte na cama, ou em algum outro lugar, o que ela está passando "no lado de fora" faz parte de um mundo vasto e único.

A morte física pode, na verdade, ser uma experiência positiva de vida, e para algumas pessoas, até representar a coroação de uma vida bem vivida, *especialmente* para aquelas que se prepararam para a morte. No período anterior à morte, embora a cura física não seja mais possível, enquanto a pessoa respirar poderá receber a cura íntima.

CAPÍTULO 21

Vislumbres da Eternidade — O último presente de minha mãe, no momento de seu passamento

DRA. JOAN BORYSENKO

Joan Borysenko, cientista da área médica, fez seu curso de doutorado em Harvard, no campo de anatomia e biologia celulares, e também é psicóloga e conferencista internacional. Seus livros, que unem medicina, psicologia e espiritualismo, incluem *The Power of the Mind to Heal* (O poder de Cura da Mente), *Minding the Body, Minding the Mind* (Dando Atenção ao Corpo, Dando Atenção à Mente) e *A Woman's Book of Life* (O Livro da Vida de uma Mulher). É diretora do Mind/Body Health Sciences (Ciência da Saúde Física/Mental), uma clínica holística e centro de sua pesquisa em andamento sobre a mente, o corpo e o espírito. Este capítulo é baseado em uma entrevista gravada em vídeo e em uma palestra feitas em Chicago, Illinois.

"Olhei para meu filho, Justin, e o vi chorando. Seu rosto estava banhado de luz quando ele me fitou e perguntou se eu via que o quarto todo ficara iluminado. Respondi que sim, e ele explicou: 'É a vovó. Ela abriu a porta da eternidade para que a vislumbremos, e este é seu último presente para nós'."

— Dra. Joan Borysenko

Minha mãe era uma pessoa maravilhosa, fascinante, um exemplo perfeito de mãe judia, assim como sou um exemplo perfeito da "princesa" judia-americana. Posso dizer-lhe que fui um total desapontamento para minha mãe, que fiz tudo errado. Ela achava que minha pesquisa e tudo o mais eram inúteis, principalmente no que dizia respeito à dimensão espiritual, pois considerava isso uma tolice. Como marxista, dizia que Deus é o ópio do povo, algo em que nunca poderia acreditar. Muitos membros de minha família haviam morrido no Holocausto, e acho que quando alguém passa por uma experiência semelhante a essa, que ultrapassa a compreensão humana, sua fé torna-se mais profunda, ou então desaparece. E a de minha mãe desapareceu completamente.

Quando ela estava morrendo, fizemos tudo o que podíamos para confortá-la, algo de que ela não precisava, isso era claro. Quem precisava de conforto era eu, que queria ter certeza de que ela se sentia à vontade na presença da morte.

Uma ocasião, tentei falar dessas coisas com ela, mas não consegui despertar seu interesse. Ela adorava Miroslav, que na época era meu marido, e um dia ele deitou-se na cama ao lado dela e contou-lhe todas as nossas histórias favoritas sobre experiências de quase-morte. Imaginamos que isso a interessaria, mas depois de três ou quatro das melhores histórias, ela olhou para ele e disse com grande amor: "Mir, se isso lhe faz bem, continue acreditando nessas bobagens".

Minha mãe era fanática por beisebol e torcedora do Red Sox de Boston. Naquele tempo, o Red Sox tinha um jogador de terceira base chamado Wade Boggs, e ele entrou em uma enorme confusão, contando alguns segredos de seus colegas de time à amante, que revelou tudo à imprensa. Os jornalistas tiveram um prato cheio, como se diz, divulgando os segredos e causando terrível humilhação a Wade Boggs.

Três semanas antes de minha mãe falecer, vi uma manchete num jornal que dizia mais ou menos isto: "Como pode Wade Boggs estar suportando tão bem tamanha humilhação?". Minha antena de psicóloga estendeu-se. No artigo, Wade explicava que sua mãe, que acabara de morrer, aparecera para ele numa visão completa, em três dimensões. Na visão, ela lhe dissera que os humanos aprendem e crescem com seus erros, e que ele devia examinar o que fizera, arrepender-se, jamais repetir o erro, juntar as lições dadas pela experiência e seguir em frente. Tudo, então, ficaria bem. Ela também apareceu em um visão completa, em três dimensões, para a irmã de Wade, que sofria de esclerose múltipla e estava paralítica, e pediu-lhe que fizesse o discurso fúnebre em seu funeral. A moça, que não falava mais, não poderia fazer isso, mas suas cordas vocais voltaram ao normal, e ela pôde satisfazer o desejo da mãe.

Telefonei para minha mãe e li o artigo para ela ouvir. Quando terminei, ela ficou em silêncio completo na outra ponta da linha. Em se tratando de minha mãe, aquele era um bom sinal.

Ela não fez nenhum comentário, nem naquela hora nem depois. Passaram-se algumas semanas, e ela voltou a ser internada pelo que seria a última vez. A ambulância foi buscá-la para levá-la ao Beth Israel, um hospital maravilhoso, onde o pessoal realmente sabe lidar com os pacientes e onde a atitude não é aquela de sistemática negação da morte. A enfermeira, na sala de pronto-socorro, reconheceu-a e perguntou: "Sra. Zakon, a senhora percebe que está morrendo?".

"Que dádiva magnífica", pensei. "Agora ela sabe, e este é o momento decisivo de a energia parar de tentar agarrar-se à vida e entregar-se."

Minha mãe sorriu bondosamente para a enfermeira e repetiu: "Morrendo, estou morrendo". Erguendo-se um pouco, apoiada em um cotovelo, prosseguiu: "Você sabe o que é morrer? Pode apostar que eu sei! Você ouviu a história sobre a mãe de Wade Boggs?".

O resto do processo da morte de minha mãe foi um verdadeiro modelo de tudo o que acontece nesse período.

A família inteira estava reunida no quarto de hospital, esperando para despedir-se, pois sabíamos que ela faleceria naquele dia ou no seguinte. Ela teve hemorragia interna e levaram-na para fazer alguns exames, às nove horas da manhã. Eram quatro horas, e ainda não a haviam trazido de volta. Nossos parentes começaram a entrar em pânico, então me mandaram ver o que estava acontecendo, já que eu usava um jaleco branco, que me dava acesso a todas as dependências do hospital. Eu fui.

Nosso maior receio não era infundado. Encontrei minha mãe em uma maca no corredor, sozinha, morrendo. Disse ao médico que a atendia que queríamos que ela fosse levada para o quarto imediatamente. Ele explicou que em meia hora chegaria a vez de ela passar por um exame, e eu respondi que isso não importava, que ela estava morrendo e que a queríamos no quarto, no meio da família. O médico não se rendeu. Disse que sentia muito, mas que de acordo com o regulamento do hospital eles precisavam apresentar um diagnóstico. Bem, nem no fim minha mãe perdeu o senso de humor. "Precisam de um diagnóstico?", ela perguntou, olhando para o médico com aqueles pobres olhos lacrimosos. "Por que não disse antes? Estou morrendo. Esse é o diagnóstico." O mais interessante foi que ele não teve argumentos contra aquela lógica e liberou-a.

Conto essa história porque cada um de nós tem de desempenhar seu próprio papel no sistema médico, e essa é sempre uma questão de comunicação entre o paciente que está morrendo, sua família e o pessoal médico, de modo que coisas assim não aconteçam.

Enquanto voltávamos para o quarto, no rápido percurso do andar térreo ao sétimo, minha mãe e eu trabalhamos juntas. Ela era o tipo de pessoa que representava a geração de mulheres judias que haviam testemunhado a Depressão e o Holocausto, que, para lidar com a vida, haviam sido obrigadas a ignorar seu próprio sofrimento. Ela não expressava bem emoções dolorosas, mas olhou para mim, naquele elevador, e disse: "Sei que cometi muitos erros, mas será que você pode me perdoar?".

Aquelas palavras foram mais abençoadas do que eu poderia imaginar, porque abriram meu coração, permitindo que eu visse como estava me prendendo ao sofrimento por ter falhado com ela de tantas maneiras, pelas vezes em que não encontrei tempo para estar em sua companhia, pelas vezes em que julguei-a pelo modo como vivia, achando que não era aquela a vida que queria para mim. E fui capaz também de olhá-la e dizer-lhe o mesmo, que cometera muitos erros e pedia seu perdão. No sagrado local do portal da morte, as palavras que são ditas possuem grande poder e tremenda capacidade de curar. E houve um momento maravilhoso de perdão entre nós.

Minha mãe foi acomodada em sua cama, e todos despediram-se dela. Meu filho Justin e eu ficamos com ela a noite toda. Justin tinha vinte anos, na época, e era muito apegado à avó. Fora ela quem de fato o criara, porque eu era uma ocupada estudante de graduação e não tinha dinheiro para pagar uma babá. Ele a amava profundamente e achou muito fácil dizer-lhe tudo o que ela significara em sua vida. É muito importante para uma pessoa que está morrendo, saber que fez algo de bom para a vida de alguém. Justin começou a cantar lindas canções, não apenas da tradição judaica como também a canção que ela adorava, pois marcara o dia em que se apaixonara por meu pai, *Some Enchanted Evening*. Ela ergueu os olhos para Justin e, em lágrimas, perguntou: "Acha que vovô vai estar a minha espera?". E compreendemos que ela começara a acreditar em algo em que nunca acreditara.

Por volta de meia-noite o médico perguntou-lhe se ela gostaria de tomar um pouco de morfina, explicando que a dor diminuiria, mas que a respiração se tornaria mais difícil. Ela aceitou a morfina e despediu-se de mim e de Justin.

Nós dois continuamos nossa vigília, um de cada lado da cama, esperando que ela fizesse sua passagem. Eram cerca de três horas da madrugada, e eu estava meditando, quando, de repente, tive uma visão. Senti-me luminosa e tive a sensação de estar dando à luz o mundo inteiro na forma de um bebê. Eu dera à luz duas vezes e sabia que certo momento do processo de dar a vida pode assemelhar-se à morte. Durante a visão, tomei consciência de que o nascimento não é nada fácil para o bebê, que ele também se sente morrer, que cada morte é um nascimento, e cada nascimento, uma morte. Eu era tanto a criança como a mãe. Em seguida, deixei de ser a mãe para ser apenas o bebê, que se movia ao longo de um túnel escuro. Nasci num plano de Luz intensa, e não há palavras que possam descrever o que senti. Dizer que entrei na presença de um amor que vinha de dentro e de fora de mim mal pode dar uma idéia da maravilhosa sensação. Era como se minha alma houvesse sido desnudada, ficando totalmente exposta, e era pura, embora eu visse todos os erros que cometera. Os *Upanishads* falam dessa essência imortal, que o fogo não pode queimar, que as rochas não podem esmagar, que não pode ser ferida de modo algum, o âmago eterno do que somos, que não se perde, nem se suja, e foi isso que vi naquela experiência.

Então, tudo o que dizia respeito a mim e minha mãe tornou-se claro: eu nascera através dela e era através de mim que ela estava saindo deste mundo e nascendo em outro. Nós duas fazíamos parte do eterno círculo do nascimento e da morte.

A visão acabou, e quando abri os olhos, vi que o quarto estava cheio de luz. As coisas haviam perdido os contornos, tudo se transformara em moléculas de luz dançante. Olhei para meu filho, Justin, e o vi chorando. Seu rosto estava banhado de luz quando ele me fitou e perguntou se eu via que o quarto todo ficara iluminado. Respondi que sim, e ele explicou: "É a vovó. Ela abriu a porta da eternidade para que a vislumbremos, e este é seu último presente para nós". Os olhos dele estavam tão cheios de amor que senti a luz que saía de seu coração e chegava até o meu. "Você deve ser muito grata a ela", Justin disse, e percebi, então, que ele tivera a mesma experiência que eu. "Ela é uma grande alma e encarnou para desempenhar um papel pequeno demais para sua sabedoria", ele prosseguiu. "Fez isso para o seu bem, mamãe, para que você tivesse alguma coisa contra a qual opor resistência".

A experiência fora uma dádiva maravilhosa, inclusive pelo fato de ter sido Justin a compreender seu significado. Eu soube, ouvindo-o falar, que ele me perdoara por tudo o que eu fizera e não fizera como mãe.

Nós dois tivemos a revelação de que morrer é passar por uma porta. Durante a vida passamos por muitos nascimentos e muitas mortes. O que caracteriza a vida não é a grande morte quando fazemos nossa última saída, mas todas as pequenas mortes. No *Bhagavad Gita*, Krishna diz: "Assim como o habitante de um corpo meramente passa pela infância, juventude e velhice, na morte ele meramente passa para outro estado de ser. Os sábios não são enganados quanto a isso". Nossa vida é uma série de nascimentos e mortes. Quando nascemos no corpo de um bebê, de certa maneira morremos para a vida do espírito.

Morremos para o corpo da criança, na época da puberdade, e assim por diante. Continuamos a morrer e a renascer através das várias etapas da vida.

Sempre digo, brincando, que somos um grande caso cósmico de múltiplas personalidades, que na verdade, quando olhamos para o rosto de qualquer outra pessoa, estamos olhando para o nosso próprio rosto, pois todos nós somos altares do Divino. Em minha opinião, aquilo que pensamos ser uma lembrança de uma vida passada às vezes é uma lembrança celular de todos os nossos ancestrais, e que toda a sabedoria adquirida em cada um daqueles nascimentos, em cada uma daquelas mortes, está codificada dentro de nós, que somos uma única alma que está aprendendo a conhecer-se e cultivar-se. Desse modo, a vida e a morte de cada um de nós fazem parte da grande roda que está sempre girando, do grande círculo. Se queremos possuir a Luz, temos de ser capazes de aceitar as pequenas mortes pelas quais passamos e também a escuridão que existe dentro de nós.

"Foram alunas minhas, enfermeiras, que me contaram esta história. Elas estavam cuidando de uma freira que se encontrava bem perto da morte e sofrendo muito. A freira estava dominada pela ansiedade e fazia questão de ter sempre à mão o rosário e uma verdadeira parafernália religiosa. Bem, parece que em determinado momento, cerca de doze horas antes de morrer, ela deixou o corpo, entrou na Luz e teve a clássica visão de um ser espiritual. Quando a experiência terminou, ela perdeu completamente o interesse pelo rosário e o resto dos objetos a que havia dado tanta importância. As enfermeiras, minhas alunas, perguntaram-lhe o motivo disso, e ela respondeu: 'Não preciso mais deles. Vi as coisas como realmente são'. Então, morreu tranqüilamente, com um sorriso no rosto."

— Dr. Michael Grosso, do vídeo *Experiencing the Soul* (Conhecendo a Alma)

CAPÍTULO 22

O que conta na hora da morte

CHRISTINE LONGAKER

Christine Longaker é ex-diretora do hospital para doentes terminais Santa Cruz, fundadora e diretora da Buddhist Rigpa Fellowship (Sociedade Rigpa Budista) nos Estados Unidos. Desenvolveu o Programa Espiritual para a Vida e a Morte sob orientação de seu mestre espiritual, o venerável Sogyal Rinpoche, autor do aclamado *The Tibetan Book of Living and Dying* (O Livro Tibetano dos Vivos e dos Mortos). Este capítulo é baseado num trecho do livro de Christine, *Facing Death and Finding Hope* (Enfrentando a Morte e Encontrando Esperança)

"Por não saber quem somos, por não conhecer nossa real essência e nossa ligação com toda a vida, cometemos erros. Se nessa ignorância ferimos alguém, se fizemos coisas das quais nos arrependemos, podemos pedir perdão tanto à pessoa a quem magoamos como a Deus."

— Christine Longaker

Dada a extraordinária oportunidade de ganhar a liberdade que nos é apresentada na morte, precisamos nos preparar verdadeiramente para esse momento. Os ensinamentos enfatizam que são duas as coisas que contam na hora da morte: como vivemos a vida e nosso estado mental naquele instante.

"Como vivemos a vida" tem duas implicações. O resultado de nossas ações, tanto positivas como negativas, assim como nossos hábitos, nos acompanharão quando morrermos. Os ensinamentos budistas assim descrevem o princípio do carma: todas as nossas ações têm uma conseqüência, ou reação, sobre nós mesmos. Mesmo que não vejamos imediatamente os efeitos de nossas ações, eles existem. Todas as nossas ações, e isso inclui palavras e pensamentos, são como sementes que estamos semeando, e mais tarde, durante a vida ou depois da morte, essas sementes se transformarão em plantas e darão frutos. Os efeitos de nossas ações serão nossa colheita, boa ou má, depois que morrermos, e causarão impacto em nossas experiências na nova situação, determinando também a qualidade de nossa existência seguinte.

Aqueles que sobreviveram a uma morte clínica e tiveram uma experiência de quase-morte prolongada contam que assistiram a uma revisão completa de tudo o que fizeram na vida, até mesmo vendo cenas das quais conscientemente não se lembravam mais. No entanto, não apenas assistiram passivamente como sentiram o efeito que suas ações causaram sobre os outros, *como se eles próprios as estivessem recebendo.*

"Tudo o que fiz na vida foi revisto. Fiquei envergonhado por ter feito certas coisas, porque fiquei sabendo também de que forma isso afetou outras pessoas. Descobri que nem mesmo nossos pensamentos se perdem. Cada pensamento que tive, cada palavra que proferi, cada ato que cometi foram expostos, e experimentei o efeito que esses pensamentos, palavras e atos tiveram sobre todas as pessoas em meu círculo de influência, mesmo aquelas a quem eu não conhecia."

Uma mulher que teve duas experiências de quase-morte também falou-me a respeito dessa revisão. "Depois da morte, ver o efeito que nossas ações e até mesmo nossos pensamentos causaram sobre tudo e todos *é um verdadeiro inferno*. Vemos como estamos constantemente julgando projetando nossas motivações egoístas ou negativas em todos os nossos contatos, mesmo os aparentemente insignificantes, e sentimos os efeitos dessa nossa atitude."

É claro que as pessoas que sobreviveram a experiências de quase-morte são afortunadas, porque têm a chance de mudar de vida, de reparar os erros, de usar a mente e o coração de modo positivo, tratando os outros com gentileza e bondade. No entanto, se dermos ouvidos às mensagem dessas pessoas, teremos a mesma chance. Podemos melhorar nossas vidas, purificar as ações do passado, perdoar e pedir perdão, decidir viver de modo diferente. E podemos começar a fazer isso agora.

Outras sementes que estamos semeando são nossos hábitos. Nossa correnteza mental é um fluxo contínuo de hábitos emocionais desregrados e negativos, que são a causa de grande parte de nosso sofrimento na vida e de sofrimento indizível depois da morte.

Muitos anos atrás levei um jovem mestre tibetano, Dzongsar Khyentse Rinpoche para visitar uma mulher que estava morrendo. Quando o mestre entrou no quarto, apresentou-se, e ela expressou sua gratidão pelo fato de ele ter ido vê-la.

— Nas últimas semanas tenho resistido à morte, mas agora acho que a aceitei — disse a mulher.

Ele a fitou e, com um brilho divertido no olhar, discordou:

— Eu acho que não!

Ela riu.

— Tem razão — admitiu.

Puxando uma cadeira para sentar-se ao lado da cama, o mestre virou-se para mim e perguntou:

— O que devo dizer a ela?

Sugeri que ele lhe falasse dos *bardos*, aqueles períodos de transição em que ficamos suspensos entre dois estados de existência aparentemente reais. Esperava que ele falasse do primeiro *bardo* da morte, quando a natureza da mente é completamente revelada. Mas ele falou a respeito do terceiro *bardo*, o período entre duas vidas, que vai do momento em que nossa consciência deixa o corpo até aquele em que toma um outro corpo, em um novo nascimento.

— Depois que morremos, tudo continua como era. Temos a mesma percepção que tínhamos antes, veremos tudo como víamos.

Ouvindo essas palavras de Rinpoche, refleti que a mulher devia estar se sentindo muito mais segura, vendo a morte não como o fim, mas simplesmente como uma continuação da percepção, algo que não depende do corpo. Mas o que ele disse a seguir foi uma total surpresa:

— Não é apenas a percepção que continua depois da morte. Nossos hábitos também permanecem os mesmos.

Observando o rosto da mulher, imaginei que a reação dela e a minha eram idênticas: *"Oh, não, meus hábitos não!"*.

A morte é, na verdade, a colheita dos frutos que semeamos durante esta vida e uma continuação do que quer que exista em nossa mente e em nosso coração, de momento a momento. *A morte é uma continuação do que somos agora, em vida.*

A janela da oportunidade

O segundo elemento que conta no momento da morte, nosso estado mental, revela que como estamos ao morrer é de enorme importância. Na morte não encontramos nada que seja novo. Vemos de modo totalmente claro nossa natureza absoluta, como nossa condição comum, relativa. Mas até que ponto conhecemos nosso *verdadeiro eu*? Aprendemos a trabalhar nossos hábitos condicionados, aprendemos a cultivar, no coração e na mente, a compaixão e a sabedoria? O que quero dizer com "mente" engloba todas as nossas atitudes e o estado espiritual de nosso coração. A mente verdadeira não está restrita à capacidade intelectual ou cognitiva, é uma bondade fundamental, ou um "bom coração", que existe no âmago de todos os seres.

A morte é um processo de dissolução gradual da capacidade física, dos sentidos, dos elementos grosseiros e sutis dos quais o corpo é composto, e da capacidade cognitiva. O aspecto externo dessa dissolução termina quando exalamos o último suspiro. No entanto, a partir daí, o processo de dissolução interna continua, nossa energia interior entra em colapso, juntamente com os estados mentais de raiva, desejo e ignorância que sustentaram nosso ego. A conclusão dessa dissolução interna é o momento final da morte, que a maioria das pessoas sente como um "desmaio", um mergulho no vazio escuro, um lugar onde há paz, e a dor desaparece.

Quando a consciência desperta, saindo da profunda escuridão da morte, a Luminosidade Fundamental, nossa verdadeira natureza mental, surge com um céu imaculado e radiante. O mais importante, nesse momento, é o *reconhecimento*: se reconhecermos a Luminosidade Fundamental como nossa verdadeira natureza, poderemos nos unir a ela e alcançar a libertação. O estado mental, no momento da morte, significa, para aqueles que ganharam estabilidade, apoiando-se na verdadeira natureza da mente durante a vida, simplesmente permanecer naquela pura percepção e unir-se naturalmente com a Luminosidade Fundamental.

Contudo, como a maioria de nós não está preparada para encontrar a morte, a falta de familiaridade com esse apoio da verdadeira natureza, ou um estado emocional confuso, podem impedir o reconhecimento da Luminosidade Fundamental. Por força do hábito, começaremos a reagir emocionalmente e a isolar-nos da experiência pura, dessa forma restaurando o apego do ego, o medo, a negatividade e todos os outros padrões de sofrimento. Embora tenhamos uma momentânea sensação de completa liberdade, reiniciaremos o processo do hábito mental de apego e de aversão, que nos atira na confusão e no sofrimento dos *bardos* de após morte e em nossa existência seguinte.

Como, logo depois da morte, acordamos com a mesma atitude, mental ou de sentimento, representada por nosso último pensamento ou emoção, temos, mesmo no momento em que estamos morrendo, a possibilidade de mudar essa habitual atitude de apego, deixando ir tudo a que nos agarramos, deixando ir os julgamentos e aversões, desenvolvendo um coração bondoso. Na verdade, todas as mudanças, perdas, os sofrimentos que conhecemos durante a vida oferecem-nos incontáveis oportunidades de "praticar a morte", de desenvolver o hábito do desapego e a capacidade de nos entregar a nossa verdadeira natureza. Temos muitas oportunidades de purificar nossos relacionamentos, de curar o coração ferido, de mudar nossa reação ao sofrimento. Se fizermos isso, estaremos nos preparando para a morte em todos os momentos.

Através de treinamento espiritual, podemos aprender a meditar, o que permite nossa união com a sabedoria e a compaixão que nos são inerentes. Quando a mente aprofunda-se, na meditação, a mente conceitual e o normal senso do eu podem dissolver-se temporariamente. Então, no espaço aberto entre nossos pensamentos, surge uma percepção clara, alerta e radiante que não é sustentada por esperanças, medos ou projeções habituais. Essa prática espiritual, seguida com dedicação e sinceridade permite que nos purifiquemos e nos livremos do condicionamento emocional e do apego do ego que nos separam da realidade. A meditação cria um vínculo cada vez mais profundo e confiável entre nós e uma percepção natural, que brota sem esforço, na qual nos sentimos relaxados e soltos, cheios de gratidão sem limites e de uma compaixão jubilosa que abrange tudo e todos.

Nas palavras de Sogyal Rinpoche, "a mensagem fundamental dos ensinamentos budistas é que, se estivermos preparados, teremos imensa esperança, tanto na vida como na morte". Esses ensinamentos revelam-nos a possibilidade de alcançarmos uma maravilhosa liberdade sem limites, pela qual temos de trabalhar agora, em vida, a liberdade que nos permitirá escolher como vamos morrer e também as condições de nosso novo nascimento. Para uma pessoa que se preparou, que se dedicou a práticas espirituais, a morte chega não como derrota, mas como triunfo, como o momento da coroação, o mais glorioso da vida.

"Meu mestre, Dudjom Rinpoche, costumava dizer que ajudar alguém que está morrendo é como estender a mão para uma pessoa que vai cair e segurá-la. Através da força, da paz e de uma atenção cheia de profunda compaixão, podemos ajudar quem está

partindo a descobrir a própria força. O que nossa presença transmite nesse momento de grande vulnerabilidade é de extrema importância. Nunca vou para a cabeceira de uma pessoa que está morrendo sem antes meditar, sem mergulhar na sagrada atmosfera da natureza da mente. Então, não preciso me esforçar para encontrar compaixão e autenticidade, pois estarão lá, brilhando naturalmente."

— Sogyal Rinpoche, em *The Tibetan Book of Living and Dying* (O livro Tibetano dos Vivos e dos Mortos)

CAPÍTULO 23

O preparo para a morte e a técnica de segurança à prova de falhas, no momento da morte e depois

ANYA FOOS-GRABER

Anya Foos-Graber, escritora e instrutora de ioga, sintetizou um método original de morte consciente, que ela chama de preparo para a morte. Esse método ajuda pessoas que estão morrendo a deixar o plano físico de uma maneira espiritualmente consciente. É autora de *Deathing: An Intelligent Alternative for the Final Moments of Life* (Preparo para a Morte: Uma Alternativa Inteligente para os Últimos Momentos da Vida) e mora atualmente no Kansas, onde cuida de sua fazenda e escreve, quando não está fazendo palestras sobre o preparo para a morte e assuntos correlatos. Este capítulo foi escrito especialmente para esta antologia, depois de várias e longas conversas telefônicas que tive com a autora.

"Se pudermos manter um estado de percepção do divino no momento da morte, concentrando-nos no nome de um Ser Iluminado que seja 'Um com o Pai', seremos capazes de 'viajar de carona' através dos princípios da ressonância vibracional, pois teremos embarcado no estado de consciência por trás do nome que é invocado por essa concentração."

— Anya Foos-Graber

Muitas vezes as pessoas me perguntam o que é morrer preparado e no que isso difere de simplesmente morrer. Em resposta, faço a comparação entre "parto", o processo biológico através do qual a criança desce pelo canal do nascimento e sai à luz, uma situação que todas as mães têm de enfrentar, estejam ou não preparadas, bem informadas, ou não, e o parto orientado, para o qual a mãe preparou-se, usando técnicas e métodos baseados em salutares princípios fisiológicos, psicológicos e espirituais.

A mesma diferença existe entre morrer e estar preparado para a morte. Meu método reúne várias técnicas que nos preparam para morrer, especialmente para o momento em que a morte ocorre. Essas técnicas são uma síntese da sabedoria coletiva, transmitida por muitas tradições espirituais de todo o mundo, e baseiam-se no que acontece na hora da morte biológica e no fato de que a alma segue seu caminho depois. O método pode transformar a quase sempre dolorosa partida da alma em uma experiência maravilhosa, em que há participação voluntária no cósmico processo criativo. Temos, então, a possibilidade de reconhecer nossa verdadeira identidade cósmica. O fato de estarmos preparados para morrer pode elevar a morte a nova alturas, assim como o preparo para o parto pode transformar o nascimento em uma experiência triunfante, luminosa e consciente.

Meu primeiro filho nasceu em um parto comum, em que tomei remédios para aliviar a dor, mas o que aconteceu no nascimento do segundo, Ben Paul, para o qual me preparei com o método Lamaze, foi além de um simples controle da dor. Respirando, focalizando minha atenção em uma imagem espiritual, relaxando entre as contrações, deslizei para um espaço sereno, onde o tempo não existia, permanecendo lá mesmo quando as dores do parto atravessavam meu corpo, uma após a outra. Surfei sobre essas ondas poderosas de dor, fundindo a Anya limitada às contrações. Liberei a Anya, e minha identidade expandiu-se, tornando-se o arquétipo do Feminino Eterno. Por fim, um "eu" que não estava preso pelo corpo nem pela alma foi transportado para uma percepção da

Consciência Cósmica. Tudo isso acontecia enquanto meu corpo biológico fazia seu trabalho para trazer Ben Paul ao mundo. Esse "eu" ilimitado, não localizado, estava em êxtase. Uma luz etérea entrou na sala de partos e inundou-a, literalmente cegando meu obstetra por um instante.

O bebê nasceu e inspirou ar pela primeira vez, num momento em que eu exalava o que havia em meus pulmões. Com o cordão umbilical ainda preso, Ben Paul foi colocado sobre meu peito, enquanto minha consciência contraía-se, passando de cósmica a maternal, então voltei a ser a Anya mãe, uma forma limitada, localizada.

Depois dessa magnífica experiência, fiquei diferente, sentindo-me indizivelmente fortalecida, como me sentira depois das duas experiências de quase-morte que tivera na infância e das incontáveis viagens extracorpóreas que tenho feito durante a vida.

De maneira similar, morrer *também* pode ser um acontecimento altamente fortalecedor. O véu entre dimensões é muito tênue durante todo o processo da morte, no momento em que ela ocorre e logo depois. Se pudermos manter um estado elevado de percepção, a morte será o momento em que a alma presenciará a manifestação divina, seguindo sua trajetória em direção à Fonte de onde todos nós viemos.

A técnica de segurança à prova de falhas

A melhor maneira que conheço de introduzir o princípio básico, a técnica mais importante no preparo para a morte é citar as palavras de Krishna no *Bhagavad Gita*, a bíblia hindu, que ele usou falando com seu discípulo Arjuna. "Qualquer um que, no fim da vida, abandone o corpo lembrando-se de Mim, alcança imediatamente a Minha Natureza, e disso não há dúvida. Seja qual for a situação em que uma pessoa deixa o corpo atual, na vida seguinte ela atingirá esse estado de ser, sem falhar." (*Bhagavad Gita*, 8:6)

Mesmo que as pessoas não aceitem a reencarnação, o princípio "lembrar-se de Mim", a que Krishna faz referência, *ainda permanece firme.* Jesus Cristo referiu-se ao mesmo princípio, quando disse: "Ninguém vai ao Pai senão por mim" (João 14:6).

Como neta de pastor evangélico, sei que os textos bíblicos estão sujeitos a múltiplas interpretações, mas, se compararmos essas palavras de Jesus com outra de suas declarações, "Eu e o Pai somos Um", João 17:11, veremos que parece que Ele estava dizendo que "lembrar-se de Mim" é necessário e até mesmo preferível a lembrar-se de um conceito abstrato, como o de "Deus".

Por favor, perdoem-me se, de acordo com seu modo de pensar, proferi uma heresia. Não foi apenas através das implicações das palavras de Jesus e de raciocínio que cheguei a essa conclusão. Julgo-me uma pessoa abençoada, pois minha alma tem voado para outras dimensões de realidade, onde encontro Seres Divinos que são iguais, em estatura espiritual, aos fundadores das religiões do mundo. Também tenho estado à cabeceira de muitas pessoas, dando-lhe apoio na hora da morte, ajudando-as a lembrar-se do Ser Sagrado mais caro ao seu coração.

Chamo essa técnica de pensar em um Ser Sagrado na hora da morte de segurança a prova de falhas, porque, se tudo o mais falhar, a invocação desse nome é sempre eficiente, mesmo que a pessoa não tenha seguido o método completo de preparo para a morte, que inclui exercícios respiratórios, visualização, relaxamento, vibração e técnicas de afastamento da consciência. Se pudermos manter um estado de percepção do divino no momento da morte, concentrando-nos no nome de um Ser Iluminado que seja "Um com o Pai", seremos capazes de "viajar de carona" através dos princípios da ressonância vibracional, pois teremos embarcado no estado de consciência que existe por trás do nome que é invocado nessa concentração.

Dizem que Mahatma Gandhi treinou para lembrar-se do nome de sua divindade hindu favorita, Hari, em todos os momentos da vida, para que recorresse a ele espontaneamente na hora da morte. No dia em que foi assassinado, disse à filha que queria que ela invocasse esse nome, caso ele se esquecesse ou fosse pego de surpresa pela morte. Quando a bala perfurou seu corpo, Gandhi morreu pronunciando "Hari" audivelmente.

Dessa forma, enfatizar a importância de nos lembrarmos de um Ser Divino nunca será demais. Isso é especialmente valioso para todos aqueles que estão em processo de morte e batalhando contra tendências negativas, um quadro que é exacerbado quando as pessoas morrem em um hospital, sozinhas e sob o efeito de medicamentos, o que é o mais freqüente.

Talvez vocês perguntem: *O que acontece, no momento da morte, que o torna tão importante para o progresso da alma?* Muitas tradições espirituais ensinam que aquilo em que nos concentramos no momento da morte determina a atmosfera do que ocorre *depois* da morte física. O modo como morremos tem um profundo efeito correspondente sobre nosso estado na vida após a morte e nos futuros renascimentos. Pequenos momentos juntam-se e compõem grandes efeitos. A técnica de segurança à prova de falhas pode ajudar a amenizar os efeitos, tanto das condições negativas como dos condicionamentos.

São raras as pessoas que, na hora da morte, conseguem manter a concentração nas coisas divinas, devido ao habitual modo de pensar e agir durante a vida, geralmente agitada. Nesse momento, a consciência tende a fugir de controle, pois fica presa demais à preocupação com os aspectos físicos da morte ou é puxada para baixo, por um estado psicológico negativo.

Mas, vendo pelo lado melhor, as condições, na hora da morte, são as mais favoráveis no que diz respeito a imprimir o divino e ilimitado estado de consciência no campo individual de memória da alma. Esse acontecimento cósmico é o equivalente espiritual do mecanismo biológico da reprodução, isto é, do ato sexual. Um gera corpos, e o outro propaga as várias expressões de consciência. Nesse sentido, o extremamente importante momento da morte pode ser considerado sexo cósmico.

Na vida diária, falamos muito sobre o valor de uma boa primeira impressão. Bem, no momento da morte temos a oportunidade de dar uma boa última impressão aos bancos de memória da Mente Universal. Se for uma última impressão *realmente boa*, podemos não ter de retornar à forma humana, e a alma evoluirá em um plano dimensional mais alto. Quando isso acontece, a alma *não precisa* voltar ao plano terrestre, mas pode *optar por voltar*, por compaixão. Se a alma encarnada estiver bastante livre das impurezas dos desejos terrenos, sua essência será capaz de reconhecer o que os budistas chamam de primeira aparição da Luz Brilhante e fundir-se a sua luminosidade.

Minha idéia sobre o mecanismo por trás disso é que, na hora da morte, essa incondicional Luz Brilhante aparece à alma que parte no exato instante em que tombam o corpo físico e o biocampo, os subcampos mais baixos através dos quais a alma funciona. A libertação da alma de sua gaiola física, em exata conjunção com a abertura do véu que encobre outras dimensões de realidade, provê uma rápida mas real oportunidade de a alma fundir-se à Luz Brilhante. Embora todos as pessoas vejam essa Luz brevemente na hora da morte, poucas são as que conseguem reconhecê-la e fundir-se com ela.

Quando essa oportunidade passa, o sutil processo de morte continua. Nossos últimos pensamentos e emoções no momento da morte imprimem sua marca mental e emocional no sistema de armazenagem da Mente Universal. Essa "fotografia" holográfica torna-se o modelo para nosso próximo renascimento. As almas, infelizmente, têm a tendência de recuar e perder-se em seus hábitos e desejos anteriores. Depois de um certo período no estado de após morte, o peso e a força desses desejos e hábitos acumulados durante a vida terrena põem em movimento outro ciclo de encarnação humana. O tipo de forma física que a alma toma e as condições da vida seguinte são determinados pela lei de causa e efeito, que no Oriente é chamada de carma. A graça divina, a proteção e a misericórdia de um Mestre Iluminado podem contrabalançar esse carma, e com a técnica de segurança à prova de falhas consegue-se a ajuda de tal ser de luz.

Vocês talvez estejam se perguntando: "Como é que a Anya sabe que é assim que as coisas funcionam?". Bem, tenho ajudado pessoas a fazer a transição na hora da morte, inclusive vítimas de acidentes em rodovias. E às vezes posso continuar a trabalhar com elas *depois* da morte, no outro lado do véu. Elas me dão informações suficientes para me fazer ver que meu papel, como pessoa que dá apoio aos que partem, usando técnicas de preparo para a morte, produzem bons resultados.

Tive a felicidade de dar apoio a meu próprio pai na hora de sua morte. Sincronizei minha respiração com a dele e fiquei repetindo o nome de um mestre espiritual contemporâneo, invocando sua presença. Fizemos isso de modo intermitente por quase dois dias inteiros, até que meu pai deslizou para o estado de coma.

Depois de sua morte, ele apareceu para minha mãe e também para mim, e disse-nos que estava "andando em pastos verdes com o Senhor". Sendo filho de um pastor cristão, meu pai devia estar andando em pastos verdes com Jesus Cristo, mas também podia estar andando com Sathya Sai Baba, o Ser que invocamos durante o processo de sua morte física. Talvez com ambos. Seja como for, estou contente por saber que sua alma foi para um lugar de "pastos verdes".

A técnica de segurança à prova de falhas torna-se muito necessária nos dias de hoje, quando tantas pessoas morrem sem nenhum preparo e sem o apoio de alguém que as ajude espiritualmente. Por favor, compreendam que não estou dizendo que não receberemos ajuda do outro lado do véu, se morrermos sem nos lembrar de um Ser Divino, mas apenas que as técnicas apropriadas facilitam imensamente a partida da alma, porque estaremos recebendo assistência de *ambos os lados*. Acho que nossos padres, pastores e rabinos fariam um trabalho melhor, ao cuidar das necessidades das pessoas que estão morrendo, se usassem técnicas de preparo para a morte, principalmente a de segurança à prova de falhas.

O método de preparação para a morte é uma extensão natural do tratamento psicológico pré-morte em cinco etapas da dra. Elisabeth Kübler-Ross. O trabalho dessa pioneira mostra-nos como podemos ajudar as pessoas a navegar pelas etapas psicológicas de negação, raiva, depressão, negociação e, finalmente, a de aceitação da morte. Esse trabalho abriu espaço para o método de preparo para a morte, que introduz uma psicologia própria para o momento final da vida terrena e para o que vem depois.

Nunca perderei a esperança de que neste novo milênio, nossos clérigos, hospitais para doentes terminais, médicos, enfermeiros, paramédicos, bombeiros, policiais, todas as pessoas, enfim, que lidam com a morte diariamente, assim como o povo em geral, tornem-se mais conscientes do belo trabalho que nós, almas companheiras da mesma viagem, podemos prestar uns aos outros, aprendendo as técnicas do preparo para a morte.

Assim, queridos companheiros, minhas últimas palavras de amoroso conselho, para que sua passagem seja segura na hora da morte, são para pedir-lhes que usem a técnica de segurança à prova de falhas de acordo com a religião ou tradição espiritual que mais lhe toque o coração, a mente e a alma. Fazendo isso, estarão acelerando sua evolução e se tornarão membros de uma nova espécie, a do *homo noeticus*, conhecedor da divina consciência, tão diferente do atual *homo sapiens* como o homem de Neandertal era diferente do de Cro-Magnon!

"Cresci em uma família de ateus. Mas, durante os vinte anos de trabalho como enfermeira com pacientes terminais e portadores de doenças graves, tornei-me mais sensível a presenças imateriais no quarto desses doentes. Os pacientes falam com membros da família e amigos já falecidos que vão buscá-los, anunciam a presença de anjos, e eu mesma já tive visões de Jesus Cristo, de Maria e outros seres espirituais. Agradeço silenciosamente a assistência prestada por eles, pois, além de saber que os pacientes não estão sozinhos, não me sinto mais sobrecarregada com a

necessidade de cuidar de todas as suas necessidades. E sei que posso pedir essa assistência. O conhecimento de tudo isso não elimina a dor associada à morte de um ente querido, mas conforta os que ficam. Estou ansiosa para saber quem virá me ajudar e receber, quando chegar minha hora de morrer."

— Tani Bahti-Gaines, enfermeira em hospital para doentes terminais, em seu depoimento no vídeo *Experiencing the Soul* (Conhecendo a Alma)

CAPÍTULO 24

O túnel do amor - Adeus, por enquanto, um poema para um amigo que estava morrendo

LOUISE HAY

Louise Hay, professora de metafísica internacionalmente aclamada, é também conselheira e autora de *bestsellers*. Entre seus livros estão *Você Pode Curar Sua Vida*, *Você Pode Curar Seu Corpo* e *Empowering Women* (Mulheres Poderosas). Louise ajudou milhares de pessoas a descobrir e usar o total potencial de seu poder criativo para promover o crescimento pessoal e a autocura. Suas obras foram traduzidas para mais de vinte e cinco idiomas, em trinta e três países.

Na época em que estava trabalhando nesta antologia, eu ainda não tivera o prazer de conhecer Louise Hay pessoalmente, só havíamos nos falado por telefone. Enquanto falava com ela, eu formava uma imagem mental de sua aparência, baseando-me em fotos que vira em seus numerosos livros. Suas maçãs do rosto altas e as feições refinadas transmitiam a impressão de que ela era muito "etérea", especialmente à luz dos assuntos metafísicos de seus livros. Essa idéia preconcebida foi responsável por minha surpresa quando, já estando nossa entrevista telefônica bem adiantada, Louise exclamou com alegria infantil: "Oh, achei um caramujo!". Confuso, perguntei-lhe o que dissera, e ela repetiu que achara um caramujo.

Parecia que ela estivera trabalhando em sua horta orgânica o tempo todo, enquanto dava a entrevista que eu gravava, e deduzi que estivesse usando um daqueles telefones sem fio, seguros por um suporte! Lá se foi minha idéia preconcebida de uma Louise Hay sobrenatural! Ela é tão terrena quanto qualquer um de nós!

Com grande excitação na voz, essa dama querida, ainda de joelhos no chão, presumo, falou-me de sua paixão por composto orgânico, de seu amor pelas minhocas, e contou que prefere uma refeição saída de sua horta a jantar fora. Então, sem perder o fio da meada, voltou ao assunto sobre o qual falávamos anteriormente, citando com eloqüência o escritor Ken Carey: "As chuvas mornas do Novo Pensamento caem gentilmente no solo da consciência humana", outra "terrena" referência à Mãe Natureza. Essa, sim, é uma grande mulher!

No fim de nossa conversa, Louise fez um resumo do que prega. "Sabe, sou uma senhora simples que tem uma mensagem simples: devemos aprender a amar e perdoar os outros e a nós mesmos, a fazer o melhor que podemos para viver o momento. Se formos capazes disso, seremos pessoas alegres, fáceis e simples."

A contribuição de Louise Hay para esta antologia vem na forma de uma mensagem de despedida que escreveu e mandou para uma pessoa querida que estava morrendo. Fiquei tão emocionado com a beleza e a sabedoria deste poema-carta que decidi incluí-lo no livro, em vez de nossa entrevista. Acreditem, valeu a pena.

"Algumas das coisas que queremos conseguir são: fazer as pazes conosco mesmos, não importa onde estamos, nem o que está acontecendo, e saber que a morte não é um fracasso, mas uma das muitas experiências que temos na vida. E como tenho dito tantas vezes, nós vamos embora quando chega nossa hora. Acredito que fazemos um trato com nossa alma, a respeito de quando partiremos."

— Louise Hay

Querido,

Aqui vão algumas palavras de conforto sobre o processo de partir, perfeitamente normal e natural, pelo qual você está passando. Quanto mais paz tivermos nessa experiência, mais fácil ela será.

Estamos sempre em segurança,
é apenas uma mudança.

Desde o momento em que nascemos,
estamos nos preparando para o Abraço da Luz,
uma vez mais...

Prepare-se para a Paz Máxima.
Anjos estão a sua volta
e o guiarão em cada passo do caminho.

O que quer que você escolha,
será perfeito para você.

Tudo acontecerá na
perfeita seqüência de tempo e espaço.

Esta é uma hora de alegria,
de júbilo.
Você está a caminho de Casa,
como todos nós.

Sempre penso em minha morte como sendo

O FIM DA PEÇA.

A cortina final cai.
O aplauso termina.
Vou para meu camarim e retiro a maquilagem.
Largo meu traje no chão.
Não sou mais a personagem.
Nua, caminho para a porta do palco.
Abro-a e vejo um rosto sorridente.

É o novo Diretor, com novo roteiro e novo traje nas mãos.
Rejubilo-me ao ver todos os meus admiradores leais
e meus entes queridos a minha espera.
O aplauso é caloroso e ensurdecedor.
Sou recebida com mais amor do que nunca.
Meu novo papel promete ser o melhor que já tive.

Eu sei,
a vida é sempre boa.
Onde quer que eu esteja,
tudo está bem.
Estou segura.
Até qualquer hora.
Tchau.

NOSSO FILME

Em cada existência,
sempre entramos na metade do filme.
Sempre saímos na metade do filme.
Não há uma hora certa.
Não há uma hora errada.
É apenas nossa hora.

A alma faz a escolha muito antes de entrarmos.
Viemos para aprender certas lições.
Viemos para amar a nós mesmos,
não importa o que já foi feito ou dito.
Viemos para respeitar a nós mesmos e os outros.

Quando aprendemos as lições de amor,
podemos partir com alegria.
Não há necessidade de sofrimento.
Sabemos que da próxima vez,
seja onde for que escolhamos reencarnar,
seja qual for nossa esfera de ação,
levaremos todo o amor conosco.

O TÚNEL DO AMOR

Nossa Saída Final é de
libertação, amor e paz.
Libertos, nos deixamos levar para a saída do túnel.
No fim do túnel encontramos apenas Amor.
Amor como nunca conhecemos antes.
Amor total, incondicional, que tudo abrange,
e profunda paz interior.
Todos aqueles a quem amamos estão lá,
esperando, nos dando as boas-vindas,
prontos para cuida de nós e nos guiar.
Nunca mais estaremos sozinhos.

É um momento de grande jubilo,
hora de revisar
nossa última encarnação,
amorosamente, e apenas para ganhar Sabedoria.

LÁGRIMAS TAMBÉM SÃO BOAS!
Lágrimas são o rio da vida.
Elas nos levam através
de experiências que nos causam profundas emoções.

FELIZ ASCENSÃO.
Você sabe que estarei a seu lado,
no que parecerá um piscar de olhos.
— Louise L. Hay"

"Tudo vai para cima e para fora, nada tomba.
Morrer é diferente do que todos pensam... e muito melhor."

— Walt Whitman, poeta americano, em *Song of Myself*
(Canção de Mim Mesmo)

OITAVA PARTE

Ciência e Alma — As Evidências

INTRODUÇÃO

Como campo de trabalho, a ciência tradicional dá grande ênfase à avaliação empírica. O dito que corre é: se não pode ser avaliado, não é científico. Como os instrumentos científicos de hoje são incapazes de avaliar de *modo direto* a alma, a consciência e os planos imateriais, não podemos dizer que existem provas conclusivas a respeito. No entanto, uma enorme quantidade de *provas indiretas* estão a nossa disposição, graças às experiências efetuadas pela física quântica, a parapsicologia e outros campos científicos: análise e estudo sistemático dos relatos de pessoas que tiveram experiências transpessoais, transcendentais, e a formulação de equações matemáticas que teoricamente sustentam a existência de um "hiperespaço" multidimensional além do universo físico.

Um dos defensores dessa opinião é o físico David Bohm, que em sua brilhante exposição teórica fala da existência de uma "ordem implícita" de realidade invisível e mais sutil, anterior ao mundo exterior, a "ordem explícita", e que está codificada nesse mundo.

A busca da alma, estando tão obstruída por aspectos materiais, será um trabalho exclusivamente interior, através do qual a prova de sua existência pode dada apenas *para* e *por* nós mesmos, através de experiências *diretas*?

Falando de modo irreverente a respeito da libertação final da alma, quando rompem-se as amarras da mente e da matéria, a "saída" poderia ser a "entrada"? A "entrada" poderia ser a "saída"? Ou, como meu companheiro de meditação uma vez disse, "vá para dentro", ou "fique sem"?

Talvez, no entanto, nossas expectativas quanto à ciência sejam altas demais. Talvez, em se tratando desse assunto, seja melhor que a ciência limite-se a *compreender* teoricamente a consciência e a alma, em vez de nos ajudar de modo direto a *conhecê-las*. No futuro, porém, pode ser que a instrumentação científica desempenhe algum papel no avanço da exploração da alma.

Apesar de tratar-se de um empreendimento desafiador e até mesmo assustador, os cientistas pioneiros que deram sua contribuição para esta Oitava Parte, *Ciência e Alma — As provas*, fizeram um trabalho admirável, ampliando nossa compreensão científica teórica da consciência e da alma.

CAPÍTULO 25

Como a consciência cria o universo material

DR. AMIT GOSWAMI

O **dr. Amit Goswami,** ilustre professor do Instituto de Física Teórica da universidade do Oregon, leciona física há mais de trinta anos e escreveu vários livros didáticos. O tema deste capítulo é baseado em seu livro, *The Self-Aware Universe: How Consciousness Creates the Material World* (O Universo Autoconsciente: Como a Consciência Cria o Mundo Material), e também em uma extensa entrevista telefônica com o autor.

"O desafio do novo milênio será desenvolver uma adequada compreensão científica da consciência em si. Embora atualmente nosso conhecimento científico da consciência seja limitado, as portas estão sempre abertas para que nós próprios conheçamos diretamente essa consciência universal."
— Dr. Amit Goswami

Eu gostaria de fazer relatar duas importantes experiências científicas. A primeira envolve o comportamento de partículas subatômicas, e a segunda o comportamento de objetos humanos de testes. Os resultados dessas duas experiências estreitam a brecha existente entre a ciência e o que os mestres espirituais vêm dizendo desde tempos imemoriais, que a consciência não é limitada pelas fronteiras do tempo e do espaço e pelos modelos materiais do universo.

A primeira experiência foi conduzida pelo dr. Alain Aspect e seus colaboradores e publicada na *Physical Review Letters*[1]. Nessa experiência, um átomo emitiu dois quanta de luz, chamados fótons, que viajaram em direções opostas ao deixar o átomo. Descobriu-se, então, que os fótons exerciam influência sobre o comportamento um do outro, *instantaneamente,* mesmo a distância. Algo particularmente extraordinário a respeito da contínua interação entre os dois fótons foi que o dr. Alain Aspect e sua equipe determinaram que não havia a mínima possibilidade de uma troca de sinais atravessar o espaço, o que explicaria esse efeito interativo.

Revisando, temos duas partículas que *instantaneamente,* literalmente sem levar nenhum tempo, interagem uma com a outra. O que acontece, porém, é que nem a ciência tradicional, nem mesmo a teoria quântica, encontraram explicação para o fato, levando-se em conta que não existia nenhuma possibilidade de uma troca de sinais que resultasse nessa interação. Para que se compreenda melhor como esse resultado experimental abala o alicerce do modelo do universo quântico mecânico, puramente materialista, basta lembrar que Einstein demonstrou que, em um universo exclusivamente material, nada pode viajar mais rápido do que a luz e que, quando algo viaja pelo espaço, *obrigatoriamente* leva algum tempo para fazer isso. No entanto, essas duas partículas subatômicas afetaram-se *instantaneamente,* no espaço e no tempo, o que significa que *alguma coisa* teria de viajar *mais rápido* do que a luz para causar essa interação! Poderia essa "alguma coisa" que influenciou o comportamento dos dois fótons ser a *consciência em si mesma,* que pertence a um plano de realidade que opera *além* das leis que governam o tempo e o espaço, que transcendem o tempo e o espaço? E essa consciência, que existe *fora* do tempo e do espaço, poderia afetar tudo o que existe *dentro* do tempo e do espaço?

A idéia de que essa consciência pode de fato ser a base de tudo o que existe é sustentada por outra experiência, conduzida pelo dr. Jocobo Grinberg-Zylberbaum e seus colegas, que foi publicada na revista científica *Physics Essays*[2]. Nessa experiência, dois indivíduos eram colocados na mesma sala e instruídos a meditar em silêncio, com os olhos fechados, por cerca de vinte, trinta minutos, sem comunicar-se um com o outro, durante ou depois da meditação. Antes do início da sessão, os pesquisadores pediam aos dois que estabelecessem intimamente um sentimento de união entre si durante a meditação, e que no final continuassem a manter esse sentimento de união, sem ajuda de palavras ou gestos.

Quando a sessão de meditação terminava, separavam os indivíduos, levando um deles para outra sala, e os dois recebiam instruções para sentar-se em um tipo especial de compartimento metálico que bloqueia os sinais eletromagnéticos, não permitindo que entrem ou saiam (gaiola de Faraday). Os indivíduos eram ligados a aparelhos de eletroencefalograma (EEG) para que os padrões das ondas elétricas da atividade cerebral fossem gravados. Estando cada indivíduo em sua gaiola de Faraday, um deles (indivíduo Número Um) era exposto a uma série de sinais luminosos intermitentes. O estímulo sensorial dos sinais provocavam uma reação elétrica em seu cérebro, que era gravada no gráfico do EEG.

O outro indivíduo (Número Dois) não sabia que o Número Um estava sendo exposto a sinais luminosos. No entanto, no exato momento em que a série de sinais era exibida ao indivíduo Número Um, o EEG do Número Dois mostrava uma leitura quase idêntica, com os mesmos inconfundíveis padrões de fase e força das ondas cerebrais, embora esse segundo indivíduo *não* fosse exposto aos estímulos luminosos. Por todo o tempo em que os dois mantinham comunicação direta, tentando sentir-se "um só em consciência", esse efeito de potencial de transferência repetia-se várias vezes, e isso acontecia mais ou menos em um caso entre quatro.

Esse projeto experimental incluía grupos de controle, onde os pares não meditavam juntos ou, se meditavam, não conseguiam manter o sentimento de união. Nenhuma correlação na função das ondas cerebrais ou potencial de transferência podia ser reproduzida nesses grupos de controle.

Antes de examinarmos as implicações dessa notável experiência, vamos revisá-la. Primeiro, os dois indivíduos estavam em gaiolas de Faraday individuais e isoladas uma da outra, e todos os cientistas certamente concordam em que isso impede completamente a transmissão ou recepção de qualquer sinal físico ou material entre os dois indivíduos. Segundo, o indivíduo Número Dois não sabia que o Número Um estava sendo exposto a uma série de sinais luminosos. Mesmo que soubesse, como poderia produzir as leituras específicas de ondas cerebrais do eletroencefalograma do Número Um, exatamente no mesmo momento?

As implicações dessa experiência são espantosas. Poderia ser que a consciência, em si, fosse o fator de união que mantinha o contato e a transferência de experiências entre dois cérebros, a despeito do absoluto isolamento dos campos eletromagnéticos, garantido pelas gaiolas de Faraday?

É possível que a consciência possua a qualidade de não localização, significando que opera instantaneamente, vencendo qualquer distância, sem a necessidade de uma troca de átomos físicos, de energia física, de nenhum tipo de sinal, indo através e até mesmo além dos limites de espaço e tempo?

É possível que a consciência predomine sobre a mente e a matéria, e que a aparente separação de objetos e sujeitos (o observado e o observador) que percebemos na vida diária seja nada mais do que um veículo através do qual a consciência se expressa?

Acredito que a resposta para todas essas perguntas seja um sonoro "sim"! Digo isso, baseado no número considerável de pesquisas experimentais, matemáticas e clínicas que já foram feitas. Coletei exaustivamente os resultados dessas pesquisas, sobre as quais me estendo em meu livro *The Self-Aware Universe*[3] (O Universo Autoconsciente).

Esse estudo da meditação sustenta a opinião de que existem processos não localizados, não condicionados, quânticos, que funcionam através de nossos cérebros condicionados. Isso significa que, como seres humanos, somos ao mesmo tempo condicionados e livres. Desde que consigamos nos conectar com nossa verdadeira natureza quântica, que está além do "eu" limitado ou ego, poderemos sair da prisão do condicionamento limitador e começar a operar em um nível de verdadeira criatividade e liberdade. É a isso que os místicos referem-se, quando dizem que podemos ir além da mente para um lugar de conhecimento onde a consciência é única, onde não ficamos presos por questões de tempo e espaço.

Na física quântica, a escola de pensamento que vê a consciência como base de tudo o que existe, algo não dual, imaterial, no sentido de que não é feita de átomos, é chamada de idealismo monístico. De acordo com ela, não precisa haver uma terceira força intermediária que una a mente e o cérebro, uma opinião que no passado manteve-nos presos na mira do dualismo. O trabalho de pesquisadores como os físicos dr. Alain Aspect e dr. Jocobo Grinberg-Zylberbaum apoiam a idéia de que a consciência do observador transforma meras possibilidades — potencial em forma de ondas — em partículas, em realidade material. É assim que a consciência cria o mundo material. O modo como criamos nossa própria realidade no nível da experiência humana depende de até que ponto acessamos esse campo de consciência universal, não condicionado e não material, de até que ponto nos unimos a ele, seja de maneira consciente, seja inconsciente.

Com tudo isso, é importante lembrar que a tradicional ciência newtoniana ainda é útil, quando se trata de avaliar e fazer prognósticos sobre áreas limitadas de realidade. Esses antigos modelos teóricos, entretanto, não são completos, quando exploramos as realidades mais sutis em níveis quânticos de realidade. A antiga ciência está preocupada com o objeto de pesquisa e persiste na ilusão de que o observador não tem nenhum efeito sobre o que é observado e que só atrapalha a objetividade. Incluir o observador na equação da vida não significa necessariamente que não somos capazes de uma avaliação acurada, no sentido científico. Essa nova forma de exploração científica terá, por necessidade, de incluir tanto o sujeito como o objeto, porque agora já sabemos o bastante sobre a natureza da realidade quântica para dizer com confiança que a consciência quântica do sujeito, do observador, transforma possibilidades em realidades, mudando o resultado das experiências pelo simples ato de participar delas. São muitos os que acreditam que só tomaremos plena consciência de nós mesmos, como almas, quando o conhecedor, ou observador, tornar-se o conhecido. Nas palavras de São Francisco de Assis, "o que você está procurando é o que está olhando".

O desafio do novo milênio será desenvolver uma adequada compreensão científica da consciência em si. Hoje estamos apenas começando a compreender e descrever seus atributos. Mesmo no campo da física quântica, há muitos físicos que ainda ignoram informações e provas matemáticas que apontam para o predomínio da consciência como fator causal por trás da mente e da matéria. Continuam presos a uma interpretação puramente materialista do universo.

Embora atualmente nosso conhecimento científico da consciência seja limitado, as portas estão sempre abertas para que nós próprios conheçamos diretamente essa consciência universal, como místicos e mestres espirituais têm nos dito desde tempos imemoriais. Nisso está nossa maior esperança de felicidade individual e coletiva.

"Não posso acreditar que Deus quisesse jogar dados com o universo."
— Albert Einstein

CAPÍTULO 26

Religião e as fronteiras da ciência

DR. CHARLES TART

O **dr. Charles Tart**, emérito professor de psicologia da Universidade da Califórnia em Davis, foi o primeiro catedrático de estudos da consciência da universidade de Nevada, Las Vegas. É internacionalmente conhecido por seu trabalho sobre a natureza da consciência, principalmente sobre estados alterados de consciência e parapsicologia, e um dos criadores do campo da psicologia transpessoal. Seus dois livros, verdadeiros clássicos, *Altered States Of Consciousness* (Estados Alterados de Consciência) e *Transpersonal Psychologies* (Psicologias Transpessoais), tornaram-se largamente usados na introdução dessas áreas de estudo na psicologia moderna. Ele escreveu mais de duzentos artigos, publicados em revistas científicas de prestígio, como a *Science* e a *Nature*. Este capítulo é baseado em uma entrevista gravada em vídeo em Chicago, Illinois.

"Há uma forte evidência, surgida de mais de mil experiências científicas, que sustenta a idéia de que existe algo mais além do modelo materialista do universo. É importante que todas as pessoas cultas, principalmente os cientistas, saibam disso."

— Dr. Charles Tart

Fui treinado como cientista, e é baseado nisso que falo. Mas ao mesmo tempo, como alguém que foi criado em uma cultura em que há dúvidas e muita confusão a respeito da idéia de existir alguma coisa após a morte, preocupo-me profundamente com a questão da sobrevivência da consciência.

Em meus trinta anos de pesquisa, tenho explorado áreas bastante incomuns para os cientistas ocidentais, abordando questões como a natureza fundamental da mente e da personalidade humanas, e de que forma a ciência e a religião podem coexistir harmoniosamente.

Na infância fui devotadamente religioso. Tentar levar uma vida cristã era extremamente significativo e jubiloso para mim. Então, à medida que fui ficando mais velho, mais culto, conhecendo os pontos de vista científicos, fui desenvolvendo muitos conflitos íntimos, porque a ciência que eu estava estudando parecia dizer que a religião era uma estupidez. Grande parte da ciência convencional vê a religião como um amontoado de superstições de que as pessoas precisam para consolar-se, porque não conseguem encarar os fatos da existência. Isso me atirou em grande conflito, pois eu amava a ciência, assim como amava a religião. As experiências científicas fascinavam-me: pensar em alguma coisa, então experimentá-la. E foi por isso que me tornei cientista. Consegui, felizmente, integrar religião e ciência em minha vida, sem precisar atirar fora nenhuma das duas.

Tenho observado, entretanto, que muitos de meus colegas de profissão procuram resolver o conflito entre religião de ciência de duas maneiras principais. Uma delas é conservar a religião, mas mantê-la em um compartimento separado da mente. Por exemplo, no domingo de manhã eles vão à igreja, oram e repetem certas palavras, mas depois, no resto da semana, conservam fechado o compartimento mental onde guardam a religião e cuidam de seu trabalho científico usando um outro conjunto de crenças que contradizem as crenças professadas na igreja.

Outros cientistas lidam com o conflito de maneira diferente: expulsam a religião de sua vida. Decidiram que a ciência está certa, que a religião não passa de uma bobagem, de um amontoado de superstições tolas, e que é até prejudicial à saúde mental.

Como psicólogo, percebi que nenhuma dessas duas maneiras de resolver o aparente conflito entre ciência e religião é saudável. Colocar a religião em um compartimento da mente, ou expulsá-la, são duas soluções que impedem que a pessoa sinta-se inteira.

Há uma forte evidência, surgida de mais de mil experiências científicas, que sustenta a idéia de que existe algo mais além do modelo materialista do universo. É importante que todas as pessoas cultas, *principalmente* os cientistas, saibam disso. Um cientista não é bom quando prefere ignorar as informações disponíveis e insiste em manter a estreita visão "científica" pela qual só o mundo material existe. E me causa tristeza ter de dizer que os cientistas em sua maioria não são bons, quando se trata desse assunto.

Tive a felicidade de, já na adolescência, começar a trabalhar para assimilar esses dois pontos de vista. Fui ajudado imensamente por alguns livros e artigos sobre pesquisas psíquicas que encontrei na biblioteca, principalmente os publicados pela Sociedade Britânica de Pesquisa Psíquica. Os livros e artigos foram escritos há bem mais de meio século, por pessoas muito inteligentes, algumas das quais foram laureadas com o Prêmio Nobel. A linha de seu raciocínio era mais ou menos como vou explicar a seguir.

A sociedade observa um tremendo conflito entre ciência e religião. Em nome da ciência, a religião está sendo descartada. No entanto, a maioria das religiões existe há muito, muito tempo. Seriam uma tolice? Como a ciência tem se mostrado muito boa para responder a perguntas em diversas outras áreas, por que não a aplicamos à questão da religião?

Pensando assim, os membros da Sociedade Britânica aplicaram métodos científicos para estudar rigorosamente os fenômenos psíquicos e experiências espirituais que aconteciam em todo o mundo.

Reconheço que *há* algumas bobagens relacionadas com religião. As práticas e crenças de algumas religiões são arbitrárias, supersticiosas e até mesmo psicopatológicas, no sentido de que causam às pessoas mais sofrimento do que bem-estar. Mas existe um fundo de verdade por trás da experiência religiosa em si, que é válido, real, e que contribui para nosso bem-estar? Falando como cientista, e acredito que sou um dos bons, pois conheço bem meu "negócio", há uma excelente evidência científica para refutar a popular opinião da ciência de que não somos nada mais do que os sinais elétricos e químicos de nosso cérebro, que não há nada dessas coisas chamadas espirituais. A ciência falha, quando não explica claramente certos fatos que foram confirmados e reproduzidos em experiências controladas e bem projetadas. A primeira obrigação da ciência é levar *todos* os fatos em consideração. Contudo, infelizmente, os cientistas convencionais, ignoram certos fatos. É triste ver como usam a ciência de modo impróprio para tentar negar algo de tão grande importância quanto nossa vida espiritual.

A ciência tem demonstrado que a mente humana pode fazer coisas espantosas. Vou mencionar apenas algumas, rapidamente. Às vezes a mente pode comunicar-se diretamente com outra, o que chamamos de telepatia. Centenas de experiências têm sido feitas, em condições que, normalmente, não permitiriam que uma pessoa se comunicasse com outra, e vezes sem conta ficou comprovado que a mente é capaz de mandar informações para outra e, claro, de receber.

Outro fascinante fenômeno que tem sido amplamente estudado é a clarividência, que pode ser definida como a percepção do mundo físico pela mente, sem a ajuda dos cinco sentidos. Um tipo clássico de experiência usa um baralho que é muito bem embaralhado, colocado em uma caixa e trancado em uma gaveta. Ninguém, nem mesmo os que conduzem a experiência, olham o baralho antes de ser embaralhado, durante o processo ou depois. Ninguém no mundo sabe em que ordem estão as cartas. Entretanto, quando perguntam ao indivíduo pesquisado, que se encontra em outra sala, qual é a ordem das cartas, ele nomeia mais cartas em ordem correta do que seria possível pela probabilidade estatística de uma mera adivinhação.

A hipótese corrente a respeito desses fenômenos é que a mente pode, às vezes, de alguma forma, alcançar a matéria e captar informações! Tive bastante treinamento na ciência da física para saber que isso não é conseguido através de algum tipo de rádio mental, ou visão de raios X, que usam energias físicas conhecidas. Não há nenhuma explicação plausível.

E a mente pode fazer ainda mais. Pesquisadores conduzem experiências nas quais dizem ao indivíduo estudado: "Daqui a uma hora vou pegar este baralho e, sem olhar as cartas, vou embaralhá-lo dezenas de vezes, então trancá-lo em uma gaveta, mas gostaria que você escrevesse *agora* qual será a ordem das cartas *quando o baralho estiver na gaveta*". Embora ninguém seja perfeito nisso, algumas pessoas são capazes de descrever a futura ordem das cartas com mais acerto do que seria estatisticamente possível, se houvesse pura adivinhação.

Os resultados dessa experiências científicas dão apoio à opinião de que a mente pode entrar no futuro. Claro que isso é totalmente impossível, de acordo com uma visão do mundo puramente materialista. Mas a própria evidência pede-nos que revisemos nossa percepção comum de espaço e tempo.

O que há, na mente humana, que às vezes lhe permite entrar em contato direto com outra mente, com o mundo material e até mesmo com o futuro? Na visão materialista da realidade, mantida pela ciência convencional, telepatia e clarividência não fazem sentido. Os cientistas convencionais, como não têm uma explicação plausível para as evidências, ignoram-nas ou preconceituosamente descartam-nas.

Algo espantoso é o fato de a mente poder fazer com que coisas aconteçam! Foram feitas experiências em que uma máquina jogava dados em cima de uma mesa enquanto alguém, encostado na parede, dava-lhe ordens e agradecia, quando o resultado era o esperado. "Faça os seis aparecerem agora. Obrigado. Agora, os cinco. Obrigado. Os quatro. Obrigado." Embora os resultados não pudessem ser considerados espetaculares, os acertos eram em número suficiente para que se visse que a mente da pessoa estava fazendo alguma coisa para provocar o aparecimento dos números pedidos, com mais freqüência do que seria estatisticamente provável.

Hoje em dia as experiências são normalmente conduzidas por aparelhos computadorizados. Por exemplo, existe um que lança raios de luz verde e vermelha aleatoriamente. Quando a pessoa observada na experiência é requisitada a usar a mente para fazer a luz verde brilhar mais vezes do que a vermelha, a luz verde aparece com mais freqüência. O mesmo acontece quando a ordem é para fazer a luz brilhar mais vezes.

Então, falando totalmente como cientista, digo que a evidência de que a mente humana é mais do que o cérebro é muito forte. E isso torna teoricamente plausível, dentro do método científico, a crença de que a consciência sobrevive à morte. Embora não haja pesquisas *diretas* suficientes que *provem plenamente* algum tipo de sobrevivência depois da morte física, pelo menos isso é plausível, partindo do princípio de que a mente não pode ser identificada exclusivamente com o cérebro. Assim, quando alguém diz que teve uma experiência na qual sentiu-se em união com o universo, talvez isso não seja apenas algum tipo de aberração engraçada, que faz com que a pessoa não saiba mais que é limitada pela pele que cobre seu corpo. Um dia poderemos mostrar cientificamente que de fato existe algum tipo de conexão psíquica direta com uma realidade imaterial, mais ampla.

Meu interesse de cientista não se limita a esse tipo de experiências laboratoriais que demonstram que a mente pode fazer coisas que vão além da capacidade do corpo e do cérebro. Tenho também grande interesse em estados de consciência que são diferentes daqueles da consciência comum, porque, nesses estados alterados, incomuns, temos outras e mais expandidas habilidades que mudam nosso modo de pensar, nossas reações emocionais, a maneira como nos vemos, e até mesmo nossa percepção do universo e da realidade.

Na consciência comum, percebemos muito mais as limitações de nosso corpo, do espaço e do tempo que nos rodeiam e que não vão além do alcance dos sentidos. De modo geral, isso é maravilhoso. Para nos movermos neste mundo precisamos ter uma percepção precisa do ambiente físico a nossa volta, do qual o corpo é o ponto de referência.

Mas a mente pode funcionar de outras maneiras, o que nos oferece a possibilidade de conhecer outras dimensões de realidade, inclusive o universo espiritual. Um desses estados alterados de consciência é o sonho. No sono, e quando sonhamos, a mente não funciona no mesmo tipo de padrão da consciência comum, em estado de vigília. Todas as noites passamos mais ou menos vinte por cento das horas de sono no estado em que ocorrem os sonhos. Nossa cultura é tão propensa ao materialismo que não damos valor ao que podemos aprender nesse estado de sonho. "Foi só um sonho, não se preocupe com isso, mas em trabalhar e aumentar o produto interno bruto do país", é o que dizemos. Ou algo parecido. Jogamos fora uma parte valiosa de nossa vida psicológica. Se déssemos mais atenção a nossos sonhos, poderíamos aprender muito sobre o que somos em níveis mais profundos de consciência.

Há muitos outros estados alterados de consciência que precisamos conhecer e experimentar, porque são importantes. São geralmente experimentados por pessoas que estão morrendo, embora não precisemos morrer para conhecê-los. No processo da morte, a pessoa começa a identificar-se menos com seu corpo. À medida que vão ocorrendo certas mudanças fisiológicas, se a pessoa começar a aceitar o fato de que está morrendo, não fará mais um grande esforço para manter a personalidade que exibia normalmente. Então, às vezes, a mente toma uma configuração completamente diferente, um estado de consciência totalmente novo. Pode acontecer também que a pessoa que está morrendo alcance um estado em que vê claramente que morrer é simplesmente sair da forma física e não alguma coisa da qual ter medo.

Se você tiver experiências que envolvam estados alterados de consciência, aconselho-o a levá-las muito a sério, a não descartá-las automaticamente. Não permita que os outros tentem convencê-lo de que teve uma alucinação, ou que sonhou, ou que o que experimentou foi causado por algum remédio que estava tomando. Na verdade, estudos científicos mostram que, durante o tempo próximo da morte, os estados alterados de consciência mais acentuados tendem a acontecer com pessoas que tomam pouco ou nenhum remédio, em vez de com aquelas pesadamente medicadas.

Assim, fica evidente que existe algo natural na mente humana que pode abrir-se para novas maneiras de ver, sentir, pensar e perceber, literalmente metafísicas. Aceite essas experiências como possíveis lampejos de como deve ser a consciência no Outro Lado. A psicologia moderna fala desses assuntos muito raramente, mas em minha opinião eles são muito importantes para aqueles que um dia irão morrer... e acho que nessa categoria estamos todos nós!

Alguns anos atrás pediram-me para apresentar um artigo científico em uma conferência sobre a evidência de que a consciência sobrevive à morte. Resumi o resultado de trinta anos de pesquisa nesse campo, fazendo duas declarações. A primeira foi: no processo da morte, talvez depois de alguma dor, confusão e temporária inconsciência, não ficarei surpreso se recobrar a consciência quando meu corpo físico já estiver morto. Por outro lado — e essa foi a segunda declaração —, ficarei surpreso se "eu" recobrar a consciência, se "eu" na forma exata que tenho agora, sobreviver à transição para seja lá o que houver no Outro Lado da vida. Acredito que haverá uma continuação *temporária* do "eu", mas grande parte do que achamos que somos é resultado do condicionamento imposto pelos hábitos determinados pelo corpo. Não teremos isso no Outro Lado. Teremos um tipo diferente de consciência.

Quanto mais identificarmos nosso eu profundo com o eu comum, superficial, que diz que temos de tomar café para acordar direito, que temos de fazer as coisas dessa ou daquela maneira, mais estaremos dificultando nossa morte. Será uma luta mais dura, porque não teremos corpo físico, depois que morrermos. Quanto mais aceitamos que estamos *dentro* de um corpo, que ele afeta o que fazemos, mais somos capazes de conhecer estados alterados de consciência, em meditação, em experiências espirituais e sonhos que nos mostram que somos *mais* do que um corpo físico. Quanto mais nos soltarmos, dando-nos um espaço maior, mais fácil será nossa passagem pela morte. E suspeito que melhor será nossa existência no Outro Lado.

"Você se lembra de quando as correntes elétricas e as ondas invisíveis causavam riso? O conhecimento que temos do homem ainda está na infância."
— Albert Einstein

CAPÍTULO 27

A evidência que dá apoio à idéia de uma realidade espiritual, fornecida por experiências de quase-morte

DR. KENNETH RING

O dr. Kenneth Ring, psicólogo, pioneiro no campo de pesquisa das experiências de quase-morte, é professor emérito de psicologia na Universidade de Connecticut e um dos fundadores da International Association for Near-Death Studies (Associação Internacional de Estudos de Quase-Morte), da qual já foi presidente. Escreveu vários livros sobre experiências de quase-morte, como *Life at Death* (Vida na Morte), *Heading toward Omega* (Indo para o Ômega), *The Omega Project* (Projeto Ômega) e *Lessons from the Light* (Lições da Luz). Este capítulo é baseado em trechos de uma entrevista gravada em vídeo em Storrs, Connecticut.

"Acredito que no futuro as implicações da pesquisa das EQM e a mensagem de esperança trazida por essas experiências serão amplamente aceitas por nossa sociedade e pelo mundo como um todo. As pessoas não apenas continuarão a ter experiências de quase-morte como, mais importante, procurarão tê-las através da meditação e outras práticas espirituais. E aumentará o número de pessoas que saberão que é a ilusão de nosso ego a respeito do que é real que nos impede de conhecer a Luz neste exato momento, pois

a Luz é a essência do que somos. Nosso desafio é perceber isso e agir de acordo, antes de morrer."
— Dr. Kenneth Ring

Durante séculos nossa civilização ocidental vem imprimindo nas almas a assustadora imagem da Ceifadora, o horrível símbolo da morte. É ela que vem nos buscar, disso temos certeza, mas não sabemos quando nem onde. No entanto, com o advento da pesquisa sobre experiências de quase-morte (EQM), a presença de um amoroso Ser de Luz vem substituindo a pavorosa imagem da Ceifadora em nossa sociedade. Entretanto, um dos aspectos negativos da expressão "experiência de quase-morte" é que ela implica que esse tipo de experiência só ocorre quando as pessoas sobrevivem a uma crise que quase levou-as à morte. Isso não é verdade. Há muitas maneiras pelas quais podemos conhecer outras dimensões de realidade, sem precisarmos passar por algum tipo de situação que nos ameace a vida e culmine em uma EQM. Quase morrer é apenas *uma maneira* de termos essa experiência. Existem também a meditação, experiências espontâneas místicas e religiosas e experiências extracorpóreas, que não têm nada a ver com as de quase-morte.

De uma perspectiva estritamente científica, a pesquisa de casos em que as pessoas *quase* morreram fornece, no mínimo, uma evidência importante de que existe a possibilidade de haver vida após a morte. Colher o depoimento dos irreversivelmente mortos poderia resolver de uma vez por todas a questão da vida após a morte, mas eles são famosos por nunca devolver seus questionários!

Um fato que tem sido demonstrado é que as pessoas que passam por uma experiência de quase-morte não precisam de provas científicas para acreditar na vida após a morte. Por exemplo, uma socióloga australiana, dra. Cherie Sutherland, conduziu um estudo em que perguntou às pessoas que haviam tido uma EQM qual era sua crença a respeito da vida após a morte, *antes* e *depois* de sua experiência. Descobriu que *antes* da EQM, cinqüenta por cento das pessoas acreditavam em alguma forma de vida após a morte. As que compunham os outros cinqüenta por cento, ou *não* acreditavam ou não tinham uma opinião formada a respeito. No entanto, depois da EQM, todas elas, *sem nenhuma exceção*, acreditavam em vida após a morte. Em meu próprio estudo, entrando em contato com centenas de pessoas que tiveram uma ou mais experiências de quase-morte, obtive um resultado bastante parecido.

Para aqueles que nunca tiveram uma EQM, a parte seguinte do texto dá uma amostra bastante sucinta de algumas pesquisas que sustentam que esse é um tipo de experiência espiritual autêntica, que tem uma realidade independente do cérebro físico.

Uma das características mais comuns das EQM é a inegável sensação que o indivíduo tem de que sua consciência separa-se do corpo físico. O psicólogo dr. Charles Tart, professor emérito da Universidade da Califórnia em Davis, quis testar a hipótese de que era possível sair do corpo. Encontrou um mulher que alegava ser capaz de sair do corpo quando queria e que estava disposta a participar da experiência.

A tarefa experimental da mulher consistia em ler, quando estivesse fora do corpo, um número de cinco dígitos escrito em um papel colocado numa prateleira a uma altura de mais ou menos dois metros do chão, ou seja, bem acima da cama de laboratório onde ela ficaria deitada. A mulher foi instruída a sair do corpo, flutuar para cima, até o nível da prateleira, ler e gravar na memória o número de cinco dígitos e, no dia seguinte, repeti-lo para o professor Tart. Eletrodos de eletroencefalograma e eletrocardiograma foram ligados à mulher, de modo que, se ela, no corpo físico, se levantasse da cama para ver o número, os experimentadores ficariam sabendo no mesmo instante.

Nas três primeiras tentativas ela não foi capaz de ler o número, e isso foi atribuído à novidade da situação e à dificuldade que uma pessoa fora de seu corpo tem de controlar o que faz. No entanto, na manhã seguinte à quarta sessão, ela informou corretamente qual era o número. A probabilidade de isso acontecer por acaso é de uma em cem mil. Além disso, pelo fato de o corpo da mulher estar preso à cama, esse resultado sugere enfaticamente que algum aspecto não físico de sua consciência capacitou-a a cumprir sua tarefa com sucesso. Pelo que sei, ninguém ainda ofereceu uma hipótese alternativa plausível para explicar o resultado dessa experiência, a não ser a de que ela fosse capaz de ler telepaticamente a mente do pesquisador, um fato que, claro, também deixa um racionalista embasbacado. Como é fácil imaginar, aqueles que acreditam em um modelo estritamente materialista do universo encontram extrema dificuldade em aceitar resultados como esse.

Outro importante estudo, especificamente com sobreviventes de experiências de quase-morte, foi conduzido pelo cardiologista Michael Sabom, que comparou relatos de EQM com relatórios médicos de fatos ocorridos durante cirurgias cardíacas. As descrições, feitas pelas pessoas que haviam tido uma EQM, do que acontecera na sala de cirurgia, do que fora dito e feito, enquanto elas se encontravam fora do corpo, estavam de acordo tanto com os registros médicos como com o testemunho de enfermeiros, anestesistas e cirurgiões presentes por ocasião dessas cirurgias.

O dr. Sabom tinha também um grupo de controle, formado por pacientes cardíacos, que nunca tinham tido uma EQM. Convidados a dizer o que imaginavam que aconteceria, se passassem por uma cirurgia cardíaca, contaram histórias cheias de erros. Por exemplo, descreviam métodos de ressuscitar que só são vistos em séries de televisão sobre médicos. Tais erros *nunca* foram cometidos por aqueles que realmente passaram por uma cirurgia cardíaca e que depois contaram que haviam assistido a tudo, fora do corpo.

Ainda falando sobre o assunto de percepções visuais normalmente inexplicáveis, às vezes relatadas por pessoas que tiveram uma EQM, devo mencionar que um de meus próprios projetos de pesquisa tinha como objetivo descobrir se pessoas cegas passam por experiências de quase-morte e, em caso afirmativo, se podem enxergar durante esses episódios. Em sua maioria, as pessoas que responderam ao nosso questionário, inclusive algumas que haviam nascido cegas, afirmaram enfaticamente que durante a EQM tinham podido enxergar não apenas coisas *deste* mundo mas do *outro* também. Em alguns casos pudemos confirmar, através de outros relatos, que as descrições eram bastante acuradas. Os depoimentos dessas pessoas sugerem que qualquer limitação ou deficiência que possamos ter nesta vida não existem quando estamos fora de nosso corpo físico, vivendo em outra dimensão. Essas descobertas trazem uma grande esperança de liberdade a pessoas portadoras de deficiências aflitivas e limitadoras.

O estudo de experiências de quase-morte tidas por crianças dá força à idéia de que as EQM são experiências espirituais e torna mais evidente seu caráter universal. Por exemplo, esta parte da pesquisa mostra que os relatos de crianças muito pequenas, algumas com menos de dois anos, são muito similares aos relatos de adultos. Isso é significativo, porque essas crianças ainda não haviam sido influenciadas por seu ambiente cultural, nem programadas pelos pais ou outras pessoas para aceitar as crenças das religiões tradicionais. O fato de crianças tão pequenas terem EQM sugere que essa e outras experiências espirituais similares são intrínsecas à condição humana. Tudo leva a crer que todos nós podemos ter tais experiências, em qualquer idade.

Outra fonte importante de evidência é um estudo intitulado *O que Médicos e Enfermeiras Têm Observado à Cabeceira de Leitos de Morte*, conduzido pelo dr. Karlis Osis e o dr. Erlendur Haraldsson. Esses pesquisadores coletaram e analisaram o que chamam de visões no leito de morte, experiências que foram testemunhadas por mais de mil médicos e enfermeiras em uma amostra de cerca de trinta e cinco mil pacientes que estavam muito próximos da morte. Exemplo típico é o do médico que conta que, alguns segundos antes de morrer, um paciente exclamou que a luz de Deus é linda, ou falou com uma pessoa invisível, chamando-a pelo nome e dizendo coisas assim: "Oh, Katie, você veio me buscar!". Mais tarde os parentes confirmam que a pessoa invisível era um membro da família que falecera, mas que o paciente não fora informado de sua morte.

Esse estudo, contrariando as alegações de que as experiências paranormais são alucinatórias, causadas por medicamentos à base de narcóticos, mostrou que a ocorrência de experiências paranormais era menor entre pacientes que estavam tomando narcóticos, e que na verdade elas eram mais comuns entre os que tomavam apenas medicamentos que não alteravam o estado de consciência.

Desde o início da pesquisa de experiências de quase-morte existem aqueles que tentam negar que elas são reais, considerando-as algum tipo de alucinação. Embora tais críticos admitam que as pessoas que têm uma EQM quase sempre a consideram uma experiência espiritual, estão inclinados a oferecer teorias alternativas que atribuem uma EQM a causas naturais. Entre os fatores citados por eles estão: desequilíbrio bioquímico, tais como falta de oxigênio ou toxicidade metabólica; mecanismos psicológicos de defesa que satisfazem a necessidade que o instinto de conservação tem de negar a morte, e padrões neurológicos programados geneticamente e que sobem à tona no momento da extrema crise biológica, quando todos os sistemas do corpo estão parando de funcionar. Outras causas naturais, citadas para negar a natureza essencialmente espiritual das EQM, são: síndrome de lobo límbico, efeitos colaterais de medicamentos, liberação de endorfinas e privação de sentidos.

Claro, é verdade que há a interferência de mecanismos psicológicos, neurológicos e bioquímicos em experiências de quase-morte. Mas esses mecanismos são *responsáveis pelas* EQM, são a *causa* delas, ou simplesmente as acompanham, às vezes? Não importa que opinião tenhamos sobre esse assunto indefinido. Podemos pelo menos concluir que, até agora, nenhuma dessas teorias alternativas conseguiu explicar adequadamente como as pessoas que tiveram uma EQM (principalmente as cegas!) puderam ter uma acurada percepção extracórporea de objetos e pessoas em locais distantes, quando não existe nenhuma possibilidade lógica de um mecanismo material produzir tal coisa. Assim, parece seguro afirmar que, até o momento, nenhuma teoria neurológica, bioquímica ou psicológica, isoladamente ou em conjunto com outras, foi capaz de explicar os fatos extraordinários que acontecem durante uma EQM.

Tentei fazer uma rápida exposição de algumas das evidências que indicam que as EQM são experiências realmente espirituais. Quando estou com uma pessoa que se encontra perto da morte, não falo de pesquisas para tentar convencê-la a mudar suas crenças a respeito da vida e da vida após a morte. No entanto, se ela se mostra interessada em explorar o assunto, falo da Luz descrita pelas pessoas que tiveram experiências de quase-morte. Essa Luz é, de fato, o coração de uma EQM. De acordo com milhares de relatos, nessa Luz existem amor, aceitação, conhecimento, perfeição, calor e uma beleza que vai além de nossa capacidade de imaginar. Descobri que só falar dessa Luz é, na maioria das vezes, suficiente para reduzir e até eliminar o medo que a pessoa sente da morte. Também descobri que muitos de nossos conceitos religiosos, tradicionais, preconcebidos, de um céu e um inferno eternos não fornecem ajuda nessas situações de vida caminhando para a morte.

Através do contato que tenho tido com pessoas que tiveram experiências de quase-morte, testemunhando como perderam o medo de morrer, vendo a sinceridade e a convicção com que falam do que experimentaram, sinto que meu próprio medo da morte, se não desapareceu completamente, pelo menos diminuiu. Esse fenômeno não aconteceu só comigo. Agora temos resultados de pesquisas que mostram que muitas pessoas sentem os benefícios de uma EQM sem passar por uma, meramente ouvindo ou lendo relatos de outras que tiveram essa experiência. Desenvolvem fé e confiança profundas na inerente bondade das pessoas. Seu amor por Deus aumenta. O medo que sentem da morte diminui. Descobrem uma maior capacidade de viver mais completamente e com mais amor. E vêem com muito mais clareza o que é realmente importante na vida: amor e compaixão por todas as pessoas e todas as coisas.

Acredito que no futuro as implicações da pesquisa das EQM e a mensagem de esperança trazida por essas experiências serão amplamente aceitas por nossa sociedade e pelo mundo como um todo. As pessoas não apenas continuarão a ter experiências de quase-morte como, mais importante, procurarão tê-las através da meditação e outras práticas espirituais. E aumentará o número de pessoas que saberão que é a ilusão de nosso ego a respeito do que é real que nos impede de conhecer a Luz neste exato momento, pois a Luz é a essência do que somos. Nosso desafio é perceber isso e agir de acordo, *antes* de morrer.

"Fiquei totalmente cega logo depois de nascer, devido ao excesso de oxigênio na incubadora, o que destruiu meus nervos ópticos. Tive uma experiência de morte clínica durante a qual podia enxergar! Flutuei para cima, atravessando o teto do hospital, e vi o prédio, as luzes da rua e tudo o mais. Eu estava cabriolando através do ar, adorando a sensação de liberdade, porque nunca pudera me locomover daquela forma."

— Vicki Umipeg, uma mulher cega desde o nascimento que teve uma EQM.
Do vídeo *Experiencing the Soul* (Conhecendo a Alma).

CAPÍTULO 28

A alma e a física quântica

DR. FRED ALAN WOLF

Doutor em física teórica pela Universidade da Califórnia em Los Angeles, **Fred Alan Wolf** escreve e dá palestras em todo o mundo, além de conduzir pesquisas sobre a relação da física quântica com a consciência. Seu livro, *Taking the Quantum Leap* (Dando o Salto Quântico), recebeu o prestigiado prêmio National Book Award. Este capítulo é baseado em trechos de uma entrevista gravada em vídeo, em Los Angeles, e focaliza o tema principal do livro do dr. Wolf, *The Spiritual Universe — How Quantum Physics Proves the Existence of the Soul* (O Universo Espiritual — Como a Física Quântica Prova a Existência da Alma).

"Na hora da morte, ou durante uma experiência de quase-morte, pode muito bem ser que a alma transite do mundo material, que opera a velocidades mais baixas do que a velocidade da luz, para um mundo que opera a uma velocidade mais alta do que a da luz, o chamado mundo espiritual superluminar. Nessa transição pode ocorrer um efeito de túnel muito parecido com o que parece acontecer no que os astrofísicos chamam de buraco negro."

— Dr. Fred Alan Wolf

Muitos cientistas questionam a existência da alma. Outros questionam a importância da alma na sociedade moderna, orientada pela ciência e com treinamento tecnológico. Como a ciência é grandemente responsável pelo retrato que mostra o mundo como uma simples coleção de partes mecânicas agindo umas sobre as outras, algumas pessoas sentem-se um pouco constrangidas quando um físico quântico, como eu, tenta compreender a alma em termos científicos. No entanto, é cada vez maior o número de pessoas que estão preocupadas com questões relacionadas à alma, ao espírito humano e à espiritualidade.

Há alguma coisa, nisso que "somos", que é capaz de entrar em sintonia com as mais altas e refinadas vibrações da alma? Essa é na verdade uma questão muito antiga que desencadeou um acirrado debate na Grécia, milhares de anos atrás, entre os seguidores de Platão e o discípulo dele, Aristóteles.

Platão acreditava que os sentidos físicos sempre nublariam a percepção que temos do universo. De acordo com ele, o mero fato de estarmos encarnados provoca uma distorção em nossas percepções, tornando-as um pouco inexatas e ilusórias. Platão achava que, enquanto estivermos funcionando no plano do corpo e dos sentidos, nunca poderemos conhecer as coisas como elas *em realidade* são. Acreditava que há um plano de existência imaterial e mais perfeito. Em contraste, Aristóteles achava que não existe nenhum mundo fora de nossos sentidos.

Em nosso tempo, os cientistas inventaram sofisticados instrumentos científicos, como microscópios e telescópios, para *ampliar* o poder de nossos sentidos, mas a maioria dos cientistas ainda compartilha o ponto de vista materialista de Aristóteles.

Acredito que as descobertas da física quântica sustentam a teoria de Platão. Existem plausíveis evidências científicas que sugerem a existência de um universo imaterial, não-físico, embora nossos sentidos e instrumentos científicos ainda não possam percebê-lo claramente. Quando consideramos experiências extracorpóreas, viagens em estado de transe e estados lúcidos de sonho, vemos que eles apontam para a existência de dimensões de realidade imateriais, embora nada disso possa ser analisado, no verdadeiro sentido científico.

Nós, na maioria, não fomos treinados para buscar e conhecer nossas almas. Fomos mais ou menos treinados para procurar coisas palpáveis, físicas e sólidas. Mas a alma não é tangível, nem física ou sólida. Não podemos simplesmente estender a mão e tocar a alma. Entretanto, a alma, como um dos princípios que animam o universo, é infinitamente mais importante do que qualquer coisa que seja física, tangível.

Surge, então, a pergunta: "Por que não são em maior número as pessoas que podem sentir *diretamente* a presença da alma?". É uma boa pergunta. Muitos são os que *lêem* sobre a alma, que *acreditam* na alma, mas por que continuam a sentir sua *ausência*, como se não a tivessem? A resposta pode ser encontrada na própria natureza da alma.

A alma é viva e vibrante, no entanto é percebida *subjetivamente*. O mundo que vemos com nossos olhos físicos, através do filtro do sentidos, é derivado de um mundo mais objetivo. Parece que o objetivo "mundo lá de fora", e o "mundo da alma", percebido subjetivamente, estão em conflito entre si. Isso corresponde ao que os mestres espirituais dizem a respeito do que acontece quando um espírito vivo entra na matéria objetiva: *é luta na certa*! Assim, quando ficamos muito envolvidos com os processos externos, objetivos da vida, tendemos a perder contato com a percepção que vem do plano da alma. Só quando "vamos para dentro", para a quietude interna, que encontramos na meditação, é que começamos a perceber algo mais profundo e mais significativo do que o "lá fora" objetivo. Dessa forma, é realmente importante para aqueles que perderam o contato com suas almas, que passem algum tempo em silêncio, não pensando, não fazendo listas mentais de tarefas a cumprir, mas em companhia de si mesmos, de uma maneira que uma realidade íntima mais profunda possa emergir de sua consciência.

Para explorar a possível natureza da alma em termos científicos, podemos olhar para dentro do coração da física quântica. É preciso que seja dito que a investigação no campo da física quântica é muito difícil, porque os objetos e forças estudados por essa ciência são quase sempre infinitamente pequenos. Quando estudamos as partículas subatômicas, descobrimos que elas se movem tão rapidamente que não podemos segui-las como seguiríamos um objeto comum, maior, movendo-se em um espaço comum. Os movimentos e propriedades desses objetos extremamente pequenos não seguem os velhos caminhos de raciocínio encontrados na física clássica e desenvolvidos por Sir Isaac Newton e outros. Nesse plano subatômico de existência, a física newtoniana simplesmente não funciona. Então, uma nova forma de física teve de ser criada para que os fenômenos observados pudessem ser corretamente explicados.

No plano subatômico, as partículas não se movem de modo simples, indo do ponto A para o ponto B, de maneira contínua. Movem-se em "saltos quânticos". As partículas literalmente saltam de um ponto para outro. Toda luz que vemos é criada por esse processo de saltos atômicos. A fim de compreendermos como isso funciona, primeiro temos de compreender como a luz se comporta nos átomos.

Descobrimos que os elétrons emissores de luz que existem nos átomos dão rápidos saltos quânticos de um lado para outro. Embora seja difícil para a mente conceber esse processo, sabemos que se trata de um fato, porque testamos e verificamos equações matemáticas com experiências reais nesse campo. Os fenômenos observados nessas experiências condizem muito bem com as equações teóricas.

Os físicos quânticos também demonstraram, em experiências com partículas subatômicas, que certos campos têm algum tipo de inteligência e parecem ser capazes de fazer coisas que campos comuns não conseguem. Algo muito estranho que nós, físicos, observamos, é que os elétrons simplesmente desaparecem em uma explosão de luz quando interagem como certas outras partículas. No começo, não sabíamos por que isso acontecia. Então percebemos que esses elétrons que desapareciam estavam interagindo com antimatéria. Como os elétrons da antimatéria moviam-se para os outros elétrons, quando as partículas encontravam-se, aniquilavam-se mutuamente.

Depois de estudar a antimatéria mais cuidadosamente, começamos a nos referir a ela como "bolhas no vácuo absoluto do espaço vazio".

O que é "vácuo absoluto do espaço vazio"? Bem, quantas vezes você dormiu enquanto assistia à televisão, tarde da noite, e quando acordou ouviu o chiado de estática? Esse chiado, produzido pelos componentes eletrônicos do televisor, é o som amplificado do vácuo do espaço. Muitos físicos quânticos, inclusive eu, acreditam que o universo inteiro foi criado desse nada absoluto do vácuo do espaço. Parece que esse vácuo é inteligente, ativo e tem consciência. A fonte da vida procede desse vácuo e está presente nele. Temos de admitir que a idéia de criar alguma coisa do nada é muito difícil para que a mente a compreenda.

Minha teoria é que a alma emergiu, ganhando expressão, ao mesmo tempo que emergiu toda a matéria do universo, por ocasião do Big Bang (Grande Explosão), quinze bilhões de anos atrás. De acordo com nosso atual modelo científico, o universo continuará a existir por mais vinte bilhões de anos, até um tempo a que os cientistas referem-se como Big Crunch (Grande Contração).

Entre esses dois pontos, o Big Bang, o início dos tempos, e o Big Crunch, o fim dos tempos, parece que toda a matéria do universo se expandirá ao máximo e depois se contrairá novamente, até voltar ao nada. Através disso tudo, uma inteligência suprema, que cada um pode chamar como quiser, determina e dirige as várias atividades de tudo o que existe no universo, inclusive todas as formas de vida, de modo invisível e inimaginável.

Algumas pessoas falam da Luz que é vista no momento da morte e em experiências de quase-morte. De um ponto de vista científico, é difícil dizer o que acontece exatamente. E a razão disso é que não fazemos idéia de onde a pessoa *está*, quando vê a Luz. Por exemplo, neste momento você tem a noção de estar presente em seu corpo, olhando para o mundo lá fora. Mas, de acordo com o que a física nos mostra, isso é uma ilusão de percepção: não existe um lugar dentro de seu corpo onde *você* realmente existe. Não há um determinado espaço que seja *você*. É uma ilusão pensar que tudo o que há fora desse espaço, ou como dizemos, fora de você, *não é você*. A melhor descrição que podemos fazer desse senso de presença é que *estamos em toda parte*. A principal razão de percebermos mais intensamente que estamos em um corpo é que o aparelho sensorial do corpo comanda uma grande parte de nossa atenção.

Muita de nossa atenção está vinculada aos sentidos físicos, e temos a ilusão de que nossos corpos humanos são sólidos, mas na verdade 99,99 por cento deles são espaços vazios. Para mostrar que isso é um fato, se um átomo fosse ampliado até chegar ao tamanho de um estádio de futebol, sua parte densa seria comparável à um único grão de arroz colocado no meio do campo. O que isso tem a ver? O núcleo de um átomo corresponde a 99,99 por cento de toda a matéria, ou massa do átomo. Os átomos são compostos, em sua maior parte, de espaço. Dessa maneira, embora achemos que somos sólidos corpos humanos, parece mais provável que sejamos uma percepção, ou consciência, que vive no espaço.

Há quem se pergunte o que é o fenômeno da Luz no fim do túnel, que às vezes ocorre em experiências de quase-morte e provavelmente no momento da morte também. Deixe-me apresentar uma possibilidade. Apesar de que objetos materiais não possam, por definição, viajar mais rápido do que a luz, há a evidência de que a alma, que não é física, e portanto não é restrita à velocidade dos movimentos do mundo material, possa viajar mais rápido do que a luz, numa velocidade chamada de superluminar.

Assim, na hora da morte, ou durante uma experiência de quase-morte, pode muito bem ser que a alma transite do mundo material, que opera a velocidades mais baixas do que a velocidade da luz, para um mundo que opera a uma velocidade mais alta do que a da luz, o chamado mundo espiritual superluminar. Nessa transição, pode ocorrer um efeito de túnel, muito parecido com o que parece acontecer no que os astrofísicos chamam de buraco negro.

É aqui que as coisas ficam realmente interessantes! Com a velocidade superluminar da alma, viajamos para além do tempo e do espaço, como os entendemos nesta dimensão física. Então conhecemos o fenômeno de poder ir para a frente e para trás através do tempo e do espaço. Algo parecido é descrito por pessoas que voltaram de uma experiência de quase-morte, e outras, que de fato morreram, fizeram referência a isso, um pouco antes de morrer. O que essas pessoas muito provavelmente conheceram foram janelas abertas para um tipo de dimensão de realidade de tempo e espaço.

Elas também relatam que viram entes queridos que partiram antes, além de seres que chamo de superluminosos, como Jesus, Maria, Moisés, Krishna e muitos outros vultos sagrados. O ser superluminoso que aparece geralmente tem a ver com a religião da pessoa: Jesus aparece para os cristãos, Krishna para os hindus, e assim por diante. Mas, por que esses seres manifestam-se em nossa consciência? Acredito que essas figuras são representações simbólicas de nossos ideais religiosos, assim como também acredito que, num plano mais alto, todos assumem os aspectos arquetípicos de Jesus, Krishna, Maomé etc. Esses arquétipos de nossos ideais servem para nos livrar da sensação de perda da alma. Fazem com que nos lembremos de uma parte de nós que esquecemos freqüentemente na vida terrena. A física desse processo de vermos esses seres envolve uma interação de nossa alma com o corpo e a mente. Estamos falando nada menos do que da física de Deus!

Você pode questionar: "Muito bem, a física quântica oferece evidencias da existência da alma, mas onde fica Deus nessa história?". Ei gostaria de dar minha opinião a respeito de Deus, especulativa mas cientificamente fundamentada. Em primeiro lugar, quando falamos de qualquer fenômeno, ou quando nos referimos a Deus, nós, cientistas, preferimos dizer que algo ou alguém comporta-se desta ou daquela maneira, em vez de dizer que algo é ou faz isto ou aquilo. Então, usando essa terminologia científica, como Deus comporta-se no universo? Se lermos a Bíblia veremos que Deus parece comportar-se de maneiras muito contraditórias. Mas há uma maneira pela qual Deus se comporta que acho muito importante para esta nossa discussão: Ele cria. Deus é considerado o supremo Criador de tudo o que há. Se esse for o caso, então é possível falarmos de uma "física do comportamento de Deus", que explicaria como Ele cria? Acho que sim.

Estamos, basicamente, vendo um processo no qual a fonte de tudo, Deus, ou seja lá qual for o nome que se queira usar, transforma consciência em matéria. Uma vez que isso acontece, a matéria age como um tipo de reflexo ou espelho da inteligência da qual surgiu. Como a matéria modifica-se com o tempo, num contínuo processo evolucionário, novas informações e novas inteligências continuam a refletir-se em um universo em eterna evolução.

Desse modo, Deus continua a criar com infinita inteligência, em cada bilionésimo de bilionésimo de segundo, por bilhões e bilhões de anos. O que é criado por essa inteligência perfeita, e com ela, reflete e modifica tudo a todo instante, em todos os níveis. Isso envolve desde o menor dos elétrons até a mais imensa galáxia, assim como todas as formas de vida do universo.

Aqui, no plano humano, algumas pessoas ficam perturbadas quando analisam sua vida e perguntam-se para que vivem. Acham terrível o fato de que terão de morrer. Dizem que a vida é escura desde o começo e perguntam-se se continuará escura depois da morte. Lamentam-se, sem entender o sentido de tudo isso. Em minha opinião, até mesmo essa escuridão e esse desespero, fazem parte do sistema criado por Deus. Você pode não acreditar, e muito menos lembrar-se, mas foi uma parte de você que criou tudo isso em sua vida. Mas o "você" que criou essas coisas não é a pessoa, a personalidade, aquilo dentro de você que se identifica como Joe, Martha ou Sam. Essa não é a pessoa a quem, nem a respeito de quem, estou falando. Estou me referindo à essência maior do "eu", à essa presença mais profunda, ao trabalho da consciência que está em você, em mim, em todas as pessoas. Esse "eu" funcionando através do corpo, é o mesmo você que está refletido nas figuras arquetípicas de Jesus, Moisés, Maomé, Krishna, que nos fazem lembrar nossa verdadeira essência. A presença desses seres é um reflexo de algo maior do que nosso "eu".

Quando Einstein morreu, pesquisadores quiseram examinar seu cérebro para ver se havia ali algo diferente que o tornara um gênio. A não ser por um número ligeiramente maior de células no córtex visual, não havia nenhuma diferença significativa no cérebro dele que pudesse justificar o fato de ele ser um gênio. O cérebro ainda está em um recipiente de vidro, na Universidade Princeton. Assim, não descobrimos o que torna uma pessoa inteligente e outra estúpida examinando seu cérebro, a menos que haja um óbvio dano físico, no caso da pessoa estúpida. Da mesma maneira, não vamos descobrir a fonte da inteligência e da alma no mundo material..

Não vejo a alma e a consciência como epifenômenos ou produtos da matéria. É justamente o contrário: vejo a matéria como um epifenômeno da alma e da consciência. O mundo material evoluiu a partir do absoluto vácuo do espaço, o lar da alma.

"Se admite-se a existência da alma com base no argumento de que Ela tem luz própria, e que o conhecimento, a existência e a bem-aventurança são sua essência, naturalmente segue-se que nunca houve um tempo em que ela não existisse, porque, se não existisse, onde estaria o tempo? O tempo está na alma. Quando a alma reflete seus poderes na mente, e a mente pensa, o tempo aparece. Se não houvesse alma, certamente não haveria pensamento, e sem pensamento não haveria tempo."

— Swami Vivekananda, o primeiro líder espiritual da Índia a falar no World Parliament of Religions, em 1891.

CAPÍTULO 29

Existe vida após a morte? A Ciência e a hipótese da sobrevivência

DR. WILLIS W. HARMAN

O **dr. Willis W. Harman** foi presidente do Instituto de Ciências Mentais e professor emérito da Universidade Stanford até sua morte, em 1997. Entre os livros que escreveu estão *Higher Creativity* (Mais Criatividade) *Global Mind Change* (Total Mudança Mental) e *New Metaphysical Foundations of Modern Science* (Novas Bases Metafísicas da Ciência Moderna). Este capítulo é baseado em uma entrevista gravada em vídeo e uma palestra em uma conferência sobre a consciência, no Instituto de Ciências Mentais, em Chicago, Illinois.

"A maioria dos cientistas alegaria que não existem evidências científicas satisfatórias que apóiem a hipótese da continuação de nossa condição de pessoa depois da transição chamada morte. É essencial reconhecer que a ciência, em sua forma atual, não está em posição de negar essa possibilidade."
— Dr. Willis Harman

Nossa condição de pessoa permanece depois da morte do corpo físico? Essa questão tornou-se assunto de interesse no mundo ocidental por volta da metade do século dezenove, quando o prestígio e as implicações da ciência moderna tornaram-se um sério desafio à crença popular de que a consciência pessoal de alguma maneira sobrevivia. O interesse chegou ao auge por volta da virada do século, então foi diminuindo, e após a Primeira Guerra Mundial quase desaparecera. Houve um lento ressurgimento desse interesse na década na de 1960 em diante, e parece que agora, na última década do século vinte, estamos prontos para dar uma nova olhada na questão.

Trata-se obviamente de um assunto importante para o indivíduo, porque relaciona-se com seus valores e os objetivos de sua vida. Mas é importante para a sociedade também. Nosso atual sistema de assistência à saúde gasta a maior parte de seus recursos mantendo fisicamente vivas pessoas que estariam se preparando para uma morte digna e significativa, se nossa visão da mortalidade fosse diferente. O conceito de sobrevivência após a morte é central para a religião. Mais importante, o medo da não sobrevivência, da morte como o fim da existência, é a base de muitos outros medos, que se tornarão mais fortes, à medida que a sociedade for passando por uma transformação que não foi planejada mas que é iminente.

A maioria dos cientistas alegaria que não existem evidências científicas satisfatórias que apóiem a hipótese da continuação de nossa condição de pessoa depois da transição chamada morte. Essa alegação seria baseada na suposição de que inteligência desencarnada é simplesmente impossível, que a consciência e a memória não podem existir, se não houver um cérebro físico. *É essencial reconhecer que a ciência, em sua forma atual, não está em posição de negar essa possibilidade.* Isso acontece porque a atual epistemologia (estudo sobre a origem, natureza e limites dos conhecimentos científicos) da ciência ocidental não considera a consciência uma *realidade causal*. Não encontra, então, na compreensão que tem da relação que une a causa a seu efeito, nada que se assemelhe a uma personalidade dotada de razão, vontade e senso de valor, nem antes nem depois da morte.

O eminente astrofísico inglês Sir Arthur Eddington mostrou isso com a história de um ictiólogo, cientista que estuda os peixes, que explorou os sete mares levando uma rede com malhas de dois centímetros e meio de diâmetro e que, depois de uma vida inteira de pesquisa, chegou à conclusão de que não existem criaturas marinhas com menos de dois centímetros e meio de diâmetro!

Estamos, assim, diante de uma perplexidade básica. De um lado, há uma enorme quantidade de evidências empíricas, anedóticas, clínicas e tradicionais, que sugerem que a essência de uma pessoa sobrevive à morte física, e que o plano além da morte é uma continuação da vida terrena, o que contraria o que sempre fomos induzidos a supor. Por outro lado, parece que não existe nenhuma maneira de os sistemas conceituais da ciência contemporânea compreenderem esse conceito.

O desafio à epistemologia científica

O enigma da consciência, encarnada *ou* desencarnada, oferece o mais fundamental desafio à epistemologia científica dominante. O falecido Roger Sperry, neurocientista laureado com o Prêmio Nobel, insistiu muito na declaração de que a explicação do universo, dada pela ciência, só será completa e acurada *quando incluir a consciência como uma realidade causal*[1]. Fazer isso seria abandonar o ponto de vista estritamente científico, de acordo com o qual tudo obedece a "leis científicas" invioláveis, e em que a intenção da consciência não tem vez. As relações determinadas pela ciência convencional descrevem, claro, o que acontece sob aquelas condições nas quais a consciência, como fator causal, não interferem, e assim continuam tão úteis quanto sempre foram para predizer, controlar e projetar tecnologias manipuladoras. Mas a ciência, e isso inclui a física quântica e a teoria do caos, não está, de maneira alguma, qualificada para negar a eficiência da consciência, encarnada ou não.

Ainda teremos uma adequada ciência da consciência baseada na totalidade da experiência humana, não apenas nos fenômenos, isto é, nas informações físicas. É por isso que precisamos criar uma epistemologia do subjetivo. Há uma boa razão para acreditarmos que isso não está muito longe de acontecer[2].

Primeiras tentativas de explorar a sobrevivência com base na ciência

O modo medieval de ver o mundo era caracterizado pela idéia de que este mundo tinha sua continuação no próximo, de modo que a questão da sobrevivência da consciência nem mesmo era abordada. Com o advento da revolução científica, porém, isso acabou, e mais ou menos na metade do século dezenove havia uma discrepância quase total entre o ponto de vista religioso e o científico. A religião via a questão da sobrevivência da consciência como algo resolvido, enquanto a ciência julgava-a irrelevante.

Naquela época desenvolveu-se um considerável interesse público pelo fenômeno da mediunidade, pelo qual uma pessoa, em um estado alterado de consciência, parece ser capaz de receber comunicações de entidades desencarnadas e, às vezes, provocar manifestações físicas, como batidas, objetos que se movimentam, respostas através de mesas Ouija e coisas semelhantes. Nos Estados Unidos, a ocorrência espontânea de tais fenômenos envolvendo as irmãs Fox desencadeou uma onda de entusiasmo. Com o tempo isso atraiu o interesse de estudiosos sérios, como Sir Oliver Lodge e Frederic W. H. Myers, da Inglaterra, e William James, dos Estados Unidos, e iniciou-se uma investigação disciplinada, que culminou com a criação de sociedades de pesquisa, sendo a Sociedade Britânica de Pesquisa Psíquica, fundada em 1882, a mais prestigiada[3].

As mensagens vinham das mais diferentes maneiras. Algumas chegavam através da fala de um médium e eram anotadas. Outras vinham por escrita automática. E havia aquelas que apareciam escritas em lousas com tampa, do tipo usado na época por crianças de escola. Nesse caso, colocava-se um giz dentro da lousa, que era fechada e colocada embaixo de objetos pesados para eliminar qualquer possibilidade de fraude. Depois, através de um exame cuidadoso do que aparecia escrito, via-se que aparentemente o giz não fora esfregado na superfície da lousa, da maneira normal, mas que o material usado para a escrita fora ali depositado. Claro que a idéia de algo aparecer escrito sem que o giz fosse movido pela mão de alguém não era aceita pelos céticos, mas o parecer de críticos idôneos que observavam o fenômeno davam-lhe credibilidade.

Uma das médiuns mais conceituadas foi a sra. Piper, cujo trabalho foi extensamente investigado nos dois lados do Atlântico, por James, Lodge, Myers e outros. Em muitas ocasiões ela deu informações que supostamente vinham de uma entidade desencarnada e que eram muito convincentes. Uma vez Lodge deu a ela um relógio que pertencera a seu tio, morto vinte anos antes. E o "tio Jerry" entrou em contato, referindo-se a vários episódios de sua própria infância, contando que matara um gato num lugar que chamavam de campo do Smith, que tivera uma pele de cobra muito comprida e que quase morrera afogado em um riacho. Tudo isso era completamente novo para Lodge, que interrogou dois outros tios, irmãos do falecido, e um deles lembrou-se da pele de cobra, mas alegou não saber nada a respeito do gato e do episódio no riacho. O outro, porém, lembrou-se do gato, das brincadeiras no campo do Smith, e deu detalhes sobre o quase afogamento.

As investigações de Myers na Inglaterra foram notáveis, e na velhice ele escreveu um livro em dois volumes chamado *Human Personality and Its Survival of Bodily Death*[4] (A Personalidade Humana e sua Sobrevivência à Morte do Corpo), em que apresentou as evidências da sobrevivência da consciência. Ele e seus colegas pesquisadores sentiam-se frustrados com a dificuldade de estudar as comunicações mediúnicas. Entre jocoso e sério, Myers prometia a seus colegas que, quando morresse, daria um jeito de provocar uma experiência mediúnica que não daria margem para dúvidas a respeito de sua identidade e de sua sobrevivência em outro mundo. Logo depois de sua morte e por mais três décadas, houve uma notável série de comunicações que supostamente vinham dele e de alguns de seus colegas, como Edmund Gurney e Henry

Sidgwick, que faleceram depois dele, e que ficou conhecida como correspondência cruzada. Essas comunicações escritas chegavam através de vários médiuns (a sra. Piper inclusive), residentes em três continentes. Vinham sob a forma de fragmentos de mensagens e citações truncadas dos clássicos, claramente incompletos, mas que se completaram perfeitamente, como peças de um quebra-cabeças, quando foram organizadas na Sociedade Britânica de Pesquisa Psíquica[5].

As tentativas de Myers de colocar as experiências de após-morte ao alcance da ciência, aparentemente não cessaram com sua morte, nem mesmo terminaram com a correspondência cruzada. Mais de vinte anos *depois* de sua morte uma sensitiva da Irlanda do Norte, chamada Geraldine Cummins, começou a receber, através de escrita automática, longos textos atribuídos a ele. Esses textos foram publicados como sendo de autoria de Geraldine Cummins, mas no prefácio ela dizia que os havia recebido de Myers e explicava por que acreditava nisso. Os textos foram reunidos em dois livros, *The Road to Immortality* (A Estrada para a Imortalidade) e *Beyond Human Personality* (Além da Personalidade Humana). Os livros contêm fascinantes relatos das experiências de Myers após a morte e explicações sobre as contingências da vida no além, sendo essas últimas muito similares a outras que têm vindo de outras fontes desde então.

Esse trabalho com médiuns, no decorrer de tantas décadas, enfrentou o problema óbvio representado pelo fato de ser impossível definir até que ponto as comunicações podiam ser deturpadas ao passar pela mente inconsciente do médium. Esse problema foi a pedra de tropeço de todos os pesquisadores, de Frederic Myers em diante, uma fonte de contínua frustração, mesmo quando parecia haver uma significativa evidência de pureza nas mensagens recebidas.

Como que para dar solução a esse problema, logo depois que os gravadores de som tornaram-se largamente usados, por volta dos anos cinqüenta do século vinte, começaram a aparecer mensagens nesses aparelhos atribuídas a entidades desencarnadas, algumas das quais, antes de sua morte física, haviam se envolvido em pesquisas relacionadas à questão da sobrevivência da consciência. Em época ainda mais recente, à medida que outros recursos tecnológicos foram tornando-se disponíveis, essas comunicações começaram a vir através de televisores, videocassetes e discos de computador. Quanto aos computadores, essas máquinas têm sido usadas para comunicações em tempo real, transmissão de imagens fotográficas e mensagens verbais. Tudo isso pode parecer absurdo, ridículo mesmo, mas algumas dessas comunicações, coletadas por pesquisadores de pelo menos seis países, despertam interesse por encerrarem significativas evidências[7].

A questão continua em pé

Há dois fatos que, juntos, tornam plausível a idéia de que esse campo de pesquisa adquirirá nova vida. Um é o reconhecimento de que, a fim de que a consciência comum seja aceita como fator causal de fenômenos, a ciência terá de ser reconstituída com base em novas suposições metafísicas, ou seja, em uma nova epistemologia do subjetivo. O outro é o aparecimento de novos tipos de informação, o que deixa implícito que, no mínimo, haverá progresso se houver ativa colaboração de pesquisadores dos dois lados da cortina que chamamos de morte.

Outro fato também torna mais plausível o crescente interesse pela pesquisa da sobrevivência da consciência. Lembre-se de que o conceito de mente inconsciente foi amplamente aceito como base da psicanálise e outras psicoterapias meio século antes de ser aceito pelos estritos círculos científicos. Assim, não deixa de ser significativo o fato de que terapias fundamentadas em recordações de vidas passadas[8] e na possibilidade de o espírito fixar-se em algum ponto de sua existência[9] estão agora bem difundidas, embora a comunidade científica não considere aceitável nenhum desses conceitos.

Começamos a ver, pelo menos em esboço, o tipo de resposta que provavelmente surgirá desse novo campo de pesquisa. Ken Wilber[10] disse que, quando todas as evidências disponíveis são expostas, elas apontam para a realidade ontológica de uma linha contínua que vai do material, em uma ponta, até o Espírito, na outra ponta. O ser humano é potencialmente capaz de perceber toda a extensão dessa linha, embora na vida terrena, e principalmente no mundo moderno, o foco das atenções seja o lado material. Uma ciência mais adequada dirigiria sua atenção para a linha toda, não apenas para a ponta material. Além disso, haveria não apenas a ação da causa científica, "para cima", por exemplo, a explicação da consciência e do comportamento em termos de microfenômenos físicos, mas também a ação da causa "para baixo", isto é, da consciência e do espírito para o emocional e o material.

Dessa perspectiva ontológica a morte parece mais o surgimento de uma percepção clara do lugar onde sempre estivemos do que uma extinção. Na morte, o centro da percepção muda do plano físico para planos mais altos, talvez depois de um período de confusão e/ou sono reparador. Não vamos a lugar nenhum quando morremos, pois já estamos lá. Quando esse ponto de vista torna-se uma realidade em nossa vida, o medo da morte desaparece. Não poderíamos deixar de existir, mesmo que quiséssemos!

"Um grande cientista, Sir Isaac Newton, chegou à seguinte conclusão a respeito das limitações da ciência: 'Posso usar meu telescópio e escrutinar o espaço através de milhões de quilômetros, mas posso deixá-lo de lado, ir para o meu quarto, fechar a porta, ajoelhar-me, fazer uma prece sincera e vislumbrar o paraíso, chegar mais perto de Deus do que poderia com a ajuda de todos os telescópios e recursos materiais da Terra'. Essa declaração profunda continua verdadeira até hoje. Desde o tempo de Newton, nenhum cientista foi capaz de desenvolver um instrumento de comunicação com o Criador que tivesse o mesmo poder da prece e da meditação. Como Newton disse, a prece levava-o mais longe do que seus instrumentos científicos. Ele se referia ao que acontece quando alguém volta a atenção para dentro de si mesmo, para ver e ouvir o próprio íntimo. Esse processo de ver e ouvir o mundo interior é um outro nome da meditação."

— Sant Rajinder Singh

CAPÍTULO 30

Consciência teta: pesquisa da sobrevivência com os vivos

DR. MICHAEL GROSSO

Michael Grosso fez seu curso de doutorado em filosofia na Universidade de Colúmbia. É conceituado professor de filosofia e filologia e autor de *Frontiers of the Soul* (Fronteiras da Alma), *The Final Choice* (A Escolha Final) e outros livros. Este capítulo é baseado em um de seus discursos em Chicago, Illinois.

"O argumento é: se um elemento consciente pode separar-se do corpo antes da morte, poderá manter essa separação depois, e assim sobreviver à morte."

— Dr. Michael Grosso

O pensador renascentista Marsilio Ficino acreditava que desejar a imortalidade é tão natural para as pessoas como relinchar é natural para os cavalos. As grandes tradições espirituais aceitam a idéia de algum tipo de vida posterior à morte. Platão achava que essa crença na imortalidade era essencial à evolução moral. De seu ponto de vista como psicólogo, C. G. Jung disse que a humanidade moderna precisa combater essa idéia de morte, e que nós, modernos, estamos fora de sintonia com nossa herança coletiva, no que diz respeito à busca da alma. Analisando o assunto pela perspectiva da sociologia, Ernest Becker ligou as patologias da política à negação da morte, concluindo que a ciência deve ter alguma explicação para nossa cultura que nega a morte e tem ânsia de poder, o que resulta na destruição da vida[1].

Existe vida depois da morte? Essa questão é importante por outra razão. Há uma brecha enorme entre a opinião do povo comum e a classe dos intelectuais a respeito do assunto. A maioria dos americanos acredita em alguma forma de sobrevivência à morte. No entanto, o consenso entre as pessoas mais cultas do mundo moderno é que não existe nenhuma vida depois desta. Em 1982 uma pesquisa Gallup indicou que sessenta e sete por cento dos americanos acreditavam em uma vida após a vida terrena, mas que entre as pessoas cientificamente educadas essa porcentagem era muito baixa. Assim, resta saber qual dos grupos está iludido, o povo comum ou a comunidade acadêmica. Há alguma maneira de descobrir?

Temos de aceitar que, por mais informações que consigamos juntar, continuaremos em um beco sem saída. Existirá um caminho para fora, um jeito de contornar esse *koan* a respeito da sobrevivência da consciência? ("Koan" é um termo Zen que significa "uma pergunta absurda que o discípulo é obrigado a responder".) Acredito que temos uma opção, algo que provavelmente tenha servido de base para a convicção a respeito desses assuntos desde tempos imemoriais.

A pesquisa da sobrevivência, em sua maior parte, tem sido baseada no estudo de *vestígios* de pessoas falecidas. Documentamos relatos de aparições, fantasmas, assombrações, lembranças de outras reencarnações, comunicações mediúnicas, que depois analisamos para ver se sustentam ou não a hipótese da sobrevivência.

Sugiro que complementemos esse estudo de vestígios com experiências práticas, e nesse caso não mais pesquisaríamos os vestígios de possíveis entidades desencarnadas, mas *nós próprios* tentaríamos praticar o ato de morrer. Em outras palavras, tentaríamos, aqui e agora, penetrar mais profundamente no *allos topos*, o outro lugar.

Como o dr. William Roll sugeriu, poderíamos pesquisar a sobrevivência pesquisando a consciência que possivelmente sobreviva à morte do corpo, chamada de consciência teta. Seria a pesquisa da sobrevivência com os vivos. A consciência teta, segundo explica Roll, é aquela que se expande para além do corpo, e que ele, imitando os índios iroqueses, gosta de chamar de corpo longo.

O corpo longo aparece, de acordo com Roll, em experiências extracorpóreas e estados transpessoais e místicos. A função da consciência teta seria fechar a brecha existente entre a psicologia transpessoal e a pesquisa da sobrevivência. Roll também sugere que os estados teta podem ter relação com mudanças psicofisiológicas, e fala de evidências que indicam que os estados transpessoais estão associados a uma redução no ritmo da respiração e no metabolismo energético do cérebro e do sistema nervoso central. Essas são apenas sugestões de possíveis relações, e sua implicação, se houver, está aberta a discussões. Ernest Arbman, em seu estudo do transe e do êxtase, apresenta dados que sugerem fortemente que o que Roll chama de estados teta são fisiologicamente semelhantes aos estados de morte aparente ou quase-morte[2].

Uma experiência de quase-morte deve ser vista, neste contexto, como uma experiência imposta pela natureza. Pessoas que a tiveram alegam que foi um acontecimento *mais real do que o real* e afirmam que *sabem* que existe um outro mundo. A busca desse tipo de convicção subjetiva pode ser a melhor maneira de acabarmos com a estagnação intelectual a respeito da sobrevivência da consciência. E devemos iniciar essa busca *agora*, induzindo experiências de consciência teta através das quais aprenderíamos a explorar o outro mundo.

Alguns pesquisadores estão fazendo isso. O próprio Roll, por exemplo, pratica meditação Zen. Pode ser possível induzir experiências que poderiam ser consideradas um tipo de prática do ato de morrer, ou, à luz da pesquisa moderna, de *quase morrer*. O dr. Kenneth Ring concentrou-se nos *efeitos posteriores* das experiência de quase-morte, como sensibilidade psíquica, aumento de percepção espiritual, sentimentos de amor imenso e o desaparecimento do inibidor medo da morte. Roll sugere que nos concentremos nisso, para ver no que resulta. Em resumo, sua abordagem da questão da sobrevivência não enfatiza a busca de vestígios da sobrevivência de pessoas falecidas, mas sim a possibilidade de as experiências de quase-morte serem um caminho para a exploração dos estados teta pelos vivos. Interpretando-o, eu diria que a questão parece ser a seguinte: como podemos quebrar a barreira entre *este* e o *outro* mundo de consciência de modo que a busca de vestígios, pelo menos de um ponto de vista subjetivo, *deixe de ter importância*? Isso envolveria um tipo diferente de experimento, uma palavra que, como sabemos, vem do grego e significa "tentativa".

Galileu mudou o curso da ciência e da história com experimentos que interferiam ativamente na natureza. Em nosso próximo passo, na pesquisa da sobrevivência, podemos seguir o exemplo de Galileu e tentar "entrar" ativamente no outro mundo. Com o uso da meditação, de máquinas cerebrais, espelhos, imaginação ativa, jejum e outras técnicas espirituais e xamanísticas consagradas pelo tempo, em combinação com a ciência e a tecnologia modernas, podemos aprender a induzir e compreender a experiência da consciência teta.

Se um número bastante grande de pessoas adquirisse esse tipo de conhecimento, assistiríamos ao aparecimento gradual de um novo paradigma. Nossa atitude diante do enigma da morte também poderia mudar, talvez drasticamente.

"Eu não diria que sou religioso, embora tenha nascido em uma família católica e até ter sido coroinha nos meus tempos de menino. Mas aconteceu algo que de fato me fez compreender a verdadeira natureza de meu ser espiritual. Tive paralisia noturna temporária, que aparecia à noite e no início da manhã. Essa paralisia causou o que agora sei tratar-se de experiências extracorpóreas. Para me certificar de que estava realmente tendo essas experiências, não apenas sonhando, eu ia (fora do corpo) a lugares onde nunca estivera, observava o que as pessoas estavam fazendo lá, o que vestiam, e mais tarde verificava tudo, comprovando que de fato vira o lugar, as pessoas e até as roupas

que elas vestiam. Também era capaz de reconhecer os arredores, porque flutuara por ali. Acredito que noventa e nove por cento das pessoas fazem viagens extracorpóreas todas as noites, mas apenas vinte, vinte e cinco por cento lembram-se dessas experiências. Seria muito bom se as pessoas pudessem aprender a viajar fora do corpo, se soubessem conscientemente como é existir além do mundo físico, pois estariam se preparando para passar pela porta da morte."

— Albert Taylor, engenheiro da NASA.
Do vídeo *Experiencing the Soul*

EPÍLOGO

ELLIOT JAY ROSEN

Meu trabalho como autor e editor não é muito diferente daquele de um *maître* de restaurante: o prefácio e a introdução geral deram-lhe as boas-vindas quando você entrou, depois levei-o a sua mesa, dando-lhe o título e a descrição de cada capítulo, no índice. Você experimentou o sabor dos "pratos" oferecidos nessa parte introdutória que precede as oito partes maiores do livro e, finalmente, foi apresentado aos trinta e dois colaboradores convidados, através de resumos biográficos no início dos capítulos.

Gostaria de concluir este livro deixando meu papel de editor para contar-lhe a respeito de alguns acontecimentos importantes em minha própria jornada espiritual.

Quando tinha dezoito anos, deixei minha casa, num subúrbio da cidade de Nova York, para estudar filosofia das religiões e psicologia na Universidade Estadual de Albany. Logo depois que cheguei fui perseguido de modo intermitente pelo que pode ser descrito por profundo desespero existencial. Peguei-me procurando febrilmente algo fora de mim, ou alguém, que preenchesse o vazio que sentia, um estado mental que foi desencadeado pela morte de minha mãe, quando eu tinha doze anos.

Fazia apenas alguns meses que eu começara meu curso de graduação quando fiquei traumatizado por uma tragédia: encontrei o corpo em decomposição de meu colega de moradia estendido no chão da cozinha. O resto das pílulas azuis que ele usara para cometer suicídio estava espalhado por todos os lados. Durante o funeral, a mãe de meu colega contou-me que ele tentara suicídio várias vezes no passado. Achando que uma mudança de cenário me ajudaria a superar a dor e apagaria as terríveis imagens de morte que me perseguiam, fui passar as férias de fim de semestre numa cidadezinha praiana da ensolarada Flórida. Um dia após minha chegada, estava caminhando sozinho em uma praia deserta, tarde da noite, quando, obedecendo a um impulso, caí de joelhos na areia e clamei: "Deus, se Você realmente existe, por favor me ajude! Mostre-me que existe, porque não suporto mais esta dor!".

Olhei para o céu estrelado com medo reverente, ouvindo as ondas poderosas quebrarem-se a minha volta, e experimentei uma inexplicável sensação de paz. Era como se meu grito desesperado houvesse partido de meu coração como uma flecha e cravado-se em um reservatório de misericórdia no coração de Deus, e que essa mesma flecha, embebida no amor divino, voltasse para mim e me perfurasse. Embora essa paz incrível durasse apenas alguns minutos, eu sabia que conseguira a intervenção divina com minha sincera súplica.

De volta à universidade, associei-me ao Clube de Estudantes de Psicologia. O orador convidado para falar aos membros do clube, uma certa noite, era um cavalheiro idoso que passara muitos anos na Índia, como discípulo de um religioso. No fim da palestra ele permitiu que tocássemos a túnica branca de seda que levara com ele e que pertencera a seu mestre. Quando toquei a barra da túnica fui transportado para um lugar de bem-aventurança indescritível, além do tempo e do espaço. O impacto dessa experiência espiritual afetou-me tão profundamente que depois de alguns meses decidi fazer uma peregrinação pela Índia, desejando continuar minha jornada espiritual. Eu queria aprender a provocar experiências espirituais por minha conta sem precisar entrar em contato com qualquer objeto carregado de poderosas vibrações.

Para um jovem de dezenove anos, essa visita de um mês à Índia foi uma experiência fabulosa e muito instrutiva, mas não foi o bastante para que eu encontrasse o que estava procurando. Agora vejo como foi irônico o fato de, mais tarde, eu ter encontrado o que buscava em minha própria terra, em um outro território sagrado, conhecido como a costa dourada da Flórida. Isso, porém, só aconteceu depois que quase me matei, impondo-me uma dieta de "limpeza", só de suco de frutas, verduras e legumes. Na época eu achava que, se purificasse meu corpo ingerindo apenas sucos, minha receptividade espiritual aumentaria. O problema, porém, era que eu não sabia como fazer esse tipo de jejum prolongado de maneira segura.

Emagreci demais, chegando ao peso alarmante de quarenta quilos, e estava à beira de ficar acamado quando interrompi o jejum. Agora sei que, em uma dieta tão drástica, a orientação de um nutricionista especializado em alimentação natural é imprescindível. Um dia, estando já muito fraco, puxava o cobertor para cima dos ombros quando saltei para fora de meu corpo e encontrei-me na Luz. Soube imediatamente que meu corpo parara de respirar, e duas perguntas surgiram em minha mente, em rápida sucessão. A primeira foi: "Como ainda estou consciente, se parei de respirar?". E a segunda: "Se não estou respirando, quem fez aquela pergunta?". Cheguei, então, à conclusão de que *eu* tinha uma existência separada e independente de *meu corpo.* Depois dessa experiência semelhante a uma de quase-morte, uma pessoa bondosa deu-me um livro chamado *What is Spirituality?* (O que é Espiritualidade?), escrito por Sant Kirpal Singh. No livro o autor descrevia com grande precisão e beleza exatamente o que eu estava procurando: um método científico de meditação sob a orientação e proteção de um mestre espiritual competente. Comecei a freqüentar reuniões espiritualistas semanais, em que os participantes recebiam ensinamentos e meditavam juntos.

Minha busca exterior terminara, mas a interior só começou quando fui formalmente iniciado na ciência da meditação de Luz e Som por Sant Darshan Singh, o sucessor espiritual de Sant Kirpal Singh. Para minha surpresa e alegria, soube que, para praticar essa ciência da alma, eu não precisaria abandonar a religião na qual nascera, nem as atividades normais da vida moderna. Outro aspecto que muito me agradou foi o alto padrão de ética exigido nesse caminho. Também foi bom descobrir que nunca teria de pagar pelos ensinamentos. O mestre espiritual sustentava-se exclusivamente com sua própria renda e não aceitava presentes de forma alguma.

Em vinte e nove de novembro de 1975, um dia antes de receber instruções a respeito da meditação, Sant Darshan Singh abençoou-me com sua presença nos planos interiores de minha consciência. Escrevi o poema abaixo imediatamente após essa profunda experiência.

Se o tempo eterno é consumido na imensidão do espaço,
E o espaço, em troca, é vencido pelo tempo infinito,
Como é frágil, então, este momento no tempo, no espaço,
Como parece pequena e mortal nossa raça humana.

Existe um Grande Coração para me envolver,
Algum porto seguro no fervilhante oceano da vida,
Para suavizar meus gritos de ânsia ardente
Por um amor transcendente que nunca morre?

Visão gloriosa e sons celestiais,
Atravessam a abóbada infinita do espaço atrás dos olhos fechados,
Deixando meu travesseiro molhado de lágrimas de gratidão.
Melodias radiantes do Outro Mundo Interior,
Reacende a lembrança de Sua existência.

O tremor medroso da vida agora desaparece,
Quando a farsa de uma criação sem autor termina!
Pois, ainda em outra vida,
A busca pelo Amado Divino recomeça!

A solidão que eu sentira durante toda minha vida começava a dissolver-se, transformando-se em um desejo ardente de chegar mais perto de Deus. O progressivo desdobramento de minha alma começara. O mais alto propósito da vida foi relembrado.

Embora a procura do Divino que existe em nosso interior seja individual, diferente para cada um de nós, e você possa já estar engajado e satisfeito com o caminho espiritual que escolheu, gosto de dizer a todos aqueles que ainda estão buscando que aprendam melhor a transcender a consciência física e entrar nos planos mais altos da consciência de Deus. Os grandes místicos e santos, tanto do passado como do presente, nos têm dito que, praticando a meditação sob a orientação de um mestre espiritual competente, nossas almas são alimentadas por uma Luz interior maravilhosamente linda e um Som interior arrebatador. Esses mestres espirituais dizem que essa Luz e esse Som interiores emanam do próprio Deus e servem como cordas salva-vidas, através das quais nossa almas viajam pelos planos interiores da consciência, até que possamos, finalmente, fundir-nos novamente com Deus.

O poder da prece e da meditação

Dizem que a prece leva nossas súplicas sinceras a Deus, e que é pela meditação que recebemos a resposta, que começamos a sentir Sua presença e, por fim, nos fundimos a Ele. Se desejamos uma felicidade duradoura, que não depende de condições externas sempre flutuantes, então a prece, a meditação, uma vida guiada pelos princípios do amor e do perdão são os métodos certos, pois abrirão as portas de nossa receptividade à graça Divina. Nossas almas estarão aptas a entrar em contato com o inesgotável reservatório de paz, amor e conhecimento que emanam de nosso Criador, mesmo enquanto estivermos encarnados. Sentiremos verdadeiramente que "estamos no mundo, mas não somos do mundo" (parafraseando João 17:15-17). Poderemos estar na fila do supermercado, cuidando dos filhos ou trabalhando em nossos empregos e ao mesmo tempo estar inundados por Sua Presença.

Minha prece é para que todos nós continuemos a "procurar primeiro o reino de Deus", acreditando que, fazendo isso, "todas as outras coisas nos serão acrescentadas" (Mateus 6:33).

Concluo o Epílogo com um trecho de um poema do grande místico e poeta Jala'u'din Rumi, cujas palavras captaram a essência da jornada divina a nossa frente.

"Tome a mó do amor e moa a si mesmo até virar pó.
Com o cajado da esperança e as sandálias de uma vida reta,
Vá em peregrinação para a União.
Com a visão de alguém que não tem tempo a perder,
Eleve-se acima de todas as religiões, na direção da religião Universal.
Só assim será um verdadeiro homem, que adora no santuário de sua HU-MA-NI-DA-DE."

— Jala'u'din Rumi

NOTAS FINAIS

Introdução Geral

1 Roger Bacon, citado pelo dr. Charles Tart, comunicação pessoal.
2 C. G. Jung, *Memories, Dreams, Reflections*, Vintage Press, 1989.
3 Idem.

Capítulo 2

1 Raymond B. Blakney, trad., *Meister Eckhart* (Nova York: Harper & Row, 1941), 243.
2 Natalie Goldberg, *Long Quiet Highway* (Nova York: Bantam Books, 1993), 183.
3 Jon Kabat-Zinn, *Wherever You Go, There You Are* (Nova York: Hyperion, 1994) xvi.

Capítulo 3

1 The Foundation for Inner Peace, *A Course in Miracles*, segunda edição, 1996, Viking/Penguin Publishers.

Capítulo 25

1 Aspect, A., Dalibard, J. e Roger, G. 1982. "Experimental Test of Bell inequalities using time-varying analyzers." *Physical Review Letters*, 49:1804.
2 J. Grinberg-Zylberbaum, Delaflor L., Attie, A. Goswami, "Einstein, Podolsky, Rosen Paradox-Transferred Potential", *Physics Essays*, vol. 7, 422-428, 1994.
3 A. Goswami, *The Self-Aware Universe: How Consciousness Creates the Material World* (Tarcher Putnam, 1995).

Capítulo 27

1 Osis, K., "Deathbed Observations of Physicians and Nurses" (Parapsychology Foundation), 1961.

Capítulo 29

1 R. W. Sperry, "Structure and Significance of the Consciousness Revolution", *The Journal of Mind and Behavior*, vol. 8, nº 1, inverno de 1987.
2 W. Harman e C. DeQuincy, *The Scientific Exploration of Consciousness: Toward an Adequate Epistemology*, publicado pelo Institute of Noetic Sciences.
3 B. Inglis, *Natural and Supernatural: A History of the Paranormal* (Prism Press, 1992).
4 F. W. H. Myers, *Human Personality and Its Survival of Bodily Death* (Longman, Green, 1903).
5 R. Haywood, *Beyond the Reach of the Sense: An Inquiry into Extra-Sensory Perception* (E. P. Dutton, 1961).
6 G. Cummings, *The Road to Immortality* e *Beyond Human Personality* (Psychic Press, Ltd. of London, 1952).
7 M. Macy, *When Dimensions Cross* (Noetic Sciences Review, primavera de 1993, 17-20).
8 W. Lucas, *Regression Therapy: A Handbook for Professionals* (Noetic Sciences Review, primavera de 1993, 20-22) e I. Stevenson, *Children Who Rememeber Previous Lives* (Univ. of Virginia Press, 1987).
9 W. Baldwin, *Spirit Releasement Therapy* (Noetic Sciences Review, verão de 1993, 36-39).
10 K. Wilber, *The Great Chain of Being* (Journal of Humanistic Psychology, vol. 33 (3), verão de 1993, 52-55.

Capítulo 30

1 E. Becker, *The Denial of Death* (The Free Press, 1973).
2 E. Arbman, *Ecstacy or Religious Trance* (Scandinavian University Books, 1968).

O AUTOR

Especialista no campo da morte e do morrer, **Eliot Jay Rosen** foi chefe do departamento de assistência social do hospital para doentes terminais do Havaí. É o atual diretor da organização sem fins lucrativos For a World We Choose Foundation.

Obteve seu grau de mestrado em assistência social clínica na Universidade da Califórnia, em Sacramento. Sua dissertação de mestrado, da espessura de um livro, *Os fatores de risco à saúde e a política do programa de merenda escolar*, foi uma exposição sem precedentes dos perigos à saúde causados pelos programas de merenda escolar do governo americano. Ele prosseguiu nessa luta, sendo o autor de quatro projetos de lei reformadores que apresentou à Câmara de Deputados do Estado do Havaí e ao Senado, visando melhorar a alimentação oferecida nas escolas.

Como profissional do campo da saúde física e mental, trabalha como assistente social independente, tanto no Havaí como no Novo México. Também é nutricionista formado e massagista licenciado.

Como educador, Eliot fez parte do corpo docente do hospital para doentes terminais Elisabeth Kübler-Ross e trabalhou no programa de educação para a morte no Northern New Mexico Community College.

Como escritor dedica-se aos campos da saúde física e mental e do espiritualismo. Artigos seus foram publicados em revistas como *Whole Life Times, Yoga Journal, Meditation Magazine, Evolving Times* e outras. Como redator de discursos, seus trabalhos foram apresentados na Terceira Conferência Internacional das Nações Unidas sobre Saúde e Meio Ambiente.

Como orador, apareceu em muitos programas de rádio e televisão, falando sobre vida e morte conscientes, saúde holística e espiritualismo prático.

Como aspirante ao conhecimento espiritual, foi iniciado, em 1975, por Sant Darshan Singh, que viveu de 1921 a 1989, e atualmente está sob a orientação de seu atual mestre, Sant Rajinder Singh.

Suas várias atividades foram verdadeiros marcos em sua vida profissional. Ele trabalhou como assistente pessoal, nutricionista, terapeuta massagista, chefe de cozinha vegetariana do ator/diretor Danny DeVito e outros astros do mundo do entretenimento. Produziu e apresentou o programa de rádio *Health-Choice*, em Los Angeles. Mora, atualmente, na região da baía de São Francisco, Califórnia.

Fique à vontade para escrever para Eliot a respeito de qualquer assunto apresentado neste livro ou para obter maiores informações sobre a fundação For A World We Choose.

Telefone: (888) 554-2560
E-mail: **fawwcf@hotmail.com**
Site: **www.fawwcf.org**